水利风景区蓝皮书

BLUE BOOK OF WATER PARK

中国水利风景区发展报告

（2024）

DEVELOPMENT REPORT OF WATER PARK

IN CHINA (2024)

主　编／王笃波　雷　晶
副主编／陈吉虎　李　虎　董　青　卢玫珺

社会科学文献出版社
SOCIAL SCIENCES ACADEMIC PRESS（CHINA）

图书在版编目（CIP）数据

中国水利风景区发展报告 . 2024 ／ 王笃波，雷晶主编；陈吉虎等副主编 . --北京：社会科学文献出版社，2025. 2. --（水利风景区蓝皮书）. -- ISBN 978-7-5228-4826-6

Ⅰ. K928. 7

中国国家版本馆 CIP 数据核字第 2025AV9316 号

水利风景区蓝皮书

中国水利风景区发展报告（2024）

主　　编／王笃波　雷　晶
副 主 编／陈吉虎　李　虎　董　青　卢玫珺

出 版 人／冀祥德
责任编辑／张建中
文稿编辑／刘　燕
责任印制／王京美

出　　版／社会科学文献出版社·文化传媒分社（010）59367004
　　　　　地址：北京市北三环中路甲 29 号院华龙大厦　邮编：100029
　　　　　网址：www. ssap. com. cn
发　　行／社会科学文献出版社（010）59367028
印　　装／天津千鹤文化传播有限公司

规　　格／开　本：787mm×1092mm　1/16
　　　　　印　张：21. 25　字　数：316 千字
版　　次／2025 年 2 月第 1 版　2025 年 2 月第 1 次印刷
书　　号／ISBN 978-7-5228-4826-6
定　　价／159. 00 元

读者服务电话：4008918866

主要编撰者简介

王笃波 博士，副教授，硕士生导师，华北水利水电大学党委书记。第十四届全国政协委员，河南省第十四届人民代表大会代表。主要从事高校思想政治教育、文化建设和土木工程、水利工程风险分析、管理与评价工作。

雷　晶 高级经济师，水利部综合事业局副局长、党委委员，兼任中国水利学会常务理事。长期从事水利风景区建设与管理、水文化建设和水利经济研究等工作，作为主要负责人牵头完成"水利风景区管理""水资源节约""节水型高校评价导则""合同节水管理发展现状及趋势分析""用水权交易促进节水产业发展的对策研究"等项目，以及《水利部综合事业局"十四五"人才队伍建设规划纲要》等标准文件制定。

陈吉虎 博士，高级工程师，硕士生导师，水利部综合事业局景区监督事务处处长。长期从事水利风景区管理、财政项目管理、水生态环境保护、标准制修订等工作，熟悉水土保持、林业康养、河长制管理等领域工作，负责完成 10 余项规章制度和技术标准编制。在地方挂职期间，主笔起草河长制工作方案、河湖"清四乱"实施方案、总河长令等一系列政策指导文件。发表论文 20 余篇，其中 SCI 和 EI 各收录 1 篇，出版学术著作 10 余部，获中国科学院、水利部"科学考察先进个人"称号，获中国水土保持学会科学技术奖二等奖 1 次，获水利部综合事业局昆仑科技奖和昆仑管理奖 9 次。

李　虎　博士，正高级工程师，华北水利水电大学建筑学院院长、博士生导师。长期从事大跨度建筑、人居环境设计理论与实践研究。在国内外期刊发表论文 10 余篇，出版学术著作 1 部，完成国家级、省级及其他工程项目 30 余项，水利风景区相关理论研究的省部级科研项目 10 余项，获河南省科学技术进步奖二等奖、三等奖各 1 项。

　　董　青　博士，正高级工程师，硕士生导师，水利部综合事业局景区规划建设处处长。长期从事水利风景区管理、财政项目管理、水生态环境保护、水利专业规划编制、标准制修订等工作，负责完成 10 余项规章制度和技术标准的编制，主持完成 20 余项规划、专题研究、专项调查等项目，发表学术论文、调研报告 10 余篇，出版学术著作 10 余部，获水利部综合事业局昆仑科技奖和昆仑管理奖 9 次。

　　卢玫珺　教授，华北水利水电大学建筑学院硕士生导师，长期从事人居环境设计理论与实践研究。在国内外期刊发表论文 40 余篇，主编或参编专著及教材 3 部、皮书 3 部，主持或主要参与人居环境相关理论研究的国家自然科学基金、国家社会科学基金及水利风景区相关省部级科研项目 10 余项，获河南省科学技术进步奖二等奖 1 项。

前　言

　　《中国水利风景区发展报告（2024）》以习近平新时代中国特色社会主义思想为指导，遵循习近平总书记"节水优先、空间均衡、系统治理、两手发力"治水思路和关于治水重要论述精神，围绕推动水利高质量发展的目标任务，在编委会的组织下，由以科研院校专家学者为主体的第三方研究团队编制。2023年是全面贯彻党的二十大精神的开局之年，是实施"十四五"规划承前启后的关键之年。本书通过客观分析我国水利风景区发展状况，全面反映水利风景区发展成效，力求多方位反映2023年行业发展情况。通过多角度总结发展经验，多层次分析发展形势，提出发展建议，开展前沿理论研究与实践探索，为推动水利风景区高质量发展提供经验借鉴和技术支撑。

　　《中国水利风景区发展报告》前九部的出版发行在社会公众中产生了积极广泛的影响，已经成为社会各界了解中国水利风景区建设与发展状况的重要载体、各级党委和政府进行决策的重要参考、行业管理者与业内人士开展工作的基础依据。《中国水利风景区发展报告（2024）》框架结构与《中国水利风景区发展报告（2023）》总体保持一致，编写工作历时一年。为了能够客观反映和分析水利风景区发展状况，研究团队于2023年6月成立了编写组、技术咨询组和编审组，在大量的资料收集、实地调研、理论研讨的基础上，历经多次编撰修改、会审统审，得以成稿。每个环节，专家倾注心血、真诚奉献，王笃波、雷晶、董青、李虎、陈吉虎、卢玫珺、汤勇生共同制定了书稿整体思路与框架结构，李虎、卢玫珺、董青、陈吉虎、汤勇生、李灵军、于小迪、张俊峰、韩凌杰、王欣苗、宋鑫、宋海静、姜凯元、卢素英、刘琪、范永明做了统稿修改，总报告部分由卢玫珺、韩凌杰、李灵军、张俊峰、宋海静、宋鑫等共同完成编写，殷淑华、董青、韩凌杰、郑国楠、张元曦、李鹏、杨伟、张智通、宋海静、卢漫、靳薇、王红炎、黄诗颖、卢素英、巫云飞、陈政、赵敏、范永明、刘琪、王欣苗、邱颖、廖梦均、季晋晶等参加了本书其他部分的编写工作。

《中国水利风景区发展报告（2024）》是专家学者辛勤劳动和智慧的结晶，得到水利部领导及专家，相关基层党委、政府和水利风景区各级管理单位的关注、关心和帮助，得到四川、湖北等省（市）水利风景区管理部门和水利部黄河小浪底水利枢纽、黄河委济南百里黄河、江苏南京玄武湖、浙江衢州马金溪、山东泰安市天颐湖、湖南长沙市湘江、广东增城区增江画廊、广西桂林灵渠、四川绵阳市仙海、陕西西安护城河等水利风景区管理单位的支持与协助，社会科学文献出版社对本书出版给予指导，在此一并表示感谢。由于时间和调研等方面的局限，本书难免存在不足之处，我们将会在今后的工作中改进和完善。

《中国水利风景区发展报告（2024）》编委会

2024 年 4 月

摘　要

　　《中国水利风景区发展报告（2024）》由总报告、专题报告、典型省市区域和景区发展报告及附录组成。总报告整体反映 2023 年全国水利风景区基本情况与管理状况、发展成效与经验，对发展形势进行展望并提出相关建议。专题报告聚焦最新规范和发展前沿，为水利风景区创建与创新发展提供指导及思路。典型省市区域和景区发展报告聚焦典型省份湖北、四川，以及 2023 年十大标杆景区，为各省级水利风景区提供有益借鉴。

　　总报告以 2023 年中国水利风景区建设发展相关的政策文件、统计数据、公共信息、调研资料为研究对象，总结了水利风景区数量规模、类型结构、空间布局等变化情况，以及各级水利部门在制度建设、规划实施、监督管理、交流宣传、人才培训、平台建设等方面开展的重点工作，通过数据全面分析了水利风景区在生态、经济、社会和文化等方面取得的发展成效，总结了各级水利部门适应新时代水利高质量发展要求，在提升景区建设效能、保障景区长效管护、构建品牌宣传新矩阵、开拓景区水文化传承新思路、推动绿色转型发展、探索解决发展突出问题等方面积累的发展经验。基于对水利建设投资和规模持续扩大、全面推进美丽中国建设、国家水网建设、恢复和扩大消费、推进实施国家文化数字化战略等发展形势的分析，提出新阶段水利风景区发展应响应国家战略，完善景区发展布局，提升景区发展动能，深化景区建设内涵，释放水利行业服务社会潜能，让广大人民群众共享水利高质量发展最新成果。

　　专题报告聚焦《水利风景区评价规范》，分析了水利风景区建设发展与新时代高质量发展新重点的传承发展适应关系，阐述推动水利风景区高质量发展的创新理念、实现路径和关键问题；聚焦水利风景区生态产品价值实现，梳理了典型水利风景区生态产品价值实现实践，分析现状和突出问题，提出推动水利风景区生态产品价值实现的建议。

典型省市区域和景区发展报告总结了湖北省水利风景区、四川省水利风景区、水利部黄河小浪底水利枢纽水利风景区、黄河委济南百里黄河水利风景区、江苏南京玄武湖水利风景区、浙江衢州马金溪水利风景区、山东泰安市天颐湖水利风景区、湖南长沙市湘江水利风景区、广东增城区增江画廊水利风景区、广西桂林灵渠水利风景区、四川绵阳市仙海水利风景区和陕西西安护城河水利风景区建设管理典型实践成效与经验。

关键词： 水利风景区　高质量发展　品牌建设　美丽中国

目 录 ⟨⟩

Ⅲ 典型省市区域和景区发展报告

皮书数据库阅读**使用指南**

总 报 告 ▷

B.1
2023年中国水利风景区发展
现状与展望

卢玫珺　韩凌杰　李灵军　张俊峰　宋海静　宋　鑫*

摘　要： 2023年是全面贯彻党的二十大精神的开局之年，是实施"十四五"规划承前启后的关键之年。本报告从国家战略、行业需求视角出发，分析了2023年中国水利风景区发展状况，总结了各级水利部门在制度建设、规划实施、监督管理、交流宣传等方面开展的主要工作，在生态、经济、社会和文化等方面取得的发展成效，以及在提升景区建设效能、保障景区长效管护、构建品牌宣传新矩阵、开拓景区水文化传承新思路、推动绿色转型发展、探索解决发展突出问题等方面积累的发展经验。围绕水利建设投资规模

---

* 卢玫珺，华北水利水电大学教授，研究方向为人居环境设计理论与实践；韩凌杰，水利部综合事业局景区规划建设处工程师，研究方向为水利风景区建设管理；李灵军，水利部综合事业局景区规划建设处副处长，正高级工程师，研究方向为水利风景区管理；张俊峰，博士，华北水利水电大学副教授，研究方向为地理信息系统；宋海静，华北水利水电大学讲师，研究方向为水利风景资源保护与利用；宋鑫，华北水利水电大学讲师，研究方向为水利风景资源保护与利用。

持续扩大、全面推进美丽中国建设、国家水网建设、恢复和扩大消费、推进实施国家文化数字化战略等发展形势，提出新阶段水利风景区发展应响应国家战略，依托水利资源优势，发挥水利行业综合服务功能，推动景区加速发展，明确景区发展路径，完善景区发展布局，提升景区发展动能，深化景区建设内涵，有力维护河湖健康生命，助力幸福河湖建设，让广大人民群众共享水利高质量发展最新成果。

关键词： 水利风景区　高质量发展　品牌建设　幸福河湖

一　中国水利风景区发展状况

2023 年是全面贯彻党的二十大精神的开局之年，各级水利部门深入学习贯彻习近平新时代中国特色社会主义思想，认真践行习近平总书记"节水优先、空间均衡、系统治理、两手发力"治水思路以及关于治水重要论述精神，按照水利部统一部署，科学保护并综合利用水利设施、水域及其岸线，维护河湖健康生命，保护传承弘扬水文化，完善政策制度，强化监督管理，全力推动水利风景区高质量发展，为满足人民群众美好生活需要、建设美丽中国做出积极贡献。

（一）基本情况

1. 数量规模

2023 年，水利部开展第二十一批国家水利风景区认定工作，新增 17 个国家水利风景区，涵盖了 14 个省（区）（见表 1）。同时水利部强化国家水利风景区的监督管理，启动退出机制，经复核撤销 4 个国家水利风景区。截至 2023 年底，全国共有 934 个国家水利风景区（见表 2）。

表 1　2023 年新增国家水利风景区

序号	省份	景区名称
1	河北	沧州捷地御碑苑水利风景区
2	吉林	延边龙井海兰江水利风景区
3	黑龙江	虎林乌苏里江水利风景区
4	江苏	皂河枢纽水利风景区
5	浙江	温州平阳鳌江水利风景区
6		金华婺城白沙溪水利风景区
7	福建	长汀羊牯汀江水利风景区
8	江西	鄱阳湖水文生态科技园水利风景区
9		潦河灌区水利风景区
10	山东	济宁奈州泗河水利风景区
11		沂南双泉河水利风景区
12	河南	安阳汤河水利风景区
13	广西	永福三江六岸水利风景区
14	四川	德阳邻姑泉水利风景区
15	贵州	黔东南天柱清水江百里画廊水利风景区
16	云南	红河弥勒甸溪河水利风景区
17	陕西	佳县白云山水利风景区

资料来源：水利部提供的 2023 年新增国家水利风景区名单。

表 2　2001~2023 年国家水利风景区认定情况

单位：个

批次	年份	数量	批次	年份	数量
1	2001	18	12	2012	43
2	2002	37	13	2013	70
3	2003	30	14	2014	70
4	2004	54	15	2015	61
5	2005	53	16	2016	59
6	2006	42	17	2017	54
7	2007	38	18	2018	46
8	2008	42	19	2021	24
9	2009	56	20	2022	19
10	2010	53	21	2023	17
11	2011	52		总计	934

注：2023 年水利部经复核撤销 4 个国家水利风景区。

资料来源：水利部提供的国家水利风景区名单。

2023 年，从国家到地方继续加大省级水利风景区建设的力度，同时批准设立省级水利风景区 71 个。截至 2023 年底，全国共有 1032 个省级水利风景区。

选取 2018 年国家机构改革以来 5 年（2019～2023 年）为样本时段，统计表明，该时段内全国新增省级水利风景区数量整体呈明显上升趋势（见表 3）。其中，四川、江苏、湖北、福建、广西 5 省（区）连续 5 年均有新增省级水利风景区，江西、河北、吉林 3 省连续 4 年均有新增省级水利风景区。

综合 2019～2023 年各省份国家和省级水利风景区新增数量情况，四川、江苏、江西、湖北、福建等省份水利风景区建设发展势头强劲。

表 3　2019～2023 年新增省级水利风景区

单位：个

省份	2019 年	2020 年	2021 年	2022 年	2023 年	总数
河北	0	1	4	5	6	16
辽宁	0	1	0	2	2	5
吉林	0	2	1	3	6	12
上海	0	1	0	0	0	1
江苏	6	8	12	10	9	45
福建	1	2	3	4	9	19
江西	0	3	8	8	12	31
山东	0	4	3	0	8	15
河南	0	4	2	2	0	8
湖北	1	1	6	10	3	21
湖南	0	0	0	1	1	2
广西	3	1	2	1	1	8
海南	1	0	0	0	0	1
四川	4	10	11	32	6	63
山西	1	0	0	0	0	1
甘肃	1	0	0	0	1	2

省份	2019 年	2020 年	2021 年	2022 年	2023 年	总数
陕西	0	0	0	0	4	4
广东	0	0	0	2	3	5
总计	18	38	52	80	71	259

注：总数为截至 2023 年底的统计数据。

资料来源：各省（区、市）水利部门提供的省级水利风景区名单。

国家水利风景区名录和省级水利风景区名录见本书附录一和附录二。

2. 类型结构

水利风景区建设逐步形成了水库型、河湖型、水土保持型和灌区型四大类型。2023 年新增的 17 个国家水利风景区中，河湖型 13 个、水库型 1 个、灌区型 2 个、水土保持型 1 个（见图 1）。

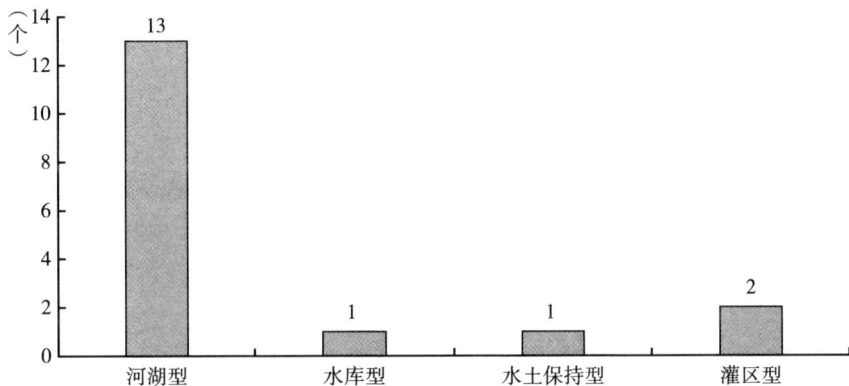

图 1 2023 年新增国家水利风景区类型分布

资料来源：水利部提供的 2023 年新增国家水利风景区名单。

截至 2023 年底，934 个国家级水利风景区中，河湖型 465 个，占 49.79%；水库型 396 个，占 42.40%；水土保持型 39 个，占 4.18%；灌区型 34 个，占 3.64%（见图 2）。国家水利风景区类型结构逐步向水库型、河湖型多元化协调发展转变。

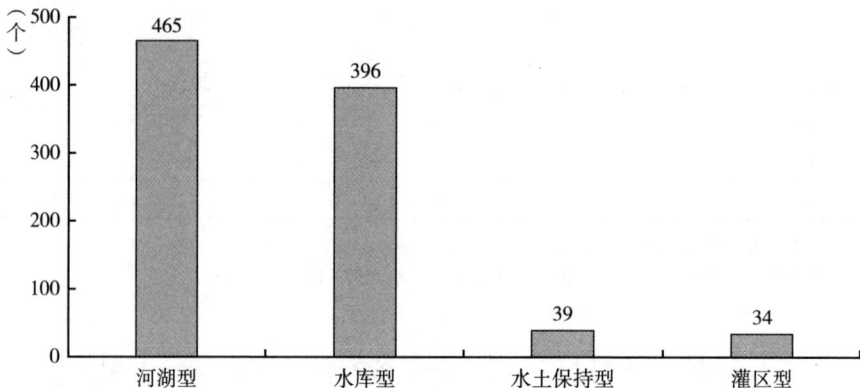

图 2　截至 2023 年国家水利风景区类型分布

资料来源：水利部提供的国家水利风景区名单。

3. 空间布局

截至 2023 年底，国家水利风景区按行政区划形成三个明显的梯队（见表 4）。其中，山东、江苏、江西、四川、河南、浙江、安徽、湖南、陕西、福建处于第一梯队，有 40 个以上的景区；贵州、黑龙江、吉林、湖北、内蒙古、甘肃、河北、云南处于第二梯队，有 20～40 个景区；山西、重庆、广西、广东、青海、新疆、辽宁、宁夏、新疆生产建设兵团、海南、上海、北京、西藏、天津处于第三梯队，景区数量不足 20 个。

表 4　截至 2023 年国家水利风景区空间分布

单位：个

主管部门	2023 年新增国家水利风景区数	累计数	主管部门	2023 年新增国家水利风景区数	累计数
水利部	0	2	江西省水利厅	2	50
长江水利委员会	0	3	山东省水利厅	2	98
黄河水利委员会	0	23	河南省水利厅	1	46
淮河水利委员会	0	3	湖北省水利厅	0	29
海河水利委员会	0	2	湖南省水利厅	0	43
松辽水利委员会	0	2	广东省水利厅	0	14
太湖流域管理局	0	1	广西壮族自治区水利厅	1	15

主管部门	2023 年新增国家水利风景区数	累计数	主管部门	2023 年新增国家水利风景区数	累计数
北京市水务局	0	3	海南省水利厅	0	5
天津市水务局	0	2	重庆市水利局	0	15
河北省水利厅	1	25	四川省水利厅	1	49
山西省水利厅	0	19	贵州省水利厅	1	35
内蒙古自治区水利厅	0	28	云南省水利厅	1	24
辽宁省水利厅	0	12	西藏自治区水利厅	0	3
吉林省水利厅	1	32	陕西省水利厅	1	42
黑龙江省水利厅	1	32	甘肃省水利厅	0	28
上海市水务局	0	5	青海省水利厅	0	13
江苏省水利厅	1	67	宁夏回族自治区水利厅	0	12
浙江省水利厅	2	44	新疆维吾尔自治区水利厅	0	13
安徽省水利厅	0	43	新疆生产建设兵团水利局	0	10
福建省水利厅	1	42	合计	17	934

资料来源：水利部提供的国家水利风景区名单。

各经济区域国家水利风景区分布如表 5 所示。

表 5　截至 2023 年国家水利风景区经济区域分布

单位：个，%

经济区域	省（区、市）	2023 年新增国家水利风景区		国家水利风景区	
		数量	比重	数量	比重
东北地区	辽宁、吉林、黑龙江	2	11.8	77	8.2
东部地区	北京、天津、河北、江苏、浙江、上海、福建、山东、广东、海南	7	41.2	322	34.5
中部地区	山西、安徽、江西、河南、湖北、湖南	3	17.6	247	26.4
西部地区	四川、重庆、贵州、西藏、陕西、甘肃、青海、宁夏、内蒙古、广西、云南、新疆	5	29.4	288	30.8
总计		17	100.0	934	100.0

注：经济区域是指中国四大经济区域，流域机构管理的水利风景区纳入所属地进行统计。

资料来源：水利部提供的国家水利风景区名单。

从经济区域分布来看，截至 2023 年底，东部地区国家水利风景区数量达到 322 个，占 34.5%；中部地区国家水利风景区数量达到 247 个，占 26.4%；西部地区国家水利风景区数量达到 288 个，占 30.8%；东北地区国家水利风景区数量达到 77 个，占 8.2%。

2023 年新增国家水利风景区的经济区域分布呈现由东部地区、西部地区、中部地区到东北地区递减的态势。东部地区新增国家水利风景区 7 个，占年度增量的 41.2%；西部地区新增国家水利风景区 5 个，占年度增量的 29.4%；中部地区新增国家水利风景区 3 个，占年度增量的 17.6%；东北地区新增国家水利风景区 2 个，占年度增量的 11.8%。

截至 2023 年底，全国共有 1032 个省级水利风景区（见表6）。

表6 2023 年全国省级水利风景区数量统计

单位：个

序号	行政隶属	数量	序号	行政隶属	数量
1	山东	141	17	内蒙古	11
2	江苏	128	18	广西	11
3	四川	106	19	云南	11
4	福建	86	20	甘肃	11
5	江西	71	21	广东	5
6	贵州	71	22	青海	5
7	湖北	62	23	北京	3
8	吉林	52	24	西藏	3
9	湖南	52	25	上海	1
10	陕西	48	26	海南	1
11	安徽	34	27	宁夏	1
12	山西	32	28	天津	0
13	河北	27	29	浙江	0
14	河南	27	30	重庆	0
15	黑龙江	20	31	新疆	0
16	辽宁	12	32	新疆生产建设兵团	0

资料来源：各省（区、市）水利部门提供的省级水利风景区名单。

山东、江苏、四川、福建、江西、贵州、湖北、吉林、湖南等拥有50个及以上的省级水利风景区，处于第一梯队；陕西、安徽、山西、河北、河南、黑龙江等拥有20~50个省级水利风景区，处于第二梯队；其余省份处于第三梯队，拥有的省级水利风景区数量不足20个。

从经济区域分布来看，东部地区省级水利风景区数量达392个，占总量的38.0%；中部和西部地区省级水利风景区数量一致，均为278个，均占总量的26.9%；东北地区省级水利风景区数量为84个，占总量的8.1%（见表7）。

表7　截至2023年省级水利风景区经济区域分布

单位：个，%

经济区域	省（区、市）	2023年新增省级水利风景区		省级水利风景区	
		数量	比重	数量	比重
东北地区	辽宁、吉林、黑龙江	8	11.3	84	8.1
东部地区	北京、天津、河北、江苏、浙江、上海、福建、山东、广东、海南	35	49.3	392	38.0
中部地区	山西、安徽、江西、河南、湖北、湖南	16	22.5	278	26.9
西部地区	四川、重庆、贵州、西藏、陕西、甘肃、青海、宁夏、内蒙古、广西、云南、新疆	12	16.9	278	26.9
总计		71	100.0	1032	100.0

资料来源：各省（区、市）水利部门提供的省级水利风景区名单。

（二）管理状况

2023年2月，《水利部办公厅关于印发2023年河湖管理工作要点的通知》（办河湖〔2023〕33号）强调有序推进幸福河湖建设，指导推动国家水利风景区高质量发展。4月，水利部召开水利风景区建设与管理工作会议，要求各地加强制度保障和监督管理，探索推进水利风景区生态产品价值实现，强化品牌建设。按照工作部署，各级水利部门持续在制度建设、规划实施、监督管理、交流宣传、人才培训和平台建设等方面开展探索实践。

1. 制度建设

2023 年，水利部加强政策支持和引导，持续加强水利风景区制度建设，修订出台了《水利风景区评价规范》（SL/T 300—2023），对进一步规范水利风景区认定、复核等工作，推动水利风景区高质量发展，建设幸福河湖具有重要意义；开展了《水利风景区规划技术导则》修订工作，已形成《水利风景区规划技术导则》修订送审稿。江苏、河北、新疆、辽宁、湖南、福建等结合本地实际，出台一系列建设管理制度，持续支持和引导水利风景区工作。江苏发布《江苏省水利厅关于印发〈江苏省水利风景区建设与管理办法〉的通知》（苏水规〔2023〕3 号），加强水利风景区建设与管理，有效保护、合理利用水利风景资源；河北发布《河北省水利厅关于印发〈河北省水利风景区管理办法〉的通知》（冀水河湖〔2023〕29 号），明确了水利风景区规划与建设、申报与认定、运行管理、监督管理等方面的具体要求；新疆发布《新疆维吾尔自治区水利厅关于印发〈自治区级水利风景区申报及评审办法〉的通知》（新水规〔2023〕6 号），规范水利风景区申报和评审工作；辽宁发布《辽宁省水利厅关于进一步强化水利风景区内安全管理工作的通知》（辽水河湖函〔2023〕30 号），进一步明确水利部门在水利风景区建设管理中对新兴行业、领域的安全生产监管职责；河北、湖南、福建分别在 2023 年度水利风景区复核工作方案中提出规范有序开展复核工作。

辽宁、黑龙江、浙江等地将水利风景区与河湖建设同步推进。辽宁在《辽宁省河湖健康评价及河湖健康档案建立工作方案》《辽宁省幸福河湖建设三年行动方案》中提出，重点推动以朝阳大凌河、喀左龙源湖、燕山湖为支撑的大、小凌河水利风光带和以关门山、大石湖老边沟、本溪大冰沟为代表的本溪水利风景区集群建设，在数量和品质上实现"双突破"。黑龙江发布《关于印发〈黑龙江省幸福河湖建设行动方案（2023—2025 年）〉的通知》（黑龙江省总河湖长令第 7 号），结合当地经济社会发展，根据河湖功能特征，因地制宜打造突出原生原始保水的水源涵养型河湖、突出绿水青山的自然生态型河湖、突出宜居宜业亲水的宜居城镇型河湖和突出山水乡愁可见的美丽乡村型幸福河湖。浙江将水利风景区建设纳入《浙江省全域建设幸福河湖行动计划（2023—2027年）》（2023年第1号总河长令），着力构建"八带百廊千明珠万里道"全域幸福河湖网，指导各地积极发挥水利风景区集群化管理优势和创新作用，营造功能综合、亲水便捷的水利风景区。

江苏、福建、江西、陕西等地相继出台水利风景区奖励激励政策，推动各地积极创建水利风景区。江苏发布《江苏省财政厅　江苏省水利厅关于印发〈江苏省水利发展资金管理办法〉的通知》（苏财规〔2023〕13号），明确提出水利工程维修养护资金支出可用于水情教育及水利风景区等水文化载体建设。福建发布《福建省河长制办公室关于印发〈2023年度河湖长制考核工作方案〉的通知》（闽河办〔2023〕14号），将水利风景区创建与高质量发展纳入河湖长制工作考核评分；发布《福建省文化和旅游厅关于印发〈福建省县域文旅经济工作正向激励实施方案（试行）〉的通知》（闽文旅产业〔2023〕9号），将水利风景区创建工作纳入"促进县域文旅经济"正向激励考核评价指标，激励各地积极争创高质量水利风景区。江西发布《江西省河长办公室关于印发2023年河湖长制工作考核细则的通知》（赣河办字〔2023〕12号），规定获得国家水利风景区称号的加0.5分，获得省级水利风景区称号的加0.2分；发布《江西省河长办公室关于印发2023年度河湖长制工作要点和考核方案的通知》（赣河办字〔2023〕9号），将水利风景区建设列入2023年度河湖长制工作考核项目，分值1分。陕西发布《陕西省水利厅　陕西省财政厅关于印发〈2024年中央和省级水利发展资金项目申报指南〉的通知》（陕水规计发〔2023〕49号），将水利风景区设施设备维修养护列入省级水利发展资金项目，分档予以补助，单个景区原则上补助10万~50万元。

辽宁、广东、贵州等地制定水利风景区融合发展相关政策文件，激发水利风景区发展新活力。辽宁发布《辽宁省人民政府办公厅关于印发〈辽宁省支持文旅产业高质量发展若干政策措施〉的通知》（辽政办发〔2023〕10

号），明确省发改、农业、交通、自然资源、生态环境、水利、住建、林草等相关部门在安排预算资金支出时，向文旅融合项目倾斜。广东发布《广东省河长办关于印发〈广东省水经济试点建设工作方案〉的通知》（粤河长办〔2023〕37 号），把水利风景区作为绿美广东建设的重要节点和探索水生态产品价值实现的重要载体。贵州制定《省河湖长制办公室关于印发〈贵州省河湖长制 2023 年度工作实施方案〉的通知》（黔河湖长办〔2023〕4 号），将新建、复核一批水利风景区，推动水利风景区高质量发展纳入《贵州省河湖长制 2023 年度工作考核方案》，将推进水利风景区建设发展纳入中小河流竞争立项内容。

2. 规划实施

2023 年 5 月，中共中央、国务院印发《国家水网建设规划纲要》，各级水利部门全力推动水利基础设施建设，加快构建国家水网主骨架和大动脉，为水利风景区集群发展、风光带建设提供政策指引和基础条件。水利部围绕《"十四五"水文化建设规划》总目标和"提升水利风景区文化内涵"重点任务分工，稳步推动精品水利风景区和水利风景集群、文化廊道建设，指导江苏、四川等 10 余地将水利风景区建设分别纳入《大运河文化带江苏段文化保护传承利用实施规划》《四川省水文化建设"强推进"工作实施方案》等政策文件和相关规划。

吉林、山东、安徽等地结合相关规划实施，同步编制水利风景区规划。吉林完成《吉林万里绿水长廊建设规划（2021—2035 年）》修编，将水利风景区纳入规划，强力推进水利风景区建设；山东在《山东省水文化建设规划纲要（2023—2025）》中提出，制定"十个一"水文化建设目标，提出"六水共治"发展思路，专设提升水利风景区文化内涵章节，为水利风景区水文化建设提供指引；安徽发布《中共安徽省委办公厅 安徽省人民政府办公厅印发〈关于开展绿美江淮行动的意见〉的通知》（皖办发〔2023〕32 号），明确要求建设皖美绿水青山，持续推进水利风景区建设。

3. 监督管理

2023 年，水利部加强国家水利风景区动态监管，推动将水利风景区综合监管系统纳入国家水利综合监管平台同步规划；开展国家水利风景区复核工作、专项排查工作，各地水利部门结合地方实际，开展省级水利风景区复核工作、安全管理工作。对不符合建设管理要求的水利风景区予以撤销，备受关注的退出机制首次得到有效实施，进一步强化水利风景区监督管理。

一是加强复核工作，撤销一批国家水利风景区和省级水利风景区。水利部景区办开展168个国家水利景区复核工作，重点对景区基本条件、水域及其岸线保护、管理与服务等3个方面的25项内容开展全面复核。将内蒙古呼和浩特敕勒川（哈素海）水利风景区、黑龙江呼兰富强水利风景区、山东莱西湖水利风景区、甘肃张掖大野口水库水利风景区4个国家水利风景区列入2023年国家水利风景区复核撤销名单。同意陕西西安奥体灞河水利风景区（原名陕西灞柳生态综合开发园水利风景区）和宁夏银川典农河水利风景区（原名宁夏银川艾依河水利风景区）名称变更申请。

湖南、福建、吉林、内蒙古、甘肃、河北等地结合实际，开展省级水利风景区复核工作。湖南抽查复核10个省级水利风景区，撤销娄底市雷锋山—四方湖省级水利风景区。福建计划利用3年时间完成全省5年以上的省级水利风景区复核工作，2023年完成40个省级水利风景区复核工作，撤销平潭综合实验区麒麟湖水利风景区、漳州市常山开发区东南亚风情园水利风景区、龙岩市连城县大石岩水利风景区、三明市将乐县龙池谷水利风景区、三明市清流县天芳悦潭温泉度假村5个省级水利风景区。吉林对吉林市丰满区二道水库、磐石市官马水库、白山市曲家营水库等9个省级水利风景区开展复核，撤销前郭县查干东湖（库里渔场）省级水利风景区。内蒙古、甘肃、河北分别开展省级水利风景区复核工作，对发现的问题建立问题台账及时督促整改。

二是加强景区安全隐患排查，开展专项检查工作。水利部景区办开展了黄河流域125个水利风景区专项排查工作，重点对景区工程管理范围、河湖"四乱"问题、景区违规建设情况等开展全面排查，贯彻落实黄河流域生态保护和高质量发展战略。

黄河委、辽宁、四川、甘肃、新疆等强化景区安全管理。黄河委紧抓汛期和节假日、旅游高峰期等关键时期，开展景区安全工作提醒，开展景区安全专项排查和 23 个景区重大事故隐患排查工作；辽宁进一步明确水利部门在水利风景区建设管理中对新兴行业、领域的安全生产监管职责；四川印发《景区安全工作要点》，对全省 175 个水利风景区逐一细化管理机构主体责任、部门监管责任，把安全责任落实到"最小工作单位"，开展全省景区安全隐患大排查；甘肃开展黄河流域 9 个国家水利风景区安全隐患专项排查，以及全省 29 个水利风景区重大事故隐患排查；新疆按照"水利重大事故隐患排查整治专项行动"的要求，组织各地、州、市以水库、河道、水电站、水利风景区等为重点，开展"五一"假期水利设施公共安全检查，确保水利风景区安全稳定。

4. 交流宣传

水利部高度重视水利风景区交流宣传工作，围绕"水美中国"主题开展了一系列品牌建设活动，积极扩大水利风景区品牌影响力。各地水利部门按照水利部工作部署，积极响应，认真组织，采用多种方式，开展一系列宣传活动。

举办"水美中国"第二届国家水利风景区高质量发展典型案例推介发布活动。2023 年 7 月 27 日，水利部水利风景区建设与管理领导小组办公室联合中国农影中心在北京举办"水美中国"第二届国家水利风景区高质量发展典型案推介发布活动。黄河委兰考黄河、长江委丹江口大坝、四川都江堰、江西峡江水利枢纽、山东聊城位山灌区、江苏淮安三河闸、浙江建德新安江—富春江、陕西汉中石门、湖北襄阳三道河、福建永春桃溪等水利风景区所在流域管理机构、省水利厅、所在地人民政府和景区单位负责人出席推介发布活动。

遴选 23 个景区纳入《2023 年度国家水利风景区高质量发展典型案例名单》。2023 年，水利部组织开展了第三批国家水利风景区高质量发展典型案例征集与推广工作。各地积极响应，认真组织，推荐了 46 个案例。经专家初审、征求意见、公众投票、实地核实、专家复审、领导小组成员单位审核、公示公告等程序，遴选出黄河小浪底水利枢纽水利风景区等 23 个景区纳入《2023年度国家水利风景区高质量发展典型案例名单》，黄河委济南百里黄河水利风景区等10个案例入选《第三批国家水利风景区高质量发展典型案例重点推介名单》（《国家水利风景区高质量发展典型案例及第三批重点推介名单》见附录五）。

推出"水美中国精彩瞬间"水利风景区摄影作品。为塑造水利风景区良好公益形象，展示新时代水利风景区风采，打造"水美中国"公益品牌，由水利部河长制湖长制工作领导小组办公室指导，水利部水利风景区建设与管理领导小组办公室联合中国水利水电出版传媒集团、水利部宣传教育中心、水利部河湖保护中心、中国宋庆龄青少年科技文化交流中心主办的第五届"守护幸福河湖"全国短视频公益大赛活动面向全社会征集"水美中国精彩瞬间"水利风景区摄影优秀作品，推出一等奖3个、二等奖5个、三等奖10个、优秀奖60个（《"水美中国精彩瞬间"水利风景区摄影大赛获奖名单》见附录六）。

出版水利风景区相关系列丛书。2015~2023年，水利部连续9年持续推进《中国水利风景区发展报告》（蓝皮书）编制出版工作。2018~2023年，湖北连续6年持续推进《湖北省水利风景区发展报告》（蓝皮书）编制出版工作。陕西出版《水美三秦·陕西省水利风景区集锦》画册，收录全省85个省级以上水利风景区水工程建设、水遗址保护、水文化、水科普、水生态展示、河湖治理成效等文字图片，全面、直观、准确反映陕西省水利风景区治水、兴水取得的实效。福建启动《福建省水利风景区画册》制作，展现该省水利风景区良好的发展面貌。上海在调查水文化遗址、遗产、遗迹和现有水文化场馆资源的基础上，编制《上海水文化名录》图册，收录全市首批水文化点位71个（5个国家水利风景区均在其中）。浙江省水利学会水利风景区专委会联合浙江水利水电学院编制出版"水美中国2023"丛书。

依托各类媒体，开展形式多样的景区宣传。各地坚持宣教融合，充分利用各类网站、报刊、电视、广播、新媒体等，多手段、多渠道、多时段宣传、报道、推介，打造具有水利特色的宣教阵地。太湖流域管理局利用微信公众号、小红书、短视频平台等媒体加强宣传，组织开展"瑞兔送福，喜闹元宵"、"粽"香七都等传统节日惠民活动，举办吴村烟市开街暨吴溇孙宅开馆仪式，承办各类文化研讨会，共发布推文 160 篇，累计阅读量近 101 万次，发布视频 80 个，播放量逾 300 万次，提升景区展示度、影响力和传播力。江苏依托省水利风景区协会微信公众号平台，结合节气、节庆开展水利风景区、水文化、水利遗产宣传推介活动，推出"五一趣玩水利风景区""跟着美文去旅行"等专题策划，累计推送图文 82 篇，总阅读量超 10000 次，成为公众了解水利风景区、探秘水工程的重要窗口。湖南在《湖南日报》、湖南水利公众号积极宣传推介该省水利风景区，推出 15 期水利风景区专刊介绍。湖北水利厅与湖北广播电视台联合开展"水美荆楚·幸福河湖"水利风景区广播宣传推介活动 4 期，湖北水利风景区微信公众号全年推送信息超 200 条。河北联合《河北水利》杂志，每期杂志在封面推荐一个精品景区，加大对精品景区的宣传推广力度。广西组织完成《八桂大地水利景区美》宣传片摄制工作，介绍广西 26 家水利风景区和优质水利风景资源，通过水利行业媒体资源，开展水利风景区深度报道和宣传，让更多人了解、关注水利风景区建设发展。福建组织拍摄制作 1 部反映全省水利风景区发展特色、建设成效的宣传片和 15 部水利风景区宣传短视频及若干专题短视频，用于网络宣传。四川依托《四川日报》、川观新闻、省水利厅网站、新媒体等，以景区为单位，推出一系列报道，不断扩大"水润天府，自在四川"影响力。新疆广播电视台新闻广播联合全国多家省级广播电视台推出融媒体直播《"青山绿水映初心，美丽新疆丝路行"——印象天山天池》宣传片，浏览量达 276 万次。陕西在"五一"小长假等重点假期来临前，在"水润三秦""陕西河长"等微信公众号发布头条宣传文章。宁夏沙湖、鸣翠湖、渝河等水利风景区通过微信公众号、小红书、微博、抖音、快手、今日头条等平台发布品牌宣传文章及视频，深化"旅游+文化+体育"融合发展的新局面。

强化品牌效应，开展形式丰富的景区活动。各地积极举办各项活动，加强宣传，扩大景区品牌影响力。在水利部水利风景区建设与管理领导小组办公室、水利部宣传教育中心、中国水利学会等单位的指导下，由河南省水利厅、林州市人民政府、华北水利水电大学共同主办了2023水美中国"红旗渠杯"水利风景区水文化创意设计大赛，赛事受到新华网、央广网、《中国日报》、中国网、中青网、《中国水利报》、腾讯网、网易、《河南日报》、河南广播网等媒体平台的报道。淮委开展景区宣传活动，中运河宿迁枢纽水利风景区创造融入河湖生态健康理念的"安安""澜澜"吉祥物，并通过多方联动，在景区内开展2023年宿迁市马拉松比赛。海委开展景区活动，漳卫南局配合德州召开2023年大运河国家文化公园（德州）论坛；举办2023德州运河马拉松、德州市运河自行车比赛等赛事。浙江借助亚运会进一步提升水利风景区知名度，杭州市富阳富春江水利风景区北支江水上运动中心见证杭州亚运会首枚金牌诞生，亚残会火炬传递桐庐站在杭州市桐庐富春江水利风景区开跑；宁波东钱湖水利风景区围绕"文化钱湖"发展定位，举办"钱湖过大年""钱湖春来了""东钱湖迎亚运文旅消费季"等116场主题活动。吉林在丰富景区活动方面，做到"新、奇、特"，镇赉北方渔岛哈尔淖景区开展"冰雪冬季捕鱼季活动"，临江鸭绿江景区举办市民文化节暨"花开临江"赏花节活动，查干湖景区举办"冬捕渔猎文化"活动。北京持续推动"水+体育""水+文旅"等涉水活动，推进水利工程开放共享，联合体育部门筹备各类水上体育赛事活动，为市民提供更多运动休闲滨水空间。山东省水利厅联合省文化和旅游厅、省政府发展研究中心等单位举办"齐鲁水文化论坛"，掀开打造"以水铸魂、水兴齐鲁"山东水文化品牌的序幕。四川创新打造水美新村品牌，发挥水利风景区带动作用，探索"1+N"发展模式，打造"河畅水清、岸绿景美、功能健全、人水和谐"水美新村3358个，助力建设宜居宜业和美乡村。贵州围绕"大力弘扬宪法精神，建设社会主义法治文化"主题，在全省各水利风景区开展"宪法宣传周"普法活动，张贴宣传标语75幅，举办讲座11次，发放传单7000余份，参与体验万余人。陕西水利风景区徽标在全省景区工作会议上正式发布。

5. 人才培训

为进一步提高水利风景区建设管理人员业务素质，水利部及各地围绕高质量发展主题，开展人才培训工作。2023年5月30日至6月1日，水利部景区办在江西南昌组织举办 2023 年水利风景区建设与管理培训班，共设置 26 门培训课程，培训学员 170 人。各流域管理机构、各省（自治区、直辖市）水利（水务）厅（局）、新疆生产建设兵团水利局有关部门负责人，市县级水行政主管部门有关负责人共 80 人参加培训。

淮委、河北、江苏、福建、湖南、湖北、四川、甘肃、陕西等举办水利风景区建设管理培训，提升地市水管单位和景区建设管理人员素养和能力。淮委首次举办淮河流域水利风景区建设与管理培训班，针对最新政策要求和规划建设实务等内容进行理论培训，并赴江苏江都水利枢纽水利风景区开展现场教学。河北在邯郸武安市京娘湖景区举办全省水利风景区建设与管理培训班，全省各市水利部门和景区单位共 120 余人参加培训，加深对水利风景区相关政策的理解，开拓工作思路。江苏在常州溧阳举办全省水利风景区建设与管理培训班，全省水利风景区建设与管理从业人员共 80 人参加培训，主要解读《江苏省水利风景区建设与管理办法》以及景区安全管理事宜。福建在泉州市德化县举办全省水利风景区建设与管理培训班，各设区市水利局和平潭综合实验区农业农村局分管领导、有关市县科（股）室负责同志，以及部分水利风景区管理单位负责人共 80 人参加培训，厘清水利风景区相关政策制度，明确今后开展景区创建的目标与方向。湖南在长沙举办全省水利风景区建设与管理培训班，培训人员覆盖 14 个市州 94 家景区单位，促进水利风景区从业人员掌握水利风景区相关政策标准。湖北在武汉举办 2023 年全省水利风景区建设与管理培训班，有关市县水利和湖泊（水务）局、厅直有关单位负责同志，部分水利风景区单位代表以及湖北省水利厅水利风景区建设与管理领导小组成员单位相关负责人共 60 余人参加培训，明确了今后开展景区创建的目标与方向。四川举办水利风景区建设与管理培训班，全省各市（州）共计 104 人参加培训，厘清景区建设发展思路，明确建设目标，增强规范化管理意识。甘肃在张掖举办 2023 年全省水利风景区建设与管理培训班，各市州的水务（水保）局、景区管理单位和有景区的市县水务（水保）局及水利厅厅属的相关单位共 110 人参加培训，讨论修订《甘肃省水利风景区管理办法》，讲解水利风景区申报认定和复核的相关政策内容。陕西在西安市举办全省水利风景区建设与管理培训班，各市（区）水利（水务）局景区管理部门负责人及业务骨干、部分景区单位负责人和省景区办全体人员共计80人参加培训，解读水利风景区最新政策与制度、《陕西省水利风景区管理办法》等内容。

6. 平台建设

2023年各地积极整合优势资源，搭建水利风景区行业平台和研究平台，建立人才智库，共享发展成果，促进相互交流，助力水利风景区高质量发展。

各地建立人才智库助力水利风景区高质量发展。2023年，四川首次面向社会公开征集水利风景区专家，组建涵盖水工程、水景观、水文化、水生态、旅游发展等领域，由106人组成的专家库。贵州积极搭建人才智库，邀请河海大学、云南大学、兰州大学、西北民族大学等高等院校及科研院所的60余位专家学者为水利风景区建设管理提供服务。华北水利水电大学牵头组建水利风景资源学术联盟，形成由河海大学、云南大学、福建农林大学、南宁师范大学、浙江水利水电学院、南昌工程学院等国内高校，以及黄河水利勘测规划设计研究院有限公司、贵州省旅游规划设计院有限公司等设计机构组成的全国性水利风景资源学术合作联盟组织，为全国水利风景区高质量发展提供智库支撑。

各地水利风景区产学研平台显成效。在水利部的指导下，2023中国水利学术大会水利风景区分会场在郑州成功举办，围绕新时期河湖生态治理、水利风景区建设与评估、水利风景区规划、水文化遗产挖掘与数字化保护、幸福河湖建设等议题开展学术研讨。湖北省水利学会主办、湖北省水利学会水利风景区专业委员会等单位承办的2023年水利风景区高质量发展学术研讨会，围绕"水利风景区与水利绿化高质量发展"开展学术研讨。南宁师范大学国家水利风景区发展研究中心发挥专家团队优势，为水利风景区申报提供前期专家咨询，南宁师范大学招收旅游管理（水利风景区建设）方向研究生，联合广西社会科学院等智库，完成"广西水利风景区高质量发展"课题调研，形成调研成果《广西水利风景区高质量发展存在短板需引起关注》并报送区委、区政府。华北水利水电大学国家水利风景区发展研究中心参与河南省国家水利风景区复核工作和省级水利风景区评审工作。浙江水利水电学院出版"水美中国 2023"系列丛书，协助湖州吴兴太湖溇港水利风景区成为全国水利风景区服务能力首批认证景区，并获得最高级 5 星。

二　水利风景区发展成效

2023 年是全面贯彻党的二十大精神的开局之年。各地水利风景区坚持生态优先、绿色发展，积极开展一系列卓有成效的工作，在维护持久水安全，修复健康水生态，构建宜居水环境，弘扬先进水文化，助推生态文明建设、美丽中国建设方面成效明显，凸显水利风景区高质量发展的要素特征，推动水利风景区向更高层次、更宽领域发展，人民幸福感、获得感更强、更可持续。

（一）生态效益

水利风景区建设是服务美丽中国建设的生动实践，水利风景区为生态文明建设做出重要贡献。2023 年，各地水利风景区致力于维护河湖健康生命，因地制宜修复水生态、改善水环境，周边生态体系重建，生物多样性持续向好，生态效益持续彰显。对 647 个国家水利风景的抽样调查显示，景区水域面积平均为 32.02 平方公里，河湖岸线长度平均为 16.4 公里，林草覆盖率平均达到 81.3%，水土保持率平均为 90.8%，生态流量达标天数平均为 324 天；92.2%的水利风景区水质达到Ⅲ类及以上标准，各地水质持续向好，为保护生物多样性提供了良好的水生态环境。

甘肃各水利风景区通过绿化工程完善生物防护体系，景区生态植被覆盖率及水土流失治理率均达到 90%以上，动植物种类数量明显增多；浙江衢州马金溪水利风景区水生生物多样性从 20 世纪末的 30 多种增加到 2023 年的 74 种，通过构建"水清、岸绿、河畅、景美"的水生态空间，有力地促进河流湖泊休养生息，提升生态系统质量和稳定性；中运河宿迁枢纽水利风景区通过将生态保护、生态修复工程与海绵城市建设相结合，景区水土流失治理率和林草覆盖率均达到97%以上，累计投入2亿余元用于生态修复、水域岸线保护利用等生态文明建设，充分保障景区生态发展动力；西安护城河水利风景区以"优质水资源、健康水生态、宜居水环境"为目标，构建并完善水生态系统，实时掌握水质变化、微生物结构变化、底泥污染物迁移变化，确保护城河水质稳定良好；丹江口大坝水利风景区实施鱼类增殖放流，有效促进水生态环境修复，水质常年保持在Ⅱ类；陆水水库水利风景区与地方政府加强联动，编制陆水流域系统治理与高质量发展示范区规划，加强流域综合治理和生态保护与修复。

（二）经济效益

水利风景区作为多业态融合发展的重要平台，已成为拉动内需、推动绿色发展的新动力。2023年，各地景区强化文旅融合，整合多行业资源，大力发展水美经济，促进区域经济发展，将生态"好水"变成发展"活水"，盘活绿色水经济，让绿水青山变成金山银山，带动群众增收致富。对647个国家水利风景区的抽样调查显示，景区年接待游客量总计约2.94亿人次，年均接待游客量为45.47万人次。对425个经营性国家水利风景区的抽样调查显示，景区经营性总收入为175.36亿元，年均经营性收入为4126.1万元。

四川省水利风景区全年接待游客超4000万人次，综合收入近75亿元。其中，绵阳市仙海水利风景区着力打造集水景观光、休闲度假、运动养生、科普教育于一体的生态价值转换模式，年接待游客241万人次，实现旅游总收入5.6亿元；陕西省水利风景区"五一"和国庆假期接待游客619.58万人次，综合收入为2.96亿元；浙江湖州市水利风景区坚持"以水兴旅""以水彰文""以水强产"，助力打造"水美中国"湖州样板地，全年共接待游客1865万人次，总收入达到30亿元；衢州市信安湖水利风景区为全国首个开展生态产品价值核算的水利风景区，总值超100亿元；天津东丽湖水利风景区坚持以文旅产业为突破口，带动区域农商文体旅融合发展，全年共接待游客约 563 万人次，实现旅游综合收入约 5.2 亿元；上海滴水湖水利风景区主动融入全域旅游、文旅融合的发展布局，创建海昌海洋世界、上海天文馆等世界级文体旅游目的地，带动周边第三产业快速发展；天山天池水利风景区在开展生态旅游的过程中，带动三工河沿线餐饮、文化娱乐、农副产品加工发展，为附近农牧民创造就业和致富机会，成为当地调结构、促转型、惠民生的支柱产业。

（三）社会效益

水利风景区提供近水亲水休憩休闲空间，带来新思想、新知识、新观念、新生活方式，有效提高人民群众幸福指数，增进民生福祉，提高公众素质，促进社会文明发展。2023 年，各地水利风景区通过完善基础设施，提升服务能力，完善安全防护设施，因地制宜建设健身步道、休闲绿道、亲水平台等设施，不仅为人民群众提供安全的休闲游憩空间，也为各种公益活动开展提供可感可及的公共空间。

对 647 个国家水利风景区的抽样调查显示，绿道平均长度为 16.85 千米，其中，绿道长度在 5 千米以上的景区数量占比 64%。开放夜游的景区占比 36%。公共服务点总数为 1.46 万个，平均公共服务点达 20 个，主要类型为公共卫生间、停车场和游客中心，配备有医疗救护点、导游服务点、特殊人群服务点的景区分别占 32%、27% 和 23%。景区平均直接带动就业人数 127 人，直接带动就业人数在 50 人以上的景区约占 55%；平均间接带动就业人数 598 人，间接带动就业人数在 300 人以上的景区约占 39%。

黄河委充分利用黄河生态资源，各水利风景区常年举办摄影展、健步走、民俗节等活动，大力发展沿黄生态旅游，满足居民精神生活需求，社会效益显著；湖州吴兴太湖溇港水利风景区成为全国水利风景区服务能力首批 5 星认证景区，社会服务能力日益提升，积极开展吴兴高新区太湖溇港文化节活动，吸引广大消费者和游客积极参与；泰安市天颐湖水利风景区不断探索水利风景区建设带动乡村振兴发展路径，为周边 5 个乡镇提供 500 余个就业岗位；汉中市天汉湿地水利风景区内相关配套服务设施完善，不仅成为城市建设发展和生态保护的缓冲区，更为广大市民提供了优美的休憩环境，带动了周边经济发展，旅游服务业态丰富，成为汉中全域旅游新亮点。

（四）文化效益

水利风景区以"水文化"为核心，以"水元素"为亮点，打造水利文化场馆，成为城乡居民文明素质提升的重要窗口和服务基地，共同营造"人水和谐"的水文化。

2023年，各地水利风景区通过加强水文化挖掘与利用，持续提升品位与内涵。对820个国家水利风景区的抽样调查显示，其中335个景区建有水文化科普场馆，占比41%；322个景区建有户外水文化科普场所，占比39%；346个景区主要文化科普设施类型为科普展板，主要科普活动为展示、宣讲，但展示形式较为单一，活动类型不丰富；158个景区包含水利遗产资源，208个景区包含红色文化资源，234个景区对废旧场所、设施进行再利用；215个景区开发了文创产品，其中146个景区开发了Logo，62个景区开发了吉祥物，78个景区开发了纪念品，48个景区开发了工艺品。年平均举办文化科普活动52次，年平均举办红色教育活动75次，年平均举办研学活动145次。水利风景区已成为各地开展水科普、水法宣传和爱国主义教育的文化主阵地。

湖南全省水利风景区共接待游客3900万人次，累计向1700万人次开展水文化科普教育。陆水水库水利风景区依托陆水枢纽工程作为三峡试验坝和全国唯一一座大型水利水电试验枢纽的科普价值和特殊的建设历史过程，开展全国青少年生态文明教育体验，全年入园参观人数达6万余人次，对周边旅游和经济带动作用明显。上海滴水湖水利风景区通过传统形式与AI、VR等新技术相结合的科普方式，向游客开展中国水利史教育，传承红色基因。淀山湖水利风景区在"世界水日·中国水周"期间，开展线上水文化、水知识挑战答题活动，活动答题参与人数超过7万人次。中运河宿迁枢纽水利风景区共投入约1.2亿元建设水文化宣传场所、基础设施、服务配套设施等，为市民和游客休闲、娱乐、观光、科普提供场所。鸿运桥成为市民游客的网红打卡点，周末客流量峰值达 50 万人次。浙东古运河水利风景区运河博物馆有机串联运河园，累计接待 10 万余人次，已成为群众新的打卡点。

三 水利风景区发展经验

2023 年，各级水利部门加速推进"十四五"水利风景区规划目标与建设内容的落实，高质量发展的新格局逐步形成，积累了丰富的发展经验，为水利风景区建设提供参考和借鉴。

（一）坚持高位推动，提升景区建设效能

各地完善顶层设计，坚持高位推动，扎实推进水利风景区工作，为水利风景区持续发展提供坚强后盾和科学保障。贵州省委、省政府主要负责同志分别做出批示，要求发展更多国家水利风景区；湖南省委主要负责同志就《湖南日报》的评论文章《擦亮水利风景区"金字招牌"大有可为》做出批示，为推动水利风景区高质量发展明确新思路；辽宁省总河长提出，要努力践行"建设一个水利工程、塑造一个水利风景区"的水利高质量发展新模式，重点推动形成大、小凌河水利风光带和本溪水利风景区集群建设，在数量和质量上实现"双突破"；青海按照"一大国家公园、两大发展带、三大城市综合服务区、四大发展片区、33 个国家水利风景区、17 个省级水利风景区"的建设发展总体思路，推动景区生态、文化、安全设施与服务设施建设，使水利风景区进入科学、规范、可持续发展的新阶段；河北结合全省水利风景区顶层设计，构建生态系统完整、区域空间网络联通的水利风景区集群，推动景区健康发展和提档升级；广东提前谋划水利风景区风光带（集群）建设，探索发挥水利风景区集群效应；山东滕州着手建设全域水利风景区集群，致力打造"水美中国滕州样板地"。

（二）注重机制创新，保障景区长效管护

各地景区充分利用河湖长制平台，发挥协同治理的强大合力，落实多部

门联合工作机制，推动形成全面、严格、有效的水利风景区管理与保护体系，推动景区从数量和规模增长向质量和效益提升转变，实现景区发展行稳致远。四川深入推动河湖长制从"有名有责"到"有能有效"，各级河湖长与河湖"共命运、齐进退、同荣辱"，统筹做好水利风景区发展与群众日常需求、河湖管理和河长制工作的有效衔接，推进风景区的建设与管理质量提档升级；宁夏完善河长小工作规则，优化联合办公机制，加强部门协同共治，推动水利风景区融合发展；广东强化河湖长制统筹协调作用，推动各地各部门以及各河长湖长主动作为，共同抓好河湖长制各项工作任务落实；新疆生产建设兵团将水利风景区纳入兵团河湖长制体制机制，为水利风景区建设与管理提供有力的基础保障。

多地建立水利风景区考核与激励机制，水利风景区建设作为河湖长制考核加分项已成常态，督促落实水利风景区建设管理责任。青海、宁夏等27个省（区、市）和新疆生产建设兵团将水利风景区建设纳入河湖长制考核；甘肃充分利用河长制湖长制平台，将辖区内有水利风景区作为美丽幸福河湖创建评价体系的加分项，调动提高各地培育发展水利风景区的积极性；辽宁将水利风景区创建工作列为"大禹杯（河湖长制）"竞赛考核评价体系加分项，有效调动地方政府创建水利风景区和高质量发展典型案例的积极性；吉林持续将水利风景区工作纳入河长制考核加分项，被认定为国家水利风景区加10分，被认定为省级水利风景区加5分；江苏出台相关政策文件，从制度上保障水利风景区奖补资金；福建将水利风景区建设纳入促进县域文旅经济正向激励考核评价指标，对新认定景区的奖补共计320万元；江西将水利风景区建设纳入水利工程标准化建设考核，对获批景区的工程管理单位予以130万元的奖励。

（三）注重特色IP打造，构建品牌宣传新矩阵

各地水利风景区将优势资源特质作为品牌核心价值的活力源泉，强化特色品牌塑造，打造专属文化IP，不断提升景区的辨识度和影响力。兴安盟察尔森水利风景区利用冰雪资源，打造冰雪旅游品牌，通过冰雪渔猎文化推

广景区；吴江区太湖浦江源水利风景区打造溇港文化、鱼米文化IP；伊通河景区注重满族文化宣传；白城嫩江湾景区注重辽代捺钵文化的宣传；黄河三门峡大坝风景区打造以传承中流砥柱精神为核心的"万里黄河第一坝"的生态文化IP；兰考黄河水利风景区打造"要把黄河的事情办好""让黄河成为造福人民的幸福河"的红色IP和"黄河最后一道弯"的文化IP。

各地水利风景区逐步构建品牌宣传矩阵，宣传力求做到"活、精、实"，不断输出优质品牌内容，讲好各地水利故事，解锁流量密码，借势发力提升景区的展示度和传播力。沿黄各景区定期举办形式多样的"沿黄"赛事、直播、研学、公益等活动，在重大节日植入黄河特色民俗表演、民乐展演、黄河大合唱等活动，提高黄河品牌影响力；松辽委指导委管水利风景区积极谋划旅游活动，借助各种节日及网络平台对景区进行宣传，全力打造冰雪旅游新名片；北京举行沿大运河全民健步走活动、自行车联赛（通州站）、龙舟邀请赛、桨板公开赛（通州站、朝阳站）等体育赛事活动，促进城市河湖型水利风景区的快速发展；广东充分利用省级河湖长制工作宣传媒体矩阵，联动各地市河湖长制及水利风景区微信公众号、视频号构建省、市、县、景区四级联动宣传体系，共同"讲述水利好故事，传递景区好声音"。

（四）实施文化赋能，开拓景区水文化传承新思路

各地水利风景区大力弘扬水文化，以属地水利发展历史为主线，结合地方特色文化，聚焦水利历史梳理、水利精神凝练、水利技艺传承、水利成就展现、水利科学普及，完善水文化载体建设，提升水工程和水环境文化内涵，厚植水利风景区高质量发展的文化底蕴。

黄河委坚持把"党建+黄河文化"引领作为推动景区提质升级的"红色引擎"，大力构建"党建+"文化展示传承体系，统筹建设集党建、治黄、法治、地方特色等丰富元素于一体的综合性黄河文化研学实践基地。长江委聚焦景区文化挖掘，积极推动水文化研学活动"出圈"，开发文创产品、研学、红培课件，丰富水情教育、爱国主义教育、水利科普等特色产品。海委坚持将引滦文化作为塑造品牌核心价值的活力源泉，通过宣传引滦历史文化精神、普

及水情教育等重要内容，打造引滦局局史馆、文化教育长廊、实景智慧沙盘、普法教育基地、滦水公园（水情教育基地）等文化教育场所。山东实施文化铸水战略，举办高规格的"齐鲁水文化论坛"，印发《山东省水文化建设规划纲要（2023—2025）》，促进水利风景区文化传承，凸显山东水利风景区水文化属性。黄河山东段9个水利风景区积极打造黄河治理文化体验廊道示范段工程，构建起多元立体的黄河治理文化保护传承体系。上海组织开展水文化遗址、遗产、遗迹和现有水文化场馆资源调查，形成《上海水文化名录》；松江生态景区深入挖掘和梳理"浦江之首"、人民河、泗泾塘等水历史、水文化、水故事；徐汇滨江景区深入挖掘景区历史、滨水文化等，不断提升景区水文化内涵。

（五）促进多元创新融合，推动绿色转型发展

各地水利风景区通过多元创新，聚焦生态产品价值实现，推动"水利+"深度融合，积极培育"水利+文旅"产业，促进新型业态发展，助力全域旅游和乡村振兴，打造水利惠民富民新样板，开辟"两山"转化水利新路径。四川创新打造水美新村品牌，发挥水利风景区带动作用，探索"1+N"（1个景区、N个周边村）发展模式，打造"河畅水清、岸绿景美、功能健全、人水和谐"水美新村3358个，助力建设宜居宜业和美乡村。广西将水利风景资源开发利用纳入《广西"文旅+"产业融合新业态打造实施方案》，助力推动全域旅游，为乡村振兴战略贡献水利力量；兴安县推动灵渠秦风田园综合体等建设，支持长征国家文化公园广西段建设，内容涵盖现代水电、爱国主义教育、生态示范、科普展示培训和旅游休闲度假等。山东水利风景区构建"水利+文化""水利+产业""水利+生态"融合新模式，使景区资源价值充分发挥，为水利风景区绿色转型发展谋定新思路。广州将水利风景区作为发展绿色水经济的最重要载体，因地制宜发展文旅、研学、休闲康养等产业，打通"两山"转化通道，提升水利风景区自我"造血"能力，探索"水利风景区+水经济"的可持续发展模式。查干湖水利风景区深挖"绿水青山""冰天雪地"两座"金山银山"，通过生态产业化和产业

生态化加速"两山"转化。绵阳市仙海水利风景区积极探索生态产品价值转换，着力打造集水景观光、休闲度假、运动养生、科普教育于一体的生态价值转换模式，年接待游客数和旅游总收入屡创新高。

（六）开展调查和理论研究，探索解决景区发展突出问题

各地对水利风景区高质量发展面临的关键问题和难点问题开展调查和专项研究，探索水利风景区可持续发展路径。广西依托高校智库资源，完成"广西水利风景区高质量发展"课题调研，受到区委、区政府重视。陕西开展万亿级旅游产业专题调研，完成《陕西省水利风景区融合发展报告》；针对水利风景区建设管理中的突出矛盾和高质量发展要求开展调研，形成《关于水源地水利风景区如何发展的调研报告》和《陕西省水利风景区高质量发展情况调研报告》，为同类型水利风景区建设提供借鉴。江苏对全省186个水利风景区的资源分布和开发保护利用情况进行深入研究，提出水工程科技、水生态环境、水文化科普等三大景区资源类型，并研究不同类型景区资源差异化利用的实践路径，引导推动景区优势资源转化为服务产品，促进景区转换发展思路，明确发展方向。浙江探索水利资源及设施与旅游产业融合发展的途径，开展水利风景区水旅融合指数研究。

四　中国水利风景区发展形势

（一）水利建设投资和规模的持续扩大为水利风景区加速发展提供机遇

2023年是全面贯彻党的二十大精神的开局之年，以习近平同志为核心的党中央对水利工作做出重要部署，水利建设投资和规模创新高，全年完成水利建设投资超1万亿元，在争取加大财政投入力度的同时，积极推进PPP（Public-Private Partnership，政府和社会资本合作）模式和REITs（Real Estate Investment Trusts，房地产投资信托基金）试点，水利投融资改革实现重大突

破，44 项重大水利工程开工建设，一批重大水利工程建设完成关键节点目标，开工建设农村供水工程 2.3 万处，水利建设投资和规模逐年扩大。

依托水利设施、水域及其岸线建设而成的水利风景区，已成为维护河湖健康美丽、促进幸福河湖建设、满足人民日益增长的美好生活需要的重要载体。水利建设投资规模的持续扩大为水利风景区加速发展提供基础保障。秉承"建一处工程，成一处景区"的理念，中小河流治理、病险水库除险加固、蓄滞洪区、水资源节约集约利用、农村水利等一系列水利基础设施项目的全面建设，有助于水利风景区呈现规模快速扩大、活力不断提升、结构持续优化的发展态势，加速水利风景区质量提升。

（二）全面推进美丽中国建设为水利风景区价值彰显提供明确路径

党的二十大报告提出推进美丽中国建设，坚持山水林田湖草沙一体化保护和系统治理。当前，我国经济社会发展已进入加快绿色化、低碳化的高质量发展阶段，生态文明建设仍处于压力叠加、负重前行的关键期。2023 年12 月，《中共中央　国务院关于全面推进美丽中国建设的意见》印发，提出建设美丽中国是全面建设社会主义现代化国家的重要目标，是实现中华民族伟大复兴中国梦的重要内容，对美丽中国建设的目标路径、重点任务和重大政策都提出细化方案，明确分三个阶段全面建成美丽中国。

水是美丽中国建设的重要一环，《中共中央　国务院关于全面推进美丽中国建设的意见》提出要持续深入打好碧水保卫战，统筹水资源、水环境、水生态治理，深入推进长江、黄河等大江大河和重要湖泊保护治理，优化调整水功能区划及管理制度，建立水生态考核机制，加强水源涵养区和生态缓冲带保护修复，保障河湖生态流量，健全以生态价值观念为准则的生态文化体系，培育生态文明主流价值观，加快形成全民生态自觉。美丽中国建设的全面推进将进一步强化河湖治理体系和水生态环境保护，水利风景区建设作为维护健康美丽幸福河湖的重要手段，有助于借此确立其在推动美丽中国建设中的重要价值，明确水利风景区高质量发展路径，凸显其为人民群众提供更多文化、休闲、游憩空间的载体作用。

（三）国家水网建设为水利风景区风光带和集群发展提供广阔空间

国家水网是以自然河湖为基础、引调排水工程为通道、调蓄工程为结点、智慧调控为手段，集水资源优化配置、流域防洪减灾、水生态系统保护等功能于一体的综合体系。2023年5月，中共中央、国务院印发《国家水网建设规划纲要》，提出加快构建"系统完备、安全可靠，集约高效、绿色智能，循环通畅、调控有序"的国家水网。加快构建国家水网是推进中国式现代化、更高标准筑牢国家安全屏障、推进生态文明建设的必然要求，要求到2035年基本形成国家水网总体格局，构建与基本实现社会主义现代化相适应的国家水安全保障体系。

国家水网是国家基础设施体系的重要组成部分，我国已基本建成防洪减灾、城乡供水、农田灌溉等水利工程体系，水利基础设施网络基本形成，各类水利工程逐步由点向网、由分散向系统发展，通过加强国家骨干网、省市县水网之间的衔接，推进互联互通、联调联供、协同防控，将逐步形成国家水网"一张网"。河湖水系联通，将有助于以河流水系为轴线，串联河流水系沿线不同特色的景区，形成水利风景区风光带，串联区域内河、湖、库、渠、塘等水利风景资源，形成水利风景区集群，使水利风景区成为幸福河湖、水美中国建设的突出亮点。

（四）恢复和扩大消费为水利风景区全面复苏和持续繁荣提供强大动能

促进消费既是当前经济恢复和扩大需求的关键所在，也关乎更好地满足人民群众对美好生活的新期待。2023年7月，《国务院办公厅转发国家发展改革委关于恢复和扩大消费措施的通知》提出把恢复和扩大消费摆在优先位置，优化就业、收入分配和消费全链条良性循环促进机制，增强消费能力，改善消费条件，创新消费场景，充分挖掘超大规模市场优势，畅通经济循环，释放消费潜力，更好地满足人民群众对高品质生活的需要。9月，《国务院办公厅印发〈关于释放旅游消费潜力推动旅游业高质量发展的若干措施〉的通知》要求丰富优质旅游供给，释放旅游消费潜力，推动旅游业高质量发展，进一步满足人民群众美好生活需要，发挥旅游业对推动经济社会发展的重要作用。

水利风景区是幸福河湖的重要标识、生态文明建设的水利名片，依托丰富的水利风景资源，借助恢复和扩大消费机遇，有助于依托涉水旅游，丰富水利风景区旅游业态，完善现代旅游产品体系，进一步推动水旅、文旅融合发展，拓宽景区资金来源渠道，释放水利风景区优质旅游产品和服务供给的强大活力，提高水利风景区知名度、美誉度和社会影响力，为水利风景区全面复苏和持续繁荣提供强大动能。

（五）推进实施国家文化数字化战略为水利风景区文化内涵挖掘和利用提供新思路

党的十八大以来，以习近平同志为核心的党中央统筹中华民族伟大复兴战略全局和世界百年未有之大变局，深刻把握信息化时代背景下中国特色社会主义文化建设的特点和规律，推动数字文化建设呈现生机勃勃的景象。2022 年 5 月，中共中央办公厅、国务院办公厅印发《关于推进实施国家文化数字化战略的意见》，明确提出到"十四五"时期末，基本建成文化数字化基础设施和服务平台，到 2035 年，建成国家文化大数据体系，中华文化全景呈现，中华文化数字化成果全民共享。

作为文化分支的水文化是在水利发展中形成的宝贵财富，2022 年初，水利部办公厅印发《"十四五"水文化建设规划》，搭建了水文化建设顶层设计框架，为指导全国水利系统"十四五"时期水文化建设提供政策性遵循。水利风景区作为传播水文化的重要载体和平台，国家文化数字化战略将为水利风景区文化内涵挖掘和利用提供新思路，通过统筹利用水文化已建或在建数字化成果，关联形成中华水文化数据库，发展数字化水文化消费新场景，增强水文化数字内容的供给能力，进一步提升水利风景区的公共水文化服务水平和能力。

五 中国水利风景区发展建议

2023 年，全国各地水利风景区建设管理取得了较好的成效，但在发展速度、质量和动力、空间布局、品牌内涵等方面仍存在一些不足。立足新发展阶段，在实现"十四五"规划目标任务的关键时期，水利风景区发展应主动响应国家战略，全面服务美丽中国建设，释放水利行业服务社会潜能，进一步推动高质量发展，为实现人与自然和谐共生的现代化贡献水利力量。

（一）结合水利工程建设，推动景区加速发展

随着国家对水利工作的高度重视，水利建设投资和规模持续扩大，为水利风景区的发展提供了前所未有的机遇。水利风景区应结合水利工程建设，争取资金支持和项目保障，完善基础设施，提升服务能力。

一是景区建设要加强项目对接与资金整合。加强水利风景区规划，以规划为依据，主动对接国家水利建设投资计划，争取与工程同步开展，促进项目落地，同时整合各类资金，确保项目顺利实施。二是景区建设要推动产业融合发展。利用水利建设的契机，建立跨部门协作机制，协调水利、旅游、环保、文化等相关部门的资源和力量，形成合力，推动水利风景区与旅游业、农业、文化等相关产业的深度融合，形成多元化、综合性发展格局。三是提升景区智能化管理水平。配合水利数字化建设，借助现代信息技术，提升水利风景区的智能化管理水平，实现资源的高效配置和服务的精准推送，加快景区管理和服务的现代化升级。

（二）全面服务美丽中国建设，明确景区发展路径

美丽中国建设的全面推进对水利风景区提出新的更高要求。水利风景区不仅要满足人民对美好生活的向往，还要在生态文明建设中发挥重要作用，积极贯彻绿色发展理念，明确生态保护与景区建设相结合的发展路径。

一是强化生态保护与修复。水利风景区的发展应秉持绿色发展理念，强

调生态系统保护和修复，加强水源地保护，推进水生态修复，打造生态宜居的美丽景观。在新建或改造水利设施时，应注重水源涵养、水质保护和生物多样性恢复，减少工程建设对环境的影响。二是推动绿色发展理念落地。在水利风景区规划、建设、运营全过程中，贯彻绿色发展理念，采用清洁能源技术，优化能源利用结构，推广节水技术，促进资源循环利用，打造具有示范效应的绿色水利风景区。三是丰富生态文化内涵与服务体验。传承中华优秀传统水生态文明思想，丰富水利风景区生态文化内涵，开发多元化的水生态文化产品和服务；通过举办水文化活动、建设水文化展览馆等手段，充分利用博物馆、展览馆、科教馆等，宣传美丽中国建设生动实践。

（三）依托国家水网建设，完善景区发展布局

国家水网建设为水利风景区提供更加广阔的发展空间。水网建设将优化水资源配置，提升水生态系统保护能力，为水利风景区发展提供有力支撑。

一是依托水网建设优化布局。水利风景区应依托国家水网建设，优化空间布局，提升整体竞争力。以区域为单元，结合水网建设，统筹规划区域内的河、湖、库、渠、塘等水利风景资源；通过加强资源整合和优化配置，形成一批具有地方特色、文化内涵丰富、生态环境优美的水利风景区集群，并将其打造成为展示水利工程建设成果、传播水利文化、推动水生态文明建设的重要窗口。二是加强跨区域合作与交流。借助水网建设契机，加强与其他区域水利风景区的合作与交流，共享资源、共谋发展；加强水利风景区与周边旅游资源的联动发展，通过与其他景区、旅游线路的衔接和融合，形成多元化的旅游产品和线路，推动水旅、文旅的深度融合，共享资源、互利共赢。三是创新运营模式与服务方式。结合水网建设投资的特点和需求，鼓励和支持水利风景区引入社会资本，探索 REITs、公私合作等多种投融资机制，创新水利风景区的运营和服务方式，提升服务质量和效益。

（四）配合恢复和扩大消费，提升景区发展动能

政府出台一系列恢复和扩大消费的措施，将有力地推动旅游业的高质量

发展，水利风景区作为水旅融合产业，将获得新的发展动能。

一是积极响应政策，提升服务质量。水利风景区应积极响应政府促进旅游消费的政策，提升服务质量，改善游客体验；加强对管理人员的培训和教育，提升其专业能力和服务意识；建立健全的管理制度和服务标准，确保水利风景区的运营安全、有序。二是创新宣传手段，提升品牌形象。利用政府推动旅游消费的契机，依托新媒体、新技术、新创意，创新水利风景区宣传手段，提高水利风景区的知名度和美誉度，树立水利风景区品牌形象，吸引广大群众前来观光游憩，扩大社会影响力。三是创新水生态旅游产品，满足多样化需求。针对游客的多样化需求，水利风景区应创新水生态旅游产品，提供更加丰富、个性化的旅游服务；开展水上运动、水主题节庆等水生态旅游项目，研发与水文化相关的课程、研学路线、文创产品等文化 IP 产品，设置教育路径、互动展览、实验室等科普教育产品，提高水利风景区吸引力和公众参与度，满足人民群众对美好生活的新期待。

（五）响应国家文化数字化战略，深化景区建设内涵

国家文化数字化战略的实施为水利风景区的发展带来多方面的机遇，有助于推动其向更高质量、更具文化内涵的方向发展。

一是加强数字化基础设施建设，提升公共水文化服务数字化水平。在水利风景区的规划设计和建设中，应着重加强数字化基础设施建设，包括但不限于数字化导览系统、智能监控系统、环境监测系统等的建设，以提升游客体验和管理效率；建立线上服务平台，提供导览、讲解、购票等一站式服务；利用社交媒体等平台，定期发布与水文化相关的科普知识和活动信息，增强与公众的互动和沟通。二是响应国家文化数字化战略，构建中华水文化数据库。通过收集和整理与水文化相关的历史资料、传说故事、民俗活动等，形成系统化的数字资源，保护和传承水文化，为数字经济的发展打下基础。三是发展数字化水文化消费新场景。结合水利风景区的特点，开发数字化水文化消费新场景，利用虚拟现实技术为游客提供沉浸式的游览体验；通过增强现实技术，在游客游览过程中展示水利工程的

历史和文化信息；开发水文化主题的互动游戏和线上活动，吸引更多年轻人参与；结合其他产业协同发展，构建具有水利特色、体现文化内涵的新型文旅产业链。

参考文献

梅怡明等：《中国省域农业生态资本运营水平评价》，《统计与决策》2020年第15期。

于小迪、刘帅冶：《水利部召开水利风景区建设与管理工作会议》，《中国水利报》2023年4月22日。

徐若丹、郑庆：《浅析水利事业单位预算绩效管理的问题与决策》，载《2023中国水利学术大会论文集（第七分册）》，2023。

专题报告

B.2

《水利风景区评价规范》
（SL/T 300—2023）解读

殷淑华　董青　韩凌杰*

摘　要： 为适应新时代水利高质量发展，全面推进水利风景区建设发展，水利部于2023年修订发布了《水利风景区评价规范》（SL/T 300—2023）。本报告介绍了该规范的修订背景，分析了水利风景区建设发展与新时代高质量发展的适应关系，介绍了新阶段水利风景区建设发展需要解决的关键问题，阐述了提升水利风景区品质建设发展的多项突破，为新阶段水利风景区高质量发展提供技术支撑。

关键词： 水利风景区　评价规范　高质量发展

---

* 殷淑华，博士，中国水利水电科学研究院正高级工程师，研究方向为水环境保护和水生态修复；董青，博士，水利部综合事业局景区规划建设处处长，正高级工程师，研究方向为水利风景区建设管理；韩凌杰，水利部综合事业局景区规划建设处工程师，研究方向为水利风景区建设管理。

2013年，水利部批准发布了《水利风景区评价标准》（SL 300—2013）（以下简称《标准》），作为水利风景区建设和评价的技术规范性指导文件，水利部、流域管理机构和地方水行政主管部门运用《标准》对2000余个水利风景区进行了评价，为各地科学保护和综合利用水利设施、水域及其岸线，维护河湖健康生命，传承弘扬水文化，提升水利服务社会水平，指导水利风景区规范有序发展提供了技术支撑。

10年来，社会需求和水利行业发展形势发生较大变化，《标准》实施过程中出现了评价要求与国家和水利行业要求不相适应的情形。为强化高质量发展的推动力和支撑力，深化落实高质量发展新要求，更好地适应新时代、新要求，明晰新形势下水利风景区的发展路径，立足于水利风景区提质增效的现实需求，水利部于2023年修订发布了《水利风景区评价规范》（SL/T 300—2023）（以下简称《规范》）。

一 新时代高质量发展为水利风景区提供新动能

随着我国高质量发展全面推进，生态文明建设、河湖生态健康维护、幸福河湖打造等新要求新措施持续跟进，水利工作重点更加强调统筹考虑防洪安全、水资源保障、水生态修复、水环境改善和水文化提升协同治管，水利风景区建设发展迎来新挑战和新机遇。

（一）明确新时代水利风景区建设发展新要求新重点

一是要突出生态文明战略地位，维护河湖健康生命。党的十八大报告指出："建设生态文明，是关系人民福祉、关乎民族未来的长远大计。面对资源约束趋紧、环境污染严重、生态系统退化的严峻形势，必须树立尊重自然、顺应自然、保护自然的生态文明理念，把生态文明建设放在突出地位，融入经济建设、政治建设、文化建设、社会建设各方面和全过程，努力建设美丽中国，实现中华民族永续发展。"党的十八大报告的重要论述，明确了生态文明是人类文明发展和社会进步的必然要求，是保障经济社会可持续发展的根本需要。当前高质量发展新形势下,生态文明建设深入推进,人民群众对优美河湖生态环境的需求日益增长,江河湖库生态保护治理持续强化,幸福河湖建设加快实施,水利行业高质量发展加快推进。水利风景区建设作为幸福河湖建设的重要举措,应依法依规、科学合理保护和利用水利风景资源,充分发挥水利风景区资源和生态优势,为人民群众提供更多优质的休闲、游憩、文化、教育等活动空间和服务。

二是要保障水利工程主体功能发挥,统筹协调"五水"关系。健全完善水工程,保障水安全,在国民经济和社会发展中发挥着重要的基础和保障作用;健康良好的水生态环境,是社会主义生态文明建设的重要内容;源远流长的水文化,是中华优秀传统文化的重要组成部分。水利风景区是传播水利精神、弘扬水利文化的重要载体,是增强全民节水意识、环保意识、生态意识、培育和动员全社会爱水护水的主战场和重要阵地。水利风景区集"水工程、水安全、水资源、水环境、水文化"五大水利核心任务于一体,其建设与管理是支撑水利改革发展的重要方面。

三是要妥善处理传承与创新的关系,助力水美中国建设。水利风景区建设发展 20 多年来,着力发挥水利设施功能,努力维护河湖健康生命,大力传承弘扬水文化,不断完善政策制度,为满足人民群众美好生活需要提供了更多的优质水生态产品。新时代水利风景区建设要紧密结合生态文明建设和高质量发展新要求,做好水利风景区优秀传统传承发展,强化制度保障,抓好水利风景区评价标准体系修订和贯彻落实,严格水利风景区认定与复核,强化品牌建设,加强监督管理,进一步提升水利风景区建设质量,进一步塑造水利风景区良好形象,更好满足人民群众日益增长的美好生活需要,助力水美中国建设。

(二)深刻理解水利风景区高质量发展需求

第一,协调发展是水利风景区高质量发展的内在需求。新形势下,水利风景区建设发展需要优化风景资源配置,深化水工程设施保护和利用,强化生态环境保护,提升服务能力建设,提高综合管理效能,加强品牌打造等,通过技术创新、机制创新、模式创新、业态创新等方式，统筹"水安全、水环境、水生态、水资源、水文化"五水协调发展，推动景区高品质建设，以实现水利风景区整体发展效益最大化和可持续发展。

第二，绿色发展是水利风景区高品质建设的重要标志。新时代水利风景区发展需要深入贯彻习近平生态文明思想，坚持生态优先、环保优先的原则，采用清洁能源和绿色低碳模式，减少景区经营活动对环境的负面影响；加强环境治理和保护，深化生态保护和修复，提升生态系统质量和稳定性；加快构建景区社会服务和监管体系，实现景区发展和环境保护的良性循环，构建人与自然和谐共生新格局。

第三，开放发展是水利风景区高质量发展的必出之路。当前，共赢发展已成为各行业发展的共识和原则，这就要求水利风景区建设发展进一步加强与相关各方的协调合作，深化水利与环保、林业、旅游等行业的沟通配合，通过引入其他行业的先进技术和管理经验、培育高价值品牌等方式，提升水利风景区的科技含量和附加值，实现互利共赢，提高水利风景区的影响力和竞争力。

第四，共享发展是水利风景区高品质发展的根本目的。水利行业是关系国计民生、为全社会提供水安全水保障的公益性行业，水利风景区是水利改革创新先行先试重大成效的集中展示，是全民共享水利改革发展成果的重要场所。我国地域辽阔，人口众多，人均资源少，水利风景区虽有十几年高速发展的积累，但共享性不够、受益不平衡，区域差距、城乡差距还很明显，高品质水利风景区建设发展仍然任重道远。共享发展需要立足国情和现实，做好顶层设计和技术引导，激发各级地方政府和人民群众的积极性、主动性和创造性，凝聚全社会力量，实现资源共享、机会共享、利益共享、社会发展成果和红利共享，让人民群众共享水利改革发展成果，推动共享水平的逐步升级。

二　强化传承发展有机衔接，把握水利风景区发展新重点

2013年《标准》发布实施以来，水利行业深入贯彻习近平总书记"节

水优先、空间均衡、系统治理、两手发力"治水思路和关于治水的重要论述精神，水利风景区建设发展应积极识变应变求变，补齐短板弱项，以高质量特征创新优化水利风景区内涵，强化新形势下高品质水利风景区建设新内容，构建创新传承发展有机衔接的评价体系，以此为水利风景区高品质建设发展的技术支撑，服务水利风景区新的增长和发展。

（一）与国家重大战略衔接，拉升景区高质量发展定位

一是贯彻国家生态文明建设重大战略，强化景区绿色发展。在总体框架设计层面，《规范》将评价类别从《标准》的"环境保护评价"扩展为"生态环境保护评价"，提高了生态环境保护的技术要求，与新时代生态文明建设要求有机衔接，有利于优化山水共生的生态空间格局，强化了新阶段水利风景区绿色发展的定位。在指标体系设置层面，设置了"水生态环境"和"陆生生态环境"评价，从水域到岸线落实生态环境保护的各项具体要求，丰富生态服务功能，活化绿色空间，增强城乡活力，优化滨水环境，提高生态环境品质，塑造见山望水、水清岸绿景观，持续推动景区建设深入践行国家生态文明建设重大战略，体现"绿水青山就是金山银山"水利发展新路径。

二是推进河湖健康发展，持续强化水资源可持续利用。河湖健康与人民群众的生活、生产发展息息相关，《规范》中对生态环境保护方面的技术要求与推进河湖健康发展有机衔接，通过岸线截污治污，设置环保设施、达标排放、水质水量要求，全方位助力河湖健康。同时引入河湖健康评价，将达到一类河湖（非常健康）作为河湖健康新标杆，推动景区建设落实河湖健康，实现水资源可持续利用的具体要求。

三是贯彻乡村振兴战略，助推农业农村富美发展。我国中小河流量多面广，水利风景区建设应结合中小河流及沿线村镇经济社会发展现状。《规范》充分与乡村振兴国家战略、巩固拓展脱贫攻坚成果相衔接，针对农村地区水利风景区依托的防洪、灌溉等中小型水利工程规模较小的现实，调整了水利风景区依托工程规模的权重，删减了水文景观的规模要求，优化了工

程景观的评价，增加了河湖岸线及关于乡村特色风貌和乡土文化的内容。将乡村振兴与水利风景区发展中的保护自然、修复生态、治山理水、显山露水密切结合，助力中小河流沿线乡村人居环境改善和村容村貌提升，助推乡村特色产业发展，让群众"望得见山、看得见水、记得住乡愁"，让乡村"留得住人、引得来人、旺得起人"。

（二）与水利改革成效衔接，把握景区发展新重点

一是落实"十六字"治水思路的新要求，推动惜水节水护水新风尚。贯彻落实"节水优先、空间均衡、系统治理、两手发力"治水思路，立足"节水优先"方针，以"空间均衡"为原则，促进南北方、东西部和城乡协调发展。《规范》立足国情水情，统筹考虑新时代"水安全、水环境、水生态、水资源、水文化"治水新内涵和治理新目标，提出了节水相关的技术要求，通过节水技术的应用和节水器具的普及，打造节水示范新样板，让景区成为"流动的""节水宣传大使"，助力全社会形成节水爱水护水新风尚。

二是落实水利高质量发展新思路新内容，推动景区发展提质增效。水利高质量发展的实施路径是全面提升水安全防御能力、水环境水生态保护治理能力、水资源优化配置能力、水文化保护传承成效和水安全管理水平。《规范》贯彻落实高质量发展新理念，以保护水工程安全为前提，以绿色发展为基底，提高了水质要求和水量满足程度要求，新增了环保设施要求，强化了生态环境保护成效要求，提高了文化保护传承要求，努力落实水利高质量发展新思路新内容，有序提升水利风景区建设发展标准。

三是衔接国家、行业和地方相关标准，保障景区协调发展。水利风景区涉及水利工程管理、水资源保护、水生态保护修复、水文化传承发展等诸多方面，综合性高、技术性强，与其他相关标准的协调一致至关重要。《规范》充分研究现行有效的与水利风景区建设发展有关的国家标准、行业标准和地方相关标准等，筛选与水利风景区建设发展有关或可

以参考借鉴的内容，优化风景资源配置要求，系统梳理生态环境保护、
服务能力提升、体制机制建设、综合管理水平提升等景区建设发展全过
程有关内容，立足统筹"水安全、水环境、水生态、水资源、水文化"
五水协调发展，在框架设计、评价指标设置、评价内容和赋分要求4个
层面以及在风景资源评价、生态环境保护评价、服务能力评价和综合管
理评价4个维度，与国家、行业和地方相关标准做好衔接协调，保障景
区协调健康发展。

（三）与景区发展现状衔接，推动景区稳步发展

一是在总体设计层面充分考虑景区发展现状，确保兼顾地区差异不脱
节。高质量发展赋予水利风景区更加丰富的内涵，《规范》在全面落实高质
量发展新要求的前提下，充分考虑南北方经济发展不均衡、地区差别带来的
水利风景区发展质量差异，一方面强化景区建设发展共性要求，弱化区域差
异性内容，尽可能减少区域差异产生的影响；另一方面对各项评价内容的底
线要求和总体评价兼顾了景区发展现状，使《规范》应用与景区发展现状
相衔接，促进水利风景区平稳健康发展。

二是在指标体系层面充分考虑景区发展现状，确保完善提升延续不断
档。评价指标设置和内容及赋分要求充分考虑了与景区发展现状的衔接。对
于地区特征明显的评价指标，《规范》在尽可能考虑区域差异因素的前提下
平衡权重分配。对于区域特征明显的内容，如地文景观、生物景观和天象景
观，南北方地区差异较大，适当调低评价指标分值，尽可能减少区域差异产
生的影响；对于共性要求内容，大部分评价指标最低要求兼顾了景区发展现
状，分值设置延续了《标准》相关指标的最低要求，考虑到《规范》总体
要求有所提高，部分指标的最低分值略高于《标准》最低要求；在评价结
果的使用上，《规范》中国家水利风景区和省级水利风景区的最低分较《标
准》适当提高，以反映水利风景区发展和总体水平。总之，《规范》与水利
风景区发展现状有较好的衔接，《规范》的实施可有效推进景区建设稳中有
升，有序发展。

三 聚焦水利改革新进展，解决景区建设发展关键问题

水利风景区发展 20 多年来，数量由少到多，取得了较好的成效，《标准》的评价要求已不能很好地反映新形势新要求下景区发展的新定位、新重点，不能很好地适应水利风景区高质量发展要求。《规范》聚焦水利改革新进展，体现新形势下高品质水利风景区建设新内容，关注景区发展的导向、行业特色、评价主客观性三大关键问题，引导景区健康、规范高品质建设，高水准安全可持续发展。

（一）对标改革新进展，明确景区底线要求，调整评价基本条件

《规范》紧扣水利风景区建设和发展宗旨，以维护河湖健康生命为主线，坚守安全底线，科学保护和综合利用水利设施、水域及其岸线。

在框架设计方面，《规范》调整了水利风景区评价的"基本条件"。将《标准》的"基本条件"调整为"基本规定"，强化了水利风景区的最低底线硬性要求。在内容方面，《规范》删减了景区管理、安全管理和景区规划等要求，相关内容纳入《规范》评价指标；删减了已废止的《水利旅游项目管理办法》相关要求；增加了景区所依托的水库、闸坝、堤防等水利设施正常运行和安全运行要求，强化水利风景区高水准安全建设发展；提高了水域水质要求，将水质由"不劣于Ⅴ类"提高到"不低于Ⅳ类"，强化新时代水利风景区发展要切实体现生态文明战略地位，贯彻落实新阶段水利行业河湖管理新目标新要求。

（二）对标新发展要求，提升景区发展站位，调整评价权重分配

《规范》作为水利风景区建设发展的重要技术指导文件，从水生生态环境、陆生生态环境、节水与环保和空气质量等方面提升了水利风景区建设发展中涉及的生态环境保护要求，提高景区发展站位，强化景区绿色低碳发展

方式。

在框架设计方面,《规范》调整了评价权重。在总分值保持不变的前提下,删减"开发利用条件评价",新增"服务能力评价",调整风景资源评价、生态环境保护评价、服务能力评价和综合管理评价的分值和权重,助力水利风景区建设聚焦新时代治水新思路新要求。《规范》与《标准》水利风景区评价类别权重对比情况如表 1 所示。

表 1　《规范》与《标准》水利风景区评价类别权重分布

单位:分,%

《规范》			《标准》		
评价类别	分值	权重	评价项目	分值	权重
风景资源评价	60	30	风景资源评价	80	40
生态环境保护评价	50	25	环境保护评价	40	20
服务能力评价	50	25	开发利用条件评价	40	20
综合管理评价	40	20	管理评价	40	20

在评价类别方面有所侧重。风景资源评价权重降低 10 个百分点,主要是降低了非水利因素和地区景观差异评价权重,同时提升了水利风景资源评价权重,从资源角度强化水利风景区的水利特色。生态环境保护评价权重提高 5 个百分点,主要是增加了维护河湖健康生命相关评价新要求。服务能力评价权重为 25%,在《标准》交通条件评价的基础上,新增景区公共服务、景区标识、文化科普、区域贡献等评价,以引导地方政府和人民群众积极参与水利风景区建设发展、资源共享。综合管理评价权重为 20%,保持不变,但突出体现了水利发展重心,强化了景区的综合管理,从景区规划到建设全过程强化水利作用,从景区依托的水工程设施、管理机制及制度建立和落实、景区运行运营活动、品牌维护和提升等全方位提出要求。

(三)优化评价指标体系,强化行业特色,彰显水利社会贡献

集"水工程、水安全、水资源、水环境、水文化"等诸多功能于一体的

水利风景区，已成为发挥水利工程综合效益、提升水利行业社会影响力的重要载体，在水灾害防控、水资源调配、水生态保护、水工程安全等各方面均具有重要作用。《规范》充分考虑了《标准》中指标体系与新时代高质量发展要求的适应性，结合水利风景区发展现状和行业管理职能，优化了评价指标体系，力求使指标更加全面精准地体现行业特色。《规范》与《标准》水利风景区评价指标对比情况如表2所示。

表2　《规范》与《标准》水利风景区评价指标优化分析统计

单位：个，%

评价类别 （评价项目）	《规范》					《标准》				
	指标 总数	保留指标		新增、整合指标		指标 总数	保留指标		未直接保留指标	
		数量	占比	数量	占比		数量	占比	数量	占比
风景资源评价	13	7	53.8	6	46.2	20	7	35.0	13	65.0
（生态）环境保护评价	10	6	60.0	4	40.0	13	6	46.2	7	53.8
开发利用条件评价	—	—	—	—	—	22	2	9.1	20	90.9
服务能力评价	14	2	14.3	12	85.7	—	—	—	—	—
（综合）管理评价	10	5	50.0	5	50.0	26	5	19.2	21	80.8
合计	47	20	42.6	27	57.4	81	20	24.7	61	75.3

《规范》与《标准》相比，风景资源评价增加了工程景观的知名度和观赏性等评价指标，自然景观增加了水流景观和岸线景观评价，新增指标占比46.2%；生态环境保护评价引入河湖健康评估和节水与环保评价，新增指标占比40.0%；增加了服务能力评价类别，新增指标占比85.7%；综合管理评价强化了水利工作新要求，新增指标占比50.0%，从水利风景资源、生态环境保护、服务能力到景区建设管理，多方面激发地方政府和人民群众共享共治水利风景区的积极性，推动景区切实展现水利改革成效，反映水利行业特色要求。

（四）细化量化评价要求，提高可操作性，提升评价结果客观性

《规范》全面分析了《标准》评价指标的主观和客观性质，优化、细化和量化评价内容和评价要求，在设置评价指标内容和赋分要求时，尽可能采

用客观指标，提高评价结果的客观性；对定性指标也提出较为明确和具体的要求，提高可操作性，降低主观差异引起的评价失真。《规范》与《标准》水利风景区评价指标性质对照情况如表3所示。

表3　《规范》与《标准》水利风景区评价指标性质分析统计

单位：个，%

评价类别（评价项目）	《规范》					《标准》				
	指标总数	客观指标		主观指标		指标总数	客观指标		主观指标	
		数量	占比	数量	占比		数量	占比	数量	占比
风景资源评价	13	8	61.5	5	38.5	20	4	20.0	16	80.0
(生态)环境保护评价	10	7	70.0	3	30.0	13	4	30.8	9	69.2
开发利用条件评价	—	—	—	—	—	22	2	9.1	20	90.9
服务能力评价	14	8	57.1	6	42.9	—	—	—	—	—
(综合)管理评价	10	8	80.0	2	20.0	26	3	11.5	23	88.5
合计	47	31	66.0	16	34.0	81	13	16.0	68	84.0

《规范》在提高客观指标占比的同时，对所有指标的评价内容和赋分要求进行了优化、细化和量化，评价内容指向性和要求更加明确具体，有效提升了评价的客观性，在较大程度上解决了由主观评价产生的差异问题。

风景资源评价客观指标占比由《标准》的20.0%提高到61.5%，尽可能避免由强、较强和一般等主观衡量引起的资源评价差异和客观性不足问题。(生态)环境保护评价客观指标占比《标准》的30.8%提高到70.0%，强化了生态环境保护内容和要求。《规范》对服务能力评价的14项评价指标进行细化、量化，充分反映了水利风景区为游客提供的服务设施、服务内容、服务形式和服务标准。(综合)管理评价客观指标占比由《标准》的11.5%提高到80.0%，反映了新时期景区管理的相关工作内容和要求。

四　深化创新发展理念，多措并举助力景区高质量发展

创新发展成为当前提高水利风景区建设品质、提升水利风景区品牌形象

的新重点。《规范》为适应新时代发展内容和要求，在保障水利风景区发展延续性和稳定性的前提下，构建水利风景区"先建后设"发展模式，促进从"有名"到"有实"的转变，指导水利风景区高品质建设，提升水利风景区高质量发展水平。

（一）构建"先建后设"发展模式，打造高品质景区新标杆

一是在总体设计层面推动景区发展模式转变。《规范》在顶层设计上转变"先设立再规划建设"的"先设后建"发展模式，构建"先规划建设，后设立"的"先建后设"发展模式，将规划前置"关卡"前移，以期避免部分景区设立后未按预期完成建设内容、景区质量偏低等情形。

二是在指标体系层面体现改变的准确性。《规范》设置的评价指标体系，评价指标要求全面优化、细化和量化，评价要求和赋分条件明确具体，评价内容和赋分要求需要景区相关内容全面落地完成。努力精准呈现景区建设完成度和景区的质量，切实体现水利风景区建设发展成就，提升水利风景区质量，助力打造高品质标杆水利风景区。

（二）创新"服务能力"建设，打造水惠民生新样板

一是在总体设计层面增强水惠民生理念。《规范》在顶层设计上及时跟进高质量发展要求，强化服务能力建设，强化景区服务意识、质量意识和品牌意识。

二是在指标层面明确服务能力要求。《规范》首次引入"服务能力评价"，以景区为游客提供优质便捷的服务设施和服务条件为出发点，筛选和设置评价指标，优化、细化评价内容，从入园到园内、从软硬件设施到文化科普，全力践行"以人民为中心"的理念，构建景区现代公共服务体系，完善景区服务功能，推动景区服务能力升级。

（三）强化文化科普宣传，宣扬水利历史文脉，提升景区品牌形象

一是在总体设计层面融入水利文化传承发展理念。《规范》提高了文化

科普要求，加强水利精神和水利文化的传播弘扬，强化水利风景区与文旅融合。解决部分景区水文化偏弱、文化品位偏低的问题，让水利风景区成为增强全民节水意识、环保意识、生态意识，培育和动员全社会节水爱水护水的主战场和重要阵地。

二是在指标层面强化水利历史文脉传承发展的要求。《规范》丰富和细化了人文景观的水文化内容，提升了文化与水的关联性；将《标准》中有关水文化保护传承和科普宣教的"文化科普"从指标层级提升到评价要素层级，评价内容从文化品位、科学价值扩展和细化到文化挖掘、场所设施、活动展示、水利遗产保护，强化水知识、水文化科普和宣传教育。充分利用景区文化底蕴深厚和文化资源集聚的优势，讲好中国河湖故事。

（四）深化管理机制创新，强化监督管理要求，推动景区规范发展

一是在总体设计层面贯彻规范化管理理念。《规范》对景区发展模式、管理方式等方面的要求进行了调整，推行"先建后设"发展模式，明确景区品牌打造和形象提升成效要求，推动机制改进，强化信息技术应用，深化景区综合监管，提高景区运营服务水平，助力扭转"重设轻管"等问题，推进"严监管、守底线、提质量、促发展"。

二是在指标层面强化规范化管理要求。《规范》聚焦景区制度建设、景区规划、运行管理和宣传推介成效四个方向，坚持问题导向，紧盯景区安全风险和可持续发展，强化监管制度建设、运营运维、投入保障等要求，细化、量化评价指标内容和要求，推动健全系统完备、运行有效、监督有力的水利风景区监管制度体系和运行机制。

参考文献

《水利部关于印发〈关于推动水利风景区高质量发展的指导意见〉的通知》（水综合〔2022〕316号）。

《维护河湖健康生命　助力水美中国建设　推动新阶段水利风景区高质量发展——水利部景区办负责同志解读〈关于推动水利风景区高质量发展的指导意见〉》，《中国水利报》2022年8月9日。

《为以中国式现代化全面推进强国建设、民族复兴伟业提供有力的水安全保障——写在2024年"世界水日"和"中国水周"之际》，《人民日报》2024年3月2日。

《奋力谱写水利改革发展新篇章》，《中国水利报》2016年1月1日。

《让绿水青山造福人民泽被子孙》，中国网，2022年7月22日，https：//t. m. china. com. cn/convert/c_K8VSANJJ. html。

《社论：毫不动摇坚持总基调　攻坚克难推动新发展》，《中国水利报》2019年1月17日。

《中共中央　国务院关于实现巩固拓展脱贫攻坚成果同乡村振兴有效衔接的意见》，中国政府网，2021年3月22日，https：//www. gov. cn/zhengce/2021－03/22/content_5594969. htm。

《为实现中华民族伟大复兴的中国梦作出更大水利贡献》，《中国水利报》2021年11月19日。

《推动新阶段水利高质量发展　为全面建设社会主义现代化国家提供水安全保障》，《中国水利报》2021年8月24日。

B.3
水利风景区生态产品价值实现的实践探索

郑国楠　金田林　赵　斌　李长治　董　青*

摘　要： 水利风景区是水利部门生态产品价值实现的重要窗口和载体。本报告在介绍我国水利风景区生态价值实现背景的基础上，通过实地调研、问卷调查、座谈交流，了解典型水利风景区生态产品价值实现的有关做法，并分析了典型水利风景区生态产品价值实现中的生态产品供给、计量方式、产业化发展路径等发展现状及存在的突出问题，提出通过完善实现路径、推动试点工作、深化关键问题研究等实现水利风景区生态产品价值的建议。

关键词： 水利风景区　生态产品价值　生态产业

2021 年 4 月，中共中央办公厅、国务院办公厅印发《关于建立健全生态产品价值实现机制的意见》（中办发〔2021〕24 号），明确提出"建立健全生态产品价值实现机制，是贯彻落实习近平生态文明思想的重要举措，是践行绿水青山就是金山银山理念的关键路径"。2022 年，李国英部长在《人民日报》撰文指出，要深入推进多元化水利投融资、水生态产品价值实现机制、水流生态保护补偿机制等重点领域和关键环节改革。从实践看，水利风景区在维护工程安全

---

* 郑国楠，博士，国家发展改革委国土开发与地区经济研究所副主任，副研究员，研究方向为区域战略发展；金田林，国家发展改革委国土开发与地区经济研究所副研究员，研究方向为区域战略发展；赵斌，国家发展改革委国土开发与地区经济研究所副研究员，研究方向为区域战略发展；李长治，国家发展改革委国土开发与地区经济研究所助理研究员，研究方向为区域战略发展；董青，博士，水利部综合事业局景区规划建设处处长，正高级工程师，研究方向为水利风景区管理。

运行和保护河湖自然生态的基础上，通过利用水利设施、水域及其岸线，融合区域自然和人文景观，将优质水资源、健康水生态、宜居水环境、先进水文化的优势转化为文化、科普、旅游、康养等多种形式的产品，满足人民对美好生活的需要，促进了当地绿色发展，是水利部门生态产品价值实现的重要载体。

截至 2023 年底，国家水利风景区达到 934 个，有力维护了河湖健康生态，有效支撑了乡村振兴等重大战略，促进了美丽中国和生态文明建设。但是也应该看到，长期以来，水利风景区面临守着绿水青山难换金山银山的问题。依据中共中央、国务院和水利部部署，推动建立健全水利风景区生态产品价值实现机制，就是要搭建"绿水青山"与"金山银山"之间的桥梁，将生态产品所具有的生态价值、经济价值和社会价值，通过政府购买、资源产权交易、市场化运营等形式转化成现实的经济价值，让水利风景区生态环境保护工作"有利可图"成为形成水利风景区内生发展动力的重要抓手。2022 年，《水利部关于印发〈关于推动水利风景区高质量发展的指导意见〉的通知》（水综合〔2022〕316 号）印发，明确指出要探索推动水利风景区水生态产品价值实现。为了较全面地掌握水利风景区生态产品价值实现的实践探索情况，本报告通过实地调研、问卷调查、座谈交流了解典型水利风景区生态产品价值实现的有关做法，对典型水利风景区生态产品价值实现的现状和存在的问题进行分析。总的来看，一部分水利风景区在水生态环境保护治理、水文化旅游发展、涉水产业培育等方面已经积累了成功经验，但是在建立生态产品清单、引入绿色金融、打造优势品牌等方面的探索相对较少。从地域分布看，南方地区由于水资源丰富，特别是浙江、湖北、江西等长江流域省份开展生态产品价值实现的实践较早，这些地区的水利风景区作为水生态产品的集中承载地，在区域生态产品价值实现路径上形成了诸多好做法和好经验。

一　典型水利风景区推动生态产品价值实现的现状

近年来，各地水利风景区依托自身特色和优势，加强生态产品价值实现探索实践，取得了一系列积极成效。

（一）夯实生态产品供给的基础：依托水生态水环境整治项目系统提升城乡流域生态产品质量

厚实的生态本底、丰富的生态资源、良好的水生态和水环境是水利风景区生态产品形成的前提和基础；对水利风景区生态环境的系统保护和治理，是提升水利风景区生态产品供给能力的重要保障和支撑。近年来，水利风景区依托水利部门开展的水美乡村建设试点、幸福河湖建设、河湖生态环境复苏、水网建设、清洁小流域、水土保持等一系列工程建设，不断提升景区生态环境质量，生态产品供给能力显著提高。

江苏扬州古运河水利风景区以幸福河湖创建为契机，统筹防洪、河道整治、河湖生态环境复苏、信息化建设和水情教育，秉持"让古运河重生"的建设新理念，致力于打造集人工与自然、现实与历史、经济与文化于一体，满足防洪排涝与文旅需求的幸福河湖，景区分别从修复水生态、提升水环境、保障水安全、构建水景观、弘扬水文化和改善民生六个方面不断提升景区生态产品供给能力和质量。

湖北宜昌回龙湾水利风景区依托水美乡村建设，完善水利和生态环境基础设施，改善了河道环境，缓解了水土流失，河道及水体生态功能加快恢复，并加强生态环境的系统治理，珍稀水生生物呈倍数增长，为景区生态产品供给的生态效益、经济效益和社会效益释放提供有力保障。

黄河委济南百里黄河水利风景区近年来相继打造了千亩银杏林、百亩杜仲林、百亩花海等特色生态园林，以及淤背区苗圃、郊野公园等生态景观。目前，景区整体范围内林草覆盖率达到98%以上，黄河泺口断面水质达到Ⅱ类，空气质量明显提升，生态成效显著。

（二）初步探索计量生态产品的方式方法：探索制定生态产品清单目录、开展生态产品价值评估

摸清景区生态产品家底、科学评估生态产品价值，是推动水利风景区生态产品价值实现的重要条件和基础。实现生态产品的价值，要明确哪些是生

态产品，以及这些生态产品的市场价值。实践中，这也是水利风景区推动生态产品价值实现的基础性工作，有的水利风景区作为独立地域单元开展生态产品价值评估，有的纳入区域生态产品价值评估体系。

浙江衢州信安湖水利风景区开展了全国首家水利风景区生态产品价值核算研究，委托浙江大学团队开展景区生态产品清单梳理和生态系统生产总值（GEP）核算。初步核算的 2021 年生态产品价值结果显示：信安湖物质供给类产品价值量为 4.04 亿元，生态系统调节服务价值量为 37.27 亿元，文化服务价值量为 22.18 亿元。

江西抚州资溪县大觉山水利风景区在摸清景区生态家底方面加强探索实践，联合第三方机构开展景区 GEP 核算，为生态产品价值实现提供了重要依据。经核算，大觉山景区 2019 年 GEP 为 10.66 亿元。其中，物质产品价值为 0.54 亿元，占比 5.07%；调节服务价值为 7.13 亿元，占比 66.89%；文化服务价值为 2.99 亿元，占比 28.05%。

2023 年，浙江省湖州市发布了《特定地域单元生态产品价值影响评估技术规范（试行）》。其中，湖州下辖的吴兴区是浙江省第二批幸福河湖试点县创建单位，也是太湖溇港水利风景区所在地。2023 年 6 月，吴兴区发布全国首个《水利工程生态产品价值核算技术规范》，该技术规范设置了供给产品、调节服务、文化经济服务、生命支持服务 4 个一级目录，包含水资源供给、内陆航运、渔业产品、特色水产品、洪水调蓄、防洪减灾、水质净化、固碳释氧、土壤保持、气候调节、文化服务产业、生物多样性 12 个二级目录 21 项指标。该技术规范对吴兴水利工程价值融入市场经济运行体系，维护河流生态系统的结构和功能稳定，引导和规范各类开发、利用、保护河湖的行为决策，生态文明建设等具有重要意义。

（三）全面探索生态产品产业化发展路径：依托优质生态产品大力发展生态产业

将生态优势转化为经济优势，挖掘和推动与生态资源、禀赋等相关的优势特色产业发展，是水利风景区生态产品价值实现的关键。众多水利风景区结合自身发展实际和内外部环境，在生态农业、生态旅游业、康养产业等方面开展了丰富的实践并取得了明显成效。

福建永泰清凉山水利风景区开创了"生态旅游+休闲旅游+研学实践"的发展模式。升级景区配套设施，建设了休闲、餐饮、住宿、休闲运动等设施，兴建了多个生态旅游度假和农业综合开发项目，成为集"吃、住、玩、游"于一体的乡村振兴综合体。在研学方面，景区按照星级酒店的标准打造研学酒店，开发了一系列符合中小学生教育发展的研学产品，提供水利相关研学课程，内容涵盖水利文化知识、水利科普知识、水上休闲竞技运动知识等。

广东广州白云湖水利风景区着力发展绿色水经济，打造文旅新业态，推动湖城融合。通过导入各方资源，在园区内建设水土保持科普园、碧道、专类植物园、装配式厕所、水鸟生态廊道、智慧健步道等，丰富内涵和内容，挖掘新亮点，完善配套，共同打造一流的生态旅游目的地。同时，围绕3000亩白云湖规划28平方公里的白云湖数字科技城，成功纳入粤港澳大湾区协同创新示范区、广佛同城数字经济创新示范区等重大发展平台。

湖南长沙望城千龙湖水利风景区重点融入休闲渔业，以渔文化为核心，集渔业观光、休闲垂钓、科普教育、文化展示于一体，开拓"渔文化"旅游新业态，实现"住水边、玩水面、食水鲜"，既能垂钓、就餐，又能游览观景、休闲、度假。该景区举办渔业节会，即"望城鲌鱼节"，实现渔业品牌的宣传与推广。

（四）积极实践生态产品品牌化增值的途径：水生态产品特色优势品牌塑造和推广初见成效

市场机制是推动生态产品价值实现的重要渠道，品牌效应作为市场机制发挥作用的重要方式，对生态产品价值实现具有强大的催化和放大作用。部分水利风景区结合自身优势和特点，加快打造生态产品品牌，推动释放生态产品价值。

浙江丽水松阳松阴溪水利风景区突出农旅融合，一是打造松阳品牌水

"浙松谷泉",推动"浙松谷泉"项目成功落地,预计项目年产值可达1亿元。同时,随着"浙松谷泉"品牌影响力日渐提高,涉水产业附加值、品牌认知度不断提升,水经济发展基础设施进一步完善,各类特色水产业发展初见成效。二是打造茶旅融合品牌,推出"松阳香茶""松阳银猴",并打造区域公用品牌体系,注册推广卯山仙茶、崇觉罗汉茶等高端有机茶、特色茶公用品牌,现有生态茶园15.32万亩,茶产业全产业链产值已突破135亿元。

江苏溧阳天目湖水利风景区塑造了"天目湖"系列知名品牌。依托丰富的鱼类尤其是大头灰鲢资源,打造了"天目湖"牌砂锅鱼头等鱼产品。景区还用纯天目湖水生产了大目湖系列啤酒和矿泉水,曾多次被评为"江苏省重点保护产品"。天目湖白茶在2010年上海世博会上大展风采,被评为上海世博会十大名茶之一,成为上海世博会联合国馆专用茶,并获得"国家农产品地理标志"登记证书。

四川都江堰水利风景区联合相关地区协同打造"大灌区"区域文旅品牌。依托都江堰和东风堰灌区文旅资源,以弘扬水利文化、传承农耕文明为核心,以灌区范围内的自然山水、田园林盘、精品景区、特色城镇、美丽乡村、民俗风情等为支撑,深度挖掘灌区农耕文明的文化价值,重点打造水利文化体验、现代农业体验、田园度假、天府文创、康体养生五大旅游产品。

（五）有效拓宽生态产品开发投融资渠道：引入绿色金融丰富景区生态产品开发新模式

绿色金融是推动生态产品价值实现必不可少的催化剂。水利风景区普遍存在经营主体市场化运营能力弱、经济实力不强等问题,如果缺乏现代金融的参与,就难以推动生态产品价值合理高效变现。加大绿色金融服务力度,探索融资模式、服务方式和管理制度等创新,有利于把生态优势转化为发展优势,有效解决"融资难""融资贵"等问题。

江西抚州大觉山水利风景区联合金融机构,创新探索新的信贷产品和服务方式。中国工商银行抚州资溪支行参考景区GEP核算结果,结合"特定资产收费权质押",与中国银行抚州资溪支行共同为大觉山景区办理贷款7.80亿元,其中,固定资产2.34亿元,GEP价值1.05亿元(物质产品0.54亿元的60%即0.32亿元,调节服务中的固碳释氧及酒店溢价2.42亿元的30%即0.73亿元),15年景区收益权4.41亿元,溢价率达到81%。

浙江丽水松阳松阴溪水利风景区、景宁畲乡绿廊水利风景区较早实施了"取水贷",采用"取水权质押+双边登记"的融资模式,创新性提出"取水贷"金融产品。具体来看,水利部门对水电站的"取水权"进行质押登记,金融机构以"取水权"为质押物向企业发放贷款,利率较市场平均水平有所下调。从"取水贷"破解小水电融资难题入手,丽水市"取水贷"已延伸至水库、供水、灌区等取水项目。

二 典型水利风景区推动生态产品价值实现存在的突出问题

(一)生态产品清单目录制定及权属确定仍存在困难

一方面,生态产品具有较强的特殊性和地域性,且属于创新性事务,目前各地区对生态产品清单的梳理仍在探索中。从调研情况看,大部分水利风景区还没有对生态产品进行摸底调查,对景区内的山水林田湖草沙等生态资源中哪些是生态产品、哪些具有市场化潜力尚不清楚。另一方面,景区内生态资源丰富,水资源、土地、林木等生态资源的所有权、使用权、经营权关系错综复杂。由于自然资源权属的特殊性,自然资源资产确权工作需要国家统一部署和相关法规、政策文件的支持。当前国家虽已出台自然资源资产确权的指导性文件,但实践推进仍十分缓慢,如农村集体土地由村集体所有,而农田的承包权和经营权、农村宅基地使用权等则为农民所有,导致景区涉及的农业、林业、古村落古居等生态产品确权难度大;同时,当前水权、水价等改革推进缓慢,水权确权不到位,水价形成机制不健全,水权交易难开展，未能充分体现水资源的生态价值和稀缺性。以上这些问题都进一步制约了景区开展生态产品调查、确定生态产品清单的进程。

从调研和问卷调查资料来看，一些景区想要开展"优水优价"的探索，但由于受水利工程供水价格管理制度限制，无法将优质的水资源纳入水价体系。如绵阳市仙海水利风景区部分生态产品的确权工作仍未完成，景区 7 平方公里水权，2300 余亩水域岸线的滩涂、林地确权办证工作推进缓慢；陕西千湖水利风景区大部分区域属冯家山水库管理局管辖，只有部分土地分别在陈仓、凤翔、千阳三县（区）境内，景区行政归属不一，地权、林权、经营权分别隶属不同的单位或集体，对景区开展经营活动形成了阻碍。

（二）生态产品价值实现的全面谋划和顶层设计不足

目前，许多景区生态产业项目开发热情高涨，但是由于对生态产品内涵、标准、实现形式等方面的认识不统一，加之生态产品目录清单和评估指标体系仍缺乏统一标准、生态产品权益主体地位不明晰等问题，生态产品作价入股、获得收益以及资金分配等仍处于特事特办、一事一议阶段，缺乏机制引领和制度规范，进一步限制了生态产品价值实现的深度和广度。

如福建某景区依托水美乡村项目，实施了清洁小流域治理、沿河景观路打造等工程，提升了小流域的生态本底。为了进一步实现生态产品价值、解决流域生态治理管护基金等问题，当地政府吸引露营旅游休闲项目入驻，将沿河景观路修建成本作为小流域生态产品作价入股，与项目公司签订合同，将每年获得露营项目营业收入的 10% 作为入股分红。这种做法是景区生态产品价值实现的重要探索，但也存在政府修建的沿河景观路能否作为生态产品进行作价入股、10% 的利益分红如何分配和使用等多方面的问题。这些问题也进一步影响了项目的规范性和可持续性。这是目前各地、各水利风景区生态产品价值实现实践探索的缩影，探索热情高，但实践还比较零散，水利风景区生态产品价值实现路径尚待明确，缺乏根据总结将实践上升为整体改革路径的设计。

（三）生态产品市场化经营开发水平有待提高

实践中，水利风景区生态产品开发运营模式较为单一、创新度不够，品牌知名度、美誉度相对不高，辐射范围较小，特色优势生态产品的价值未能充分发挥。一方面，生态产品品牌培育不足，增值和溢价不充分，具有市场竞争力和知名度的产品和品牌较少，大多数农产品、文化旅游产品的品牌影响力仅限于局部小范围区域，尚未建立品牌体系的水利风景区占比较高。如江西抚州宜黄曹山水利风景区生态产品开发技术水平和规模化程度低，质量损失率高，流域内生态产品资源虽然数量多、质量好，但分布广而散，大部分还处于粗放、零散的家庭式小作坊阶段，生态产品物质供给价值无法提升。

另一方面，生态产品产业结构单一、产品附加值和产业层次不高，不少产品仍然停留在低附加值和低效利用阶段。一些文化服务类生态产品价值实现仍停留在"农文旅"层面，如何开发各类生态产品高附加值环节，拓展延伸和优化升级生态产品产业链、价值链，提升服务业质量和水平，有待进一步破题。实现市场化开发利用的生态产品规模、体量较小，涉及的产业主要是偏初级的农产品及加工业、旅游业等，生态农产品产量小，对 GDP 增长的贡献程度、农民增收等拉动作用相对不足。如福建南靖土楼水乡水利风景区仍以观光为主，缺少具有整体带动效应的高档次旅游精品项目，发展模式单一，导致游客停留时间少，无法带动整体效益。再如四川都江堰水利风景区旅游产品发展能力弱，旅游产品供给单一、缺乏多样性，仍以观光旅游产品为主，度假旅游产品还在开发建设。

（四）引入社会资本和绿色金融路径不畅

以资金为主的要素投入是推动水利风景区发展建设和生态产品价值实现的关键一环。目前众多水利风景区尚未建立起科学稳定的收益回报与要素可持续投入机制，尤其是社会资本和绿色金融参与路径不畅通、程度不高。从总体层面来看，大部分水利风景区位于市场力量和金融资本相对薄弱的农村地区和中小城市（城镇），水利风景区吸引人才、技术和资本等要素推动生态产品价值实现面临明显的地域约束。如江西宜黄曹山水利风景区所在的江西抚州宜黄县农村金融、农业保险发展相对落后，以农产品为代表的生态产品在新产品研发、新技术运用、扩大再生产方面，面临资金周转困难。同时，社会和市场力量尤其是金融资本参与水利风景区生态产品价值实现的渠道不畅、机制不全，进一步加剧了水利风景区在推动生态产品价值实现方面要素不足的困境。福建永春县周边有福州、厦门、泉州市区等经济高地，水利风景区利用这些城市的雄厚资本开展绿色金融投融资合作有地域优势，而从现实看，永春县境内水利风景区却未能建立利用周边经济高地的金融资源参与生态产品价值实现的有效合作机制与资金融通渠道，未能解决资金的"源头活水"问题。

三 推进水利风景区生态产品价值实现的对策建议

生态产品价值实现是一项开创性的工作，尚处于探索之中，需要理论与实践相结合，水利风景区生态产品价值实现要在不断推进实践探索的同时，通过宣传、总结、推广以及加强改革指导和顶层制度设计等方式不断总结经验，完善路径和方法。鉴于此项工作的创新性、复杂性，本报告提出以下对策建议。

（一）完善水利风景区生态产品价值实现路径

政府主导、市场运作，完善水利风景区生态产品价值实现路径。政府主导和市场运作是水利风景区生态产品价值实现的动力机制。在推动水利风景区生态产品价值实现过程中，政府作为生态产品的主要所有者，一方面要坚决守护好绿水青山，把保护生态环境放在突出位置，另一方面要积极探索通过转移支付和生态补偿等方式实现生态产品价值的路径，同时要发挥生态产品交易机制制定、政策设计、相关制度安排以及市场监督和服务等作用。市场机制作为推动水利风景区价值实现的最基本、起决定性作用的机制，一方面能够通过引入不同经营主体实现对生态产品的最优化配置，体现"使用者付费"原则；另一方面引入市场化运作机制是缓解财政压力、提高供给效率的有效手段，能够通过产权直接交易和生态资源的产业化经营等方式实现生态产品价值。

突出特色，融合发展，拓展水利风景区生态产品价值实现模式。突出不同类型、不同区域水利风景区的特色，以水利风景区为核心节点，与周边区域共同迈上生态产品价值实现的融合发展之路。牢牢把握水利风景区要紧紧融入区域经济发展这一基本原则，发挥水利风景区独有的水资源、水生态、水环境、水文化资源优势，细致梳理和精准聚焦水利风景区的独特优势和定位，着重将水生态产品与文旅、康养、农林等相关联产业有机融合，发力亲水旅游、水浴疗养、生态种养殖等优势产业，联动区域内水文化、生态、旅游资源，形成复合型生态产业，协同多部门整合资源优势合力推进水利风景区生态产品价值实现。

（二）积极推动水利风景区生态产品价值实现试点工作

国家有关生态产品价值实现工作目前仍处在试点阶段，水利风景区是水利行业探索水生态产品价值实现的试验田，水生态产品价值实现机制仍然是水利改革的重点领域和关键环节。总体上看，目前水利风景区生态产品价值实现探索仍受制于管理体制、制度设计、研究深度、思想观念等还未取得实质性突破，为了更好地开展试点工作，本报告提出以下建议。

一是试点的选择方面，选择基础条件好、积极性高的景区开展试点。一方面，景区所在的行政区域水利管理工作基础较好并已经开展了生态产品价值实现的基础工作，如进行了行政区域的 GEP 核算，自然资源资产产权改革推进顺利，进行了生态产品价值的工作部署等；另一方面，考虑到水利风景区生态产品价值实现试点工作需要多部门的合作，试点地方政府应具有较高的积极性，在试点工作过程中给予大力支持。二是试点的工作机制方面，水利部水利风景区建设与管理领导小组办公室要建立试点的指导、跟踪、评估机制，水利部有关司局要加强指导，流域管理机构和各地方水行政管理机构要加强与试点地区的沟通、交流，共同解决试点中遇到的关键问题。对在试点过程中发现的好经验、好做法、好政策、好典型，要及时做好总结、宣传和推广。

（三）深化水利风景区生态产品价值实现关键问题研究

建立健全生态产品价值实现机制是一项不断发展的改革创新任务。从已有探索实践来看，水利风景区生态产品价值实现仍有不少亟待破解的重点难点问题，需要围绕这些重点难点问题开展深入研究。首先，在试点实施方案编制方面，要研究如何统筹生态产品价值实现的"六大机制"和试点水利风景区实际需要相结合，按照景区实际做好方案设计；其次，在建立健全水利风景区 GEP 核算体系方面，要研究探索水利风景区重点生态产品市场化价值评估方法，做到核算结果"受市场认可"；再次，在市场化运管平台建设方面，要重点研究搭建模式、主要功能等；最后，在绿色金融支持景区建设方面，要研究绿色金融助力景区发展的资金申请模式、申请路径等。同时，要积极借用"外脑"，依托年度研究任务以及水生态产品价值实现机制等文件起草制定，引入国家高端智库等，深入开展重点问题研究，为水利风景区生态产品价值实现提供支撑。

参考文献

李璞、王晓强、欧阳志云：《生态资产产权交易机制研究——以丽水市"河权到户"改革为例》，《中国国土资源经济》2023 年第 8 期。

周海文、石吉金、苏子龙：《生态产品价值实现程度评估——以光泽县"水美经济"为例》，《中国国土资源经济》2023 年第 7 期。

余晓敏：《大方县水生态产品价值评估》，《水电与新能源》2023 年第 6 期。

方恺等：《碳汇生态产品的科学内涵、价值评估与实现路径》，《中国环境管理》2023 年第 3 期。

韩明、梅国芳、曾平：《生态产品价值实现视角的生态价值评估方法比较研究——以松滋市洈水试点为例》，《农业开发与装备》2023 年第 5 期。

郭妍等：《生态产品价值核算研究进展与应用展望》，《中国国土资源经济》2024年第1期。

金田林：《俱乐部产品类生态产品价值实现的路径与模式研究》，《中国经贸导刊》2023年第5期。

蒋凡、冯昌信、田治威：《黄河源水生态产品"水银行"交易定价研究——基于水生态产品价值实现角度》，《湿地科学与管理》2023年第2期。

张旺等：《推进水生态产品价值实现机制的思考》，《水利发展研究》2023年第4期。

张林波等：《我国生态产品价值核算的研究进展、问题与展望》，《环境科学研究》2023年第4期。

王飚、覃宝庆：《桂林市漓江流域综合治理推动生态产品价值实现案例》，《南方自然资源》2023年第2期。

张颖、徐祯彩：《黄河流域多元化生态产品价值实现路径》，《水利经济》2023年第1期。

陈恩民等：《水生态产品价值核算与实现研究综述》，《浙江水利科技》2023年第1期。

范利平、葛晓霞：《广西右江百色水利枢纽工程生态产品价值核算研究》，《水利水电快报》2023年第1期。

朱新华、李雪琳：《生态产品价值实现模式及形成机理——基于多类型样本的对比分析》，《资源科学》2022年第11期。

王燕、韩凌杰：《水利风景区生态产品价值实现路径初探：以兰考黄河水利风景区为例》，2022中国水利学术大会论文，北京，2022年11月。

杜林远：《湘江流域生态产品价值实现的国际经验与路径启示》，《海峡科技与产业》2022年第10期。

赵斌等：《公共产品类生态产品价值实现机制与路径》，《地方财政研究》2022年第4期。

北京市水科学技术研究院：《北京市公共性生态产品价值实现机制探索——以密云水库流域为例》，《北京水务》2022年第2期。

晏齐胜等：《基于生态产品价值实现的流域横向生态补偿机制设计——以黄河流域（玛曲段）为例》，《自然资源情报》2022年第6期。

王洋：《江阴市滨水空间生态产品价值实现路径探索》，《山西农经》2022年第6期。

徐世龙、杨霞、衡彦蓉：《金融支持水资源生态产品价值实现——以甘肃省为例》，《吉林金融研究》2022年第3期。

典型省市区域
和景区发展报告

B.4
湖北省水利风景区发展报告

杨伟　游翔　于小迪*

摘　要： 湖北省水网纵横，河湖密布，水利工程众多，造就了丰富的水利风景资源。湖北省深入践行"绿水青山就是金山银山"理念，积极创建国家水利风景区和省级水利风景区，推动水利风景区高质量发展，已成功创建国家水利风景区29家、省级水利风景区62家。水利风景区在发展过程中生态效益逐渐显现，社会效益稳步提升，经济效益不断增强，文化效益日益凸显，但是目前在管理机制、规划引领、水文化挖掘等方面还存在不足。面对新的形势和机遇，湖北省将结合流域治理，推动水利风景区高质量发展；结合共同缔造，推动水利风景区全面发展；结合乡村振兴，推动水利风景区融合发展。

* 杨伟，博士，湖北省水利水电科学研究院高级工程师，研究方向为水土保持；游翔，湖北省水利经济管理办公室工程师，研究方向为水利风景区管理；于小迪，水利部综合事业局景区监督事务处副处长，高级工程师，研究方向为水利风景区管理。

关键词： 水利风景区　高质量发展　湖北省

一　基础条件与发展状况

（一）基础条件

湖北省地处长江中游，总面积为 18.59 万平方公里，2023 年常住人口为 5838 万人，辖 12 个地级市、1 个自治州、4 个省直辖县级行政区，共 39 个市辖区、26 个县级市、37 个县（其中 2 个自治县）、1 个林区、335 个街道、761 个镇、161 个乡。湖北省地势东、西、北三面环山，中间低平，略呈向南敞开的不完整盆地。湖北省地处亚热带，全省除高山地区属高山气候外，大部分地区属亚热带季风性湿润气候。

湖北省水网纵横，河湖密布，除长江、汉江外，还有流域面积 50 平方公里以上河流 1232 条，5 级以上堤防 1.7 万公里，列入省政府保护名录的大中型湖泊及城中湖 755 个，水库 6921 座，其中大型水库 72 座，中型水库 288 座，万亩以上灌区 533 处。

2023 年湖北省平均降水量为 1278.7 毫米，折合降水总量为 2377.03 亿立方米，比上年增加 29.5%，比多年平均值偏多 9.9%，属偏丰年份。地表水资源量为 1071.32 亿立方米，地下水资源量为 307.03 亿立方米，水资源总量为 1094.23 亿立方米，比多年平均值偏多 8.2%。2023 年末全省大中型水库蓄水总量为 502.07 亿立方米，比年初蓄水总量增加 140.33 亿立方米。13 个典型湖泊年末蓄水总量为 27.06 亿立方米，比年初蓄水总量增加 2.34 亿立方米。

（二）发展状况

1. 规模

截至 2023 年底，湖北省水利风景区总数增至 91 家，其中，国家水利风景区 29 家、省级水利风景区 62 家。

按地区分布，武汉城市圈水利风景区居多，包括武汉、黄石、鄂州、黄冈、孝感、咸宁、仙桃、天门、潜江等 9 市，共创建 36 家水利风景区，其中国家水利风景区 14 家、省级水利风景区 22 家。鄂西北和鄂西南地区也不断追赶和兴建，鄂西北的襄阳、十堰、随州、神农架 4 市（林区），创建 23 家水利风景区，其中国家水利风景区 4 家、省级水利风景区 19 家；鄂西南的宜昌、荆门、荆州、恩施 4 市（州）创建 32 家水利风景区，其中国家水利风景区 11 家、省级水利风景区 21 家。

2. 类型

湖北省水利风景区涵盖水库型、自然河湖型（含湿地型）、城市河湖型、灌区型、水土保持型等类型。29 家国家水利风景区中有水库型 17 家、自然河湖型 6 家、城市河湖型 3 家、水土保持型 2 家、灌区型 1 家。62 家省级水利风景区中水库型 44 家、自然河湖型（含湿地型）10 家、城市河湖型 3 家、灌区型 4 家、水土保持型 1 家。湖北省国家和省级水利风景区见表 1 所示。

表 1　湖北省国家和省级水利风景区

序号	景区名称	等级	所在市（州）	所在县（区、县级市）	类型	省级批次	国家级批次
1	武汉夏家寺（木兰湖）水利风景区	国家级	武汉市	黄陂区	水库型	第 1 批	第 7 批
2	武汉江滩水利风景区	国家级	武汉市		城市河湖型	—	第 8 批
3	武汉金银湖水利风景区	国家级	武汉市	东西湖区	城市河湖型	第 10 批	第 17 批
4	武汉道观河水利风景区	省级	武汉市	新洲区	水库型	第 1 批	
5	武汉青山江滩水利风景区	省级	武汉市	青山区	城市河湖型	第 13 批	
6	硚口汉江湾水利风景区	省级	武汉市	硚口区	城市河湖型	第 14 批	
7	湖北省仙岛湖风景区	省级	黄石市	阳新县	水库型	第 1 批	
8	郧西天河水利风景区	国家级	十堰市	郧西县	城市河湖型	第 8 批	第 15 批
9	十堰太和梅花谷水利风景区	国家级	十堰市	竹山县	水土保持型	第 11 批	第 18 批
10	十堰马家河水库水利风景区	省级	十堰市	茅箭区	水库型	第 2 批	
11	房县谭家湾水库水利风景区	省级	十堰市	房县	水库型	第 2 批	
12	竹山女娲天池水利风景区	省级	十堰市	竹山县	水库型	第 3 批	
13	郧西天河口水利风景区	省级	十堰市	郧西县	湿地型	第 8 批	

续表

序号	景区名称	等级	所在市（州）	所在县（区、县级市）	类型	省级批次	国家级批次
14	郧西土门水库水利风景区	省级	十堰市	郧西县	水库型	第8批	
15	十堰汇湾河水利风景区	省级	十堰市	竹溪	自然河湖型	第10批	
16	竹溪桃花岛（夯土小镇）水利风景区	省级	十堰市	竹溪县	自然河湖型	第14批	
17	房县方家畈水库水利风景区	省级	十堰市	房县	水库型	第14批	
18	襄阳三道河水镜湖水利风景区	国家级	襄阳市	南漳县	水库型	第1批	第5批
19	襄阳引丹渠水利风景区	国家级	襄阳市	老河口市	灌区型	第10批	第20批
20	襄阳熊河水库风景区	省级	襄阳市	枣阳市	水库型	第2批	
21	宜城莺河一库风景区	省级	襄阳市	宜城市	水库型	第2批	
22	襄阳红水河水利风景区	省级	襄阳市	襄州区	水库型	第11批	
23	老河口登云湖水利风景区	省级	襄阳市	老河口市	水库型	第13批	
24	老河口汉江水利风景区	省级	襄阳市	老河口市	城市河湖型	第14批	
25	老河口杨家山水库水利风景区	省级	襄阳市	老河口市	水库型	第14批	
26	老河口杨家湾水库水利风景区	省级	襄阳市	老河口市	水库型	第14批	
27	谷城百花岛水利风景区	省级	襄阳市	老河口市	水库型	第14批	
28	谷城南河小三峡水利风景区	省级	襄阳市	老河口市	水库型	第14批	
29	长阳清江水利风景区	国家级	宜昌市	长阳县	自然河湖型	—	第12批
30	宜昌百里荒水利风景区	国家级	宜昌市	夷陵区	水土保持型	第9批	第16批
31	宜昌高岚河水利风景区	国家级	宜昌市	兴山县	自然河湖型	第11批	第18批
32	兴山南阳河水利风景区	国家级	宜昌市	兴山县	自然河湖型	第11批	第19批
33	远安回龙湾水利风景区	国家级	宜昌市	远安县	自然河湖型	第10批	第19批
34	当阳百宝寨水利旅游区	省级	宜昌市	当阳市	水库型	第1批	
35	当阳巩河水库风景区	省级	宜昌市	当阳市	水库型	第2批	
36	宜昌远安三峡水乡水利风景区	省级	宜昌市	远安县	自然河湖型	第10批	
37	兴山古夫河水利风景区	省级	宜昌市	兴山县	自然河湖型	第11批	
38	宜昌东风渠灌区水利风景区	省级	宜昌市		灌区型	第13批	
39	当阳杨树河水库（关雎河畔）水利风景区	省级	宜昌市	当阳市	水土保持型	第13批	
40	枝江玛瑙河故道（曹店）水利风景区	省级	宜昌市	枝江市	灌区型	第13批	

序号	景区名称	等级	所在市（州）	所在县（区、县级市）	类型	省级批次	国家级批次
41	五峰柴埠溪大峡谷水利风景区	省级	宜昌市	五峰县	自然河湖型	第15批	
42	荆州洈水水利风景区	国家级	荆州市	松滋市	水库型	第1批	第7批
43	荆州北闸水利风景区	国家级	荆州市	公安县	自然河湖型	第3批	第15批
44	荆州公安三袁水利风景区	省级	荆州市	公安县	水库型	第9批	
45	荆州太湖港水利风景区	省级	荆州市	荆州区	水库型	第11批	
46	监利三闸水利风景区	省级	荆州市	监利市	灌区型	第14批	
47	公安江堤水利风景区	省级	荆州市	公安县	自然河湖型	第15批	
48	荆门漳河水利风景区	国家级	荆门市	东宝区	水库型	第1批	第2批
49	京山惠亭湖水利风景区	国家级	荆门市	京山市	水库型	第1批	第4批
50	钟祥温峡湖水利风景区	国家级	荆门市	钟祥市	水库型	第1批	第6批
51	湖北省高关水库风景区	省级	荆门市	京山市	水库型	第1批	
52	京山刘畈水库风景区	省级	荆门市	京山市	水库型	第1批	
53	京山八字门水库风景区	省级	荆门市	京山市	水库型	第1批	
54	京山石龙水库风景旅游区	省级	荆门市	京山市	水库型	第1批	
55	钟祥黄坡水库风景区	省级	荆门市	钟祥市	水库型	第1批	
56	荆门石门水库风景区	省级	荆门市	钟祥市	水库型	第1批	
57	湖北省吴岭水库风景区	省级	荆门市	京山市	水库型	第6批	
58	湖北汉江遥堤水利风景区	省级	荆门市	钟祥市	自然河湖型	第9批	
59	东宝仙居河水库水利风景区	省级	荆门市	东宝区	水库型	第14批	
60	孝昌观音湖水利风景区	国家级	孝感市	孝昌县	水库型	第2批	第9批
61	孝感徐家河水利风景区	省级	孝感市	广水市	水库型	第1批	
62	云梦现代化农业科技园生态旅游区	省级	孝感市	云梦县	灌区型	第1批	
63	罗田天堂湖水利风景区	国家级	黄冈市	罗田县	水库型	第1批	第9批
64	英山毕升湖水利风景区	国家级	黄冈市	英山县	水库型	第1批	第10批
65	麻城浮桥河水利风景区	国家级	黄冈市	麻城市	水库型	第4批	第14批
66	麻城明山水利风景区	国家级	黄冈市	麻城市	水库型	第4批	第16批
67	黄冈白莲河水利风景区	国家级	黄冈市	浠水县	水库型	第3批	第16批
68	武穴梅川水库水利风景区	国家级	黄冈市	武穴市	水库型	第1批	第17批
69	蕲春大同水库（仙人湖）水利风景区	国家级	黄冈市	蕲春县	水库型	第5批	第17批
70	蕲春县鹞鹰岩水库风景旅游区	省级	黄冈市	蕲春县	水库型	第1批	

续表

序号	景区名称	等级	所在市（州）	所在县（区、县级市）	类型	省级批次	国家级批次
71	英山吴家山水利风景区	省级	黄冈市	英山县	水库型	第1批	
72	团风牛车河水利风景旅游区	省级	黄冈市	团风县	水库型	第1批	
73	红安香山湖水利生态旅游区	省级	黄冈市	红安县	水库型	第3批	
74	麻城三河口水库（康王湖）水利风景区	省级	黄冈市	麻城市	水库型	第4批	
75	麻城碧绿河水库水利风景区	省级	黄冈市	麻城市	水库型	第4批	
76	麻城将军湖水利风景区	省级	黄冈市	麻城市	水库型	第4批	
77	麻城虎形地水库水利风景区	省级	黄冈市	麻城市	水库型	第4批	
78	蕲春花园水库（七星岛）风景区	省级	黄冈市	蕲春县	水库型	第5批	
79	麻城杜鹃湖水利风景区	省级	黄冈市	麻城市	水库型	第6批	
80	武穴荆竹水库水利风景区	省级	黄冈市	武穴市	水库型	第13批	
81	通山富水湖水利风景区	国家级	咸宁市	通山县	水库型	第1批	第11批
82	崇阳青山水库风景旅游区	省级	咸宁市	崇阳县	水库型	第1批	
83	通城东冲水利风景区	省级	咸宁市	通城县	水库型	第7批	
84	通城云溪水库水利风景区	省级	咸宁市	通城县	水库型	第12批	
85	随县大洪山水库（琵琶湖）风景旅游区	省级	随州市	随县	水库型	第1批	
86	随县封江水库生态旅游区	省级	随州市	随县	水库型	第1批	
87	恩施龙麟宫水利风景区	国家级	恩施州	恩施市	水库型	第1批	第3批
88	仙桃大垸子水利风景区	省级	仙桃市		自然河湖型	第15批	
89	潜江田关岛水利风景区	国家级	潜江市		自然河湖型	第1批	第18批
90	潜江兴隆水利风景区	国家级	潜江市		水库型	第10批	第19批
91	湖北省汉江泽口闸水利风景区	省级	潜江市		自然河湖型	第7批	

资料来源：湖北省各市（州）提供的国家级及省级水利风景区名单。

（三）管理现状

1. 隶属管理机构与景区类型现状

现有湖北省水利风景区管理机构隶属情况主要有4类：地方政府、水行政主管部门、企业和其他。企业包括国有企业和民营企业。29家国家水利风景区中管理机构隶属地方政府的有7家，管理机构隶属水行政主管部门的有 14 家，管理机构隶属企业的有 5 家（具体包括国有企业 3 家、民营企业 2 家），管理机构隶属其他的有 3 家。水行政主管部门是湖北省国家水利风景区的管理主体，需要提高水行政主管部门的积极性，以更好地发展水利风景区。

现有国家水利风景区中公益性景区有 23 家，非公益性景区有 6 家。非公益性景区中管理机构隶属企业的有 4 家，管理机构隶属水行政主管部门的有 1 家，管理机构隶属地方政府的有 1 家。公益性水利风景区占大多数，需要探索公益性水利风景区如何更好地借助政府和社会力量发展，非公益性水利风景区要考虑如何增加景区收入以便更好地发展。

2. 景区现状运营情况

29 家对公众开放的国家水利风景区中收费的有 11 家，不收费的有 18 家。2023 年，包含景区门票收入、景区内游乐活动、餐饮住宿等收入在内的经营性收入最高的水利风景区是宜昌百里荒水利风景区，高达 9300.81 万元，该景区管理机构隶属企业；经营性收入排第二名的是通山富水湖水利风景区，经营性收入为 8100 万元，该景区管理机构隶属地方政府；经营性收入排第三名的是长阳清江水利风景区，经营性收入为 7840 万元，该景区管理机构隶属其他，具体为长阳土家族自治县清江水利风景区管理局。

以上 3 家景区均为收费景区，宜昌百里荒水利风景区的生态治理、基础设施、文化服务设施的建设资金来源均为企业自筹；通山富水湖水利风景区的生态治理、基础设施、文化服务设施的建设资金来源均为地方政府；长阳清江水利风景区的生态治理、基础设施、文化服务设施的建设资金来源均为市场。

二　成效与经验

（一）发展成效

1. 生态效益逐渐显现

绿水青山就是金山银山，保护好"绿水青山"是水利风景区高质量发展永恒不变的主题。景区发展首先要做好生态环境保护，让山更青、水更绿是生态环境保护和景区开发利用最根本的要求和最基础的工作。水利风景区的建设以水生态系统修复为重点，结合当地水资源条件、水环境状况、河流水系分布和工程布局特征等，因地制宜地通过工程与生物措施，推进水生态修复和水环境改善，再现青山碧水，体现了良好的生态效益。根据2023年湖北省各国家水利风景区年报填报情况，29家国家水利风景区中有24家水质情况在Ⅱ类及以上，比申报时总体情况有所改善。通过工程项目和环境整治项目，水利风景区内水生态保护得到加强，水质状况进一步改善，生态效益逐渐显现。

2. 社会效益稳步提升

水利风景区不仅能够实现水利风景资源保护与利用，也能够结合旅游业打造党建游、研学游、亲子游等主题丰富的旅游项目，通过"旅游+"模式丰富产品内涵、提升消费品质，推动文化创意、学术研究、知识科普、红色教育等产业的高质量发展，成为传播水利文化的重要载体和平台。水利风景区提供了游客服务中心、服务驿站、公共卫生间、停车场、餐饮服务点、休息区、医疗救护点、购物商店、导游服务点、特殊人群服务点等多项公共服务，为人民群众的出游保驾护航。29家国家水利风景区中有11家开放夜游，人们的活动方式进一步丰富。水利风景区设有宣讲类、展示类、培训类、交流类、普法类文化科普活动。2023年，文化科普活动年接待人数最多的是湖北武汉江滩水利风景区，达到20万人次。这些活动对于加强水文化、水知识、水法律等的宣传教育，稳步提升水利风景区的社会效益起到了积极作用。

3. 经济效益不断增强

充足的经济效益能为景区后续的建设与发展提供源源不断的资金支持，现有水利风景区经济效益不断增强，对推动水利风景区自身发展、带动周边乡镇其他产业发展均具有积极意义。2023年，29家国家水利风景区中有21家年接待游客数量在10万人次以上。武汉江滩水利风景区年接待游客数量最多，高达1500万人次，郧西天河水利风景区年接待游客数量为500万人次，襄阳引丹渠水利风景区年接待游客数量为220万人次。游客的到来给水利风景区带来了一定的经营性收入，其中宜昌百里荒水利风景区的经营性收入最高，达9300.81万元。游客的增多也为景区创造了一定的就业岗位，其中直接就业人数最多的水利风景区是京山市惠亭湖水利风景区，达3000人；间接带动就业人数最多的水利风景区是襄阳引丹渠水利风景区，达8000人。

4. 文化效益日益凸显

为推进荆楚文化创造性转化、创新性发展，不断完善与水利现代化相适应的水利风景区文化体系，湖北省已组织开展全省水利红色资源调查，形成《湖北省水利红色资源名录（第一批）》并向社会公布，其中4处水利风景区入选水利部《红色基因水利风景区名录》，1处水利风景区入选水利部第四届水工程与水文化有机融合案例。武汉江滩、襄阳三道河国家水利风景区相继入选国家水利风景区高质量发展典型案例重点推介名单；远安回龙湾国家水利风景区作为水美乡村建设示范，被纳入2021年全国水美乡村建设现场会观摩点；宜昌建设环百里荒国家水利风景区乡村振兴试验区，成为湖北省唯一跨县域乡村振兴试验区，景区内已打造国家水情教育基地5处、省级水情教育基地5处。2023年文旅部推出10条长江主题国家级旅游线路，其中宜昌长阳清江国家水利风景区被纳入"长江自然生态之旅"旅游路线，清江还成为水利部第二届寻找"最美家乡河"活动的11条上榜河流之一。

生态效益逐渐显现，社会效益稳步提升，经济效益不断增强，文化效益日益凸显，湖北省水利风景区的发展为当地带来了良好的综合效益。

（二）基本经验

1. 文旅结合促进景区发展

近年来，湖北省水利风景区在实现水资源保护的前提下，开展了丰富多样的活动，包括公益活动、文娱活动、体育活动、研学活动等，促进了水利风景区事业的发展。

武汉江滩水利风景区举办江豚微笑KTV公益活动，通山富水湖水利风景区开展"碧水蓝天千人洁湖"志愿服务活动,宜昌百里荒水利风景区举办百里荒第七届帐篷露营季暨青燥音乐节,武汉江滩水利风景区在汉口江滩五福广场播放露天电影,开展横渡长江博物馆研学活动等,郧西天河水利风景区举办 2023 年郧西天河自行车骑行大赛,宜昌长阳清江水利风景区举办第二届"梦之蓝"大众山水运动季公开水域游泳比赛暨第八届"湖北长阳·清江画廊"公开水域游泳挑战赛,潜江田关岛水利风景区开展夏令营及水情教育活动。

2. 多措并举保障景区安全

湖北省水利厅发布《省水利厅关于加强"五一"假期和汛期水利风景区安全生产工作的通知》《省水利厅景区办关于做好水利风景区暑期学生防溺水的工作提醒函》《省水利厅景区办关于做好 2023 年中秋国庆假期水利风景区安全生产工作的通知》等,对水利风景区安全保障进行指导。

各地水利风景区注重安全管理情况。一方面,加强对干部职工的培训,增设景区内部的安全管理硬件设施;另一方面,加大对人民群众的安全宣传力度。"五一"期间,宜昌百里荒水利风景区坚持"安全、有序、快速、优质、人性"的原则,各个岗位均增加了大量人力,投入 20 多辆换乘大巴车,保安 24 小时巡逻,保障了省内外游客 3.68 万人次的旅游安全。暑假期间,天堂湖水利风景区开展"珍爱生命严防溺水"未成年人防溺水专项行动。在硬件设施方面,严格落实"四个一"硬件措施,即一个警示牌、一个救生圈、一根救生绳、一根救生杆。在安全宣传方面,一是向周边村、社区居民发放宣传单;二是布置宣传牌、海报、横幅;三是在微信公众号宣传未成年人防溺水相关知识;四是组织全体干部职工开展防溺水闯关活动。这些安全管理工作对保障人民群众生命财产安全起到了重要作用。

3. 多渠道扩大景区影响

湖北省水利风景区结合形式多样的活动,通过培训和线上线下宣传推介,提高水利风景区知名度,有利于加深群众对水资源保护的认识和促进水利风景区的可持续发展。

2018~2023 年,湖北省连续 6 年持续推进《湖北省水利风景区发展报告》（蓝皮书）编制出版工作。对水利风景区年度总体发展情况进行总结和分析，邀请行业内多位专家撰写专题报告，邀请典型市县分享水利风景区发展基础与现状、成效与问题、形势与方向、对策与建议，邀请典型景区分享景区特色、做法与成效、经验等。

结合"千湖之省"特色，将原"湖北水利风景区"微信公众号与"湖北湖泊保护"微信公众号整合，开设"水美荆楚"窗口，专门宣传湖北省水利风景区，年发布动态信息超300条，吸引众多粉丝关注打卡。各地水利风景区运用微信公众号、头条、抖音、小红书等自媒体平台，以及湖北省人民政府网站、湖北省水利厅网站、央广网、长江网等网站，发布水利风景区动态，加强景区宣传推广。武汉江滩水利风景区、湖北清江画廊旅游度假区、漳河风景区、三峡水乡景区等24家景区运营有自己的微信公众号。楚天音乐广播推出《"水美荆楚幸福河湖"你好！水利风景区》专题栏目，已邀请武汉青山江滩、十堰太和梅花谷、老河口登云湖、仙桃市大垸子、五峰柴埠溪大峡谷、公安江堤等水利风景区的有关负责人向听众推介。

湖北省共有2家水利风景区入选国家水利风景区高质量发展典型案例重点推介名单，4家水利风景区入选《红色基因水利风景区名录》。武汉江滩水利风景区入选第一批国家水利风景区高质量发展典型案例重点推介名单，襄阳三道河水镜湖水利风景区入选第二批国家水利风景区高质量发展典型案例重点推介名单，武汉江滩水利风景区、荆州北闸水利风景区、襄阳三道河水镜湖水利风景区、武穴梅川水库水利风景区入选《红色基因水利风景区名录》。

通山富水湖水利风景区、麻城浮桥河水利风景区、荆州洈水水利风景区、襄阳三道河水镜湖水利风景区、武汉江滩水利风景区分别拍摄的《幸福富水湖》《麻城浮桥河水利风景区风光》《别样洈水、洈水风姿》《醉美水镜湖》《武汉江滩水利风景区掠影》短片，在"水美中国精彩瞬间"水利风景区摄影大赛获优秀奖，让更多群众对水利风景区有了直观的了解，获得广泛好评。

湖北省水利厅连续多年举办全省水利风景区建设与管理培训班，邀请有关专家进行最新政策解读和专题授课，也邀请部分水利风景区主管单位代表做交流发言。换届成立第二届湖北省水利学会水利风景区专业委员会，连续多年举办水利风景区高质量发展学术研讨会，其中，2023 年的主题是"水利风景区与水利绿化高质量发展"，会议邀请有关专家、学者做学术报告，也邀请部分水利风景区代表做交流汇报。培训和会议加深了人们对水利风景区相关政策的理解，也为各景区交流互动、合作共赢提供了平台。

三　形势与方向

（一）形势与机遇

水利风景区高质量发展离不开制度的高效引领。建设和发展高质量水利风景区，是贯彻落实习近平生态文明思想、推动建设美丽中国的重要举措，是建设水生态文明示范和推动新时代水利兴国惠民的重要抓手。

近年来，湖北省抢抓《湖北省流域综合治理和统筹发展规划纲要》政策机遇，出台《关于共同缔造高质量水利风景区的指导意见》，将景区建设管理纳入河湖长制考核，开展全省水利风景区年度核查；通过《湖北省湖泊保护与管理白皮书》通报水利风景区创建情况；在湖北省水利学会设立水利风景区专业委员会，举办全省水利风景区高质量发展学术研讨会；连续6 年编制出版《湖北省水利风景区发展报告》（蓝皮书）；通过微信公众号提升水利风景区知名度和影响力，促进水利风景区规范化、惠民化、品牌化发展。

湖北省认真落实水利部 2022 年颁发实施的《水利风景区管理办法》，落实国家水利风景区退出机制。制定湖北省国家水利风景区年度复核工作方案，组织开展复核、重点抽查和专项检查等工作，对发现的问题提出整改要求，督促景区管理单位按期保质完成整改，加强激励约束，严把水利风景区的入口关，强化景区事中事后监管，落实退出机制，发现不符合原认定条件的国家水利风景区及时上报水利部。以复核工作为契机，进一步发现水利风景区发展困境，指导协助景区解决建设管理工作困难，引导景区依托水利工程，挖掘内涵、整合资源，立足地域、行业和现状，打造规范化、有文化品位、有水利特色的水利风景区。

（二）发展方向

1.聚焦美丽中国建设，推动景区高质量发展

水是文明之源、生态之基、生存之本。水润民心，泽被万物。建设和发展高质量水利风景区，是贯彻落实习近平生态文明思想，推动建设美丽中国的重要举措。湖北省要把水利风景区作为水利高质量发展示范来打造，作为水利行业服务美丽中国、乡村振兴、幸福河湖建设的重要抓手，作为学习贯彻习近平新时代中国特色社会主义思想主题教育的有效途径，进一步落实水利风景区的工作机制，推动全省水利风景区高质量发展不断迈上新台阶。

2.聚焦乡村全面振兴，释放长效生态"红利"

水利风景区依托自身优质的生态资源，在自身发展的同时积极带动周围乡村协同发展，助力乡村全面振兴。荆州洈水水利风景区、武汉金银湖水利风景区等以水系、水利工程为主体的水利风景区已经成为网红打卡地。通过江河湖库水系连通、水土保持、河湖生态修复等水利工程，湖北建设了一批特色鲜明的乡村水利风景区，持续释放水利设施带来的生态"红利"。为全省水利风景区优化布局、推动集群和风光带发展奠定基础。

3.聚焦"水网+"提升，打造水利特色风光

近年来，湖北利用丰富的"大江、大河、千湖、千库"资源，强化制度引领和流域统筹，在整合贯通、创新提升上下功夫、求实效，有力推动了水利风景区高质量发展。中共湖北省委十二届四次全体会议提出，加快构建"荆楚安澜"现代水网，完善防洪排涝体系，优化水资源配置。2023年以来，湖北"荆楚安澜"现代水网建设有序展开，助力流域综合治理稳步推进。未来，湖北省将统筹治水与发展，推动水网与其他行业领域协同融合，不断增强水网的综合性、系统性、保障性优势，通过协同推进跨部门跨区域协作，融合推动全省经济社会发展，实现一张蓝图干到底，通过"水利+"

形式打造风光特色化的水利风景区。

4. 聚焦文化强国发展, 打造水文化新标识

水是整个生态的核心, 没有水就没有生态, 没有生态就没有文明。文化强国的建设和发展离不开水文化的积极助力。水利风景区作为发展水文化的主力军, 要以保护、传承、弘扬、利用为主线, 以长江文化为重点, 进一步引导景区依托水利工程发掘自身文化内涵, 积极推进水文化建设, 指导协助景区解决建设管理工作困难, 打造水利文化新的地理标识, 为推动新阶段水利高质量发展凝聚精神力量。

5. 聚焦高水平安全, 创建景区平安新标杆

安全是发展的前提, 必须坚持高质量发展和高水平安全良性互动。湖北省水利风景区建设要推进高质量发展不停步, 维护高水平安全不放松。在景区日常运营中, 采取加强宣传管理、巡逻等方式, 多措并举, 加强对水安全和游客安全的保障。完善景区复核制度和监管办法, 加强景区安全管理, 推动景区有序、良性梯队式发展和提档升级, 树立规范化、有安全保障的平安水利风景区标杆。

四　发展思路

（一）结合流域治理, 推动水利风景区高质量发展

1. 着力打造流域水利风景区发展示范

湖北水系众多, 长江岸线超过 1000 公里, 肩负着"一江清水东流""一库净水北送"的重要政治责任。抢抓贯彻《湖北省流域综合治理和统筹发展规划纲要》的政策机遇, 不断优化全省水利风景区发展布局, 构建"一轴二带三群"的水利景区网络, 推动水利风景区连点成线集群发展。"一轴"即围绕长江串联起武汉、黄冈、荆州、宜昌等地, 涵盖府澴河、鄂东五河、鄂东南、富水、四湖、荆南四河、沮漳河、黄柏河、三峡库区等 9 个片区, 形成长江流域水利风景轴。"二带"即围绕襄阳、十堰、潜江等

地，涵盖汉江丹库、汉江中游、汉江下游、唐白河等 4 个片区，形成汉江流域水利风景带；以恩施为中心，涵盖清江、乌江、沅江澧水等 3 个片区，形成清江流域水利风景带。"三群"即结合"荆楚安澜"现代水网建设，形成鄂北地区、大别山、江汉平原水利风景区集群。整合流域内水利风景资源，发挥长江、汉江、清江三江流域水利风景区的轴、带、集群的引领作用，打造流域水利风景区湖北特色发展示范。

2. 着力打造区域水利风景区发展示范

根据区域内自然要素、经济要素、社会要素、文化要素等，结合水利风景区建设对各要素的需求，开展区域水利风景资源调查，科学编制《湖北省水利风景区总体规划（2026—2030）》，与水利发展规划、流域综合规划、水利专业专项规划及国土空间规划等相衔接，优化全省水利风景区发展布局。整合利用县域内各个水利风景区的资源，建设水生态风光带，打造区域水利风景区发展示范。围绕武汉、襄阳、宜昌三大都市圈，依托江河湖库资源，聚焦建设都市圈近郊生态游目的地目标，打造区域水利风景区发展示范，为湖北省旅游经济发展贡献水利力量。

3. 着力打造长江流域水生态旅游发展示范

按照《湖北省旅游业发展"十四五"规划》中"一主引领、一江贯通、三区联动、六山支撑、九湖润泽"的旅游区域发展布局，结合江河湖库水系连通、水土保持、河湖生态修复等水利工程建设，推进一批独具地方文化特色和品牌效应突出的国家水利风景区、省级水利风景区建设，实现"一河一湖一库皆成一景"，推动文化旅游与水利融合发展。发挥湖北"千湖之省"的资源和品牌优势，努力形成"九湖引领、千湖竞发"的湖泊旅游发展新格局，打造具有湖北特色的长江流域水生态旅游发展新示范。

（二）结合共同缔造，推动水利风景区全面发展

1. 注重规划整体，加强内容优化

修订《湖北省省级水利风景区评定办法》，制定《湖北省水利风景区高质量发展评定导则》地方标准，进一步提升景区质量。在整体规划与具体内容方面应实现水利风景区资源与环境的可持续利用。在规划方面，依托水利风景区优越的自然因素，结合地域化的社会因素和文化因素，将绿色发展与红色教育等融入水利风景区规划，建设具有地域特色的水利风景区。在内容布置方面，不仅要考虑水利风景区安全设施、导览设施、科普设施的布设，还要注意及时更新和丰富其形式和内容，推动水利风景区的发展与时俱进。

2.挖掘文化内涵，推动水文化发展

水利风景区立足当地水情特色，通过编制科普手册、开展科普活动等行为做好水文化科普，推动各县（区、市）水文化的发展。与学校、政府、企事业单位等开展合作，把水利风景区打造成水文化主题教育科普基地和主题党日活动基地。通过景区网站或公众号等组织征集群众创作的相关文章、书画、摄影、歌唱作品，举办线上线下展览，展示人民群众自己眼中的水利风景区，增强水文化的感染力。结合水利风景区的自然、人文特色设计工艺纪念品，使其成为走亲访友的良好伴手礼，让景区水文化通过具象的形式更好地传播。

3.打造景区品牌，实现综合效益

打造水利风景区品牌不仅能带来游客量的增长，提高景区的门票、餐饮收益，也能带动景区周围产业实现综合效益。进一步加强景区宣传，以文旅行业高质量发展为契机，将"知音湖北，遇见无处不在，体验最美水利风景区"作为宣传语，实施湖北省水利风景区品牌提升工程，以江滩联动、抖音创意大赛等为内容，开展水利风景区宣传推介活动，不断提升水利风景区品牌。景区的品牌效应可以带动区域性的旅游发展和农业观光发展，直接或间接创造服务业、工业、农业就业岗位，带动周边居民收入增长。借助水利风景区的品牌效应，实现以点连线、以线带面，增加曝光，拓展渠道，带动周边乡镇、村庄总体向好发展。

（三）结合乡村振兴，推动水利风景区融合发展

1.优化水利风景区规划，推动美丽乡村建设

结合"十四五"期间各类水利工程项目实施，完善水利风景区总体规划和建设规划，强化水利风景区与乡村振兴、美丽乡村建设的结合，将水利风景区作为水美乡村建设的重要内容，依托中小型水库除险加固和绿色小水电创建，共建具有农村地域特色的水库型水利风景区；依托农村灌区及灌区文化，建成具有乡村地域特色的灌区型水利风景区；依托小流域综合治理和农村水土流失治理项目，建设具有农村科普教育特色的水土保持型水利风景区；依托湖泊清淤、小微水体治理和沟塘河渠连通整治，构建具有独特魅力的乡村河湖型水利风景区。

2. 依托水利风景区资源优势，带动乡村农户致富

深入挖掘各类水利风景资源，推动水利风景区水生态产品价值实现，推进"水利风景区+"融合发展。鼓励水利风景区通过生态产品认证、生态标识等方式培育具有水利特色的生态产品区域公用品牌，提升水生态产品价值。依托景区资源优势发展特色产业，辐射带动景区周边群众就近就地就业，建设"水、景、人、文、农、产"相融合的水利风景区，推动周边村庄实现向水美乡村的转化提升，促进景区周边群众共同富裕。

3. 发挥水利风景区示范效应，协助乡村环境提升

将水利风景区建设与农村人居环境整治工程相结合，加强景区基础设施和服务设施建设，强化景区服务、运营、安全和卫生管理，因地制宜地推进健身步道、休闲绿道、亲水平台等建设，在水利风景区内推广使用先进节水技术、节水器具和绿色低碳交通工具，借力乡村绿化活动、水环境治理、生活污水处理等整治工作，改善水利风景区水生态环境，提升景区可观赏性，为景村融合发展创造基础条件。

4. 打造水利风景区特色文化，促进乡村文旅融合

充分挖掘水利工程文化内涵，强化水利风景区水文化与当地民俗文化、历史文化、产业文化相互融合，充分挖掘红色资源、廉洁文化，合理利用已有建筑、既有设施和闲置场所，开展文化、科普、教育等活动，发挥水利风景区水情教育与科普研学功能。开展水利风景区水利遗产资源调查，更新发布水利红色资源名录。充分发挥水利风景区的生态旅游功能，将水利风景区纳入乡村旅游目的地，精心打造水利风景区乡村旅游精品走廊，推动农村经济发展。

参考文献

《2022 年中国水资源公报》，水利部网站，2024 年 6 月 14 日，http：//www. mwr. gov. cn/sj/tjgb/szygb/202406/t20240614_ 1713318. html。

《2022 年湖北省水资源公报》，湖北省水利厅网站，2023 年 7 月 20 日，https：// slt. hubei. gov. cn/bsfw/cxfw/szygb/202307/t20230720_ 4760329. shtml。

《湖北省水利风景区发展报告（2023）》。

《水润荆楚幸福河湖——湖北水利风景区建设发展实践》，"湖北河湖长"微信公众号，2021 年 11 月 10 日，https：//mp. weixin. qq. com/s？＿＿biz＝MzI5Mzk0NDg1MQ＝＝＆ mid＝2247521408＆idx＝6＆sn＝944e0d63471bec2fa992dedbb2e31a99＆chksm＝ec68bffcdb1f 36ea207cdaf80dff9d12bd076c3597ec7db7c847b3a3e2d75e6ce894d8e7f476＆scene＝27。

B.5
四川省水利风景区发展报告

李 鹏 韩凌杰 邱 颖 胡文涛 刘 锐 刘祥海 夏 静 喻涵雨*

摘 要： 四川位于长江、黄河两大流域文明的交融地，水系发达，河湖众多，得天独厚的资源条件为水利风景区发展提供了基础保障。长期以来，特别是自党的十九大以来，四川省深入践行"绿水青山就是金山银山"的发展理念，推动水利风景区高质量发展，已创建国家水利风景区49家、省级水利风景区（河湖公园）126家。在规模与类型齐发展、多元打造激励措施、积极塑造宣传热点、探索生态补偿机制、稳步试创河湖公园等方面取得显著成效。未来将重点在生态保护优先、彰显文化特色和坚持水旅融合方面，强化政策扶持引导，推进基础设施建设和规划工作。

关键词： 水利风景区 河湖公园 高质量发展 四川省

一 基础与现状

（一）基础

四川省良好的自然条件、深厚的蜀水文化和优良的社会经济等条件都为

---

* 李鹏，博士，云南大学教授，研究方向为旅游管理；韩凌杰，水利部综合事业局景区规划建设处工程师，研究方向为水利风景区管理；邱颖，水利部综合事业局工程师，研究方向为水利风景区管理；胡文涛，云南大学研究生，研究方向为旅游管理；刘锐，四川省水利厅二级巡视员，研究方向为水利风景区管理；刘祥海，四川省农村水利中心党委书记、主任，研究方向为水利风景区管理；夏静，四川省农村水利中心党委纪委书记，研究方向为水利风景区管理；喻涵雨，四川省农村水利中心景区处工作人员，研究方向为水利风景区管理。

水利风景区建设提供了巨大支持。

1. 自然条件基础优良

四川省位于中国西南部，地处长江和黄河的上游，介于东经97°21′~108°33′和北纬26°03′~34°19′。地形复杂多样，地势西高东低，由西北向东南倾斜。全省主要由四川盆地、川西北高原和川西南山地三部分组成。四川盆地是中国四大盆地之一。都江堰自流灌溉区位于四川盆地的西部，土地肥沃，生产能力高；盆地中部为紫色丘陵区域，海拔400~800米，地势微向南倾斜，岷江、沱江、涪江、嘉陵江从北部山地向南流入长江；盆地东部的川东平行岭谷区有华蓥山、铜锣山、明月山等山脉。西北部的川西北高原平均海拔3000~5000米，是青藏高原东南部的一部分，高寒气候造就了独特的高山草甸植被。西南部为横断山脉北段，自东向西依次为岷山、岷江、邛崃山、大渡河、大雪山、雅砻江、沙鲁里山和金沙江，山河呈南北走向。

四川气候东西部区域差异显著，东部冬暖、春早、夏热、秋雨、多云雾、少日照、生长季长，西部寒冷、冬长、基本无夏、日照充足、降水集中、干雨季分明；气候类型丰富，垂直变化较大，有利于农、林、牧综合发展；气象灾害种类多，发生频率高，主要是干旱，暴雨、洪涝和低温等也经常发生。省内主要有山地、丘陵、平原和高原4种地貌类型，其中以山地为主，占全省面积的77.1%；其次是丘陵，占全省面积的12.9%；平原占5.3%；高原占4.7%。土壤类型丰富，共有25个土类、66个亚类、137个土属、380个土种，土类和亚类数分别占全国总数的43.48%和32.60%。[①]植被随地形呈垂直分布，主要有寒带针叶林、温带针阔混交林、北亚热带常绿和落叶混交林、中亚热带常绿阔叶林。

2. 经济社会支撑有力

（1）经济发展

四川是西南地区经济发展较为均衡的省份。2023年，四川省GDP达

---

① 《四川年鉴（2022）》。

60132.9 亿元，同比增长 6.0%。四川省的产业结构正在逐步优化，第三产业对经济增长的贡献率达到 62.5%，服务业在经济中的地位日益提升。民营经济在国民经济中占有重要地位，2023 年民营经济增加值达到 32195.1 亿元，占 GDP 的 53.5%。[①]

目前，四川致力于推动全省高质量发展，加快建设现代化产业体系，促进区域经济协同共进，确保民生保障有力有效。在农业发展方面，紧紧守住"农业大省"的金字招牌，努力将四川省打造为中国的重要农业基地，2023 年粮食产量达到 3593.8 万吨。经济作物以油料、蔬菜及食用菌、茶叶等为主，其中油料产量达 438.6 万吨，蔬菜及食用菌产量达 5417.9 万吨，茶叶产量达 42.5 万吨，园林水果产量达 1341.8 万吨。在工业生产方面，2023 年工业增加值比上年增长 6.1%，其中电气机械和器材制造业、化学原料和化学制品制造业、非金属矿物制品业等行业增加值实现较快增长。在服务业增长方面，作为四川省经济的重要组成，2023 年第三产业增加值比上年增长 7.1%，显示出强劲的增长势头。[②]

（2）交通发展

四川大力推进交通基础设施建设，早已改变了蜀道难的状况，并致力于打造西部地区的交通枢纽，陆路、航空都形成了较为完善的网络布局，为社会经济发展和区域联通提供了强有力的支撑。

在高速公路方面，《四川省高速公路网布局规划（2022—2035 年）》提出了"20 射 13 纵 13 横 4 环 44 联"的高速公路网布局，规划总规模约为 2.0 万公里。截至 2023 年底，四川省高速公路通车运营里程已突破 9800 公里，[③] 稳居全国前列。

在铁路网络建设方面，四川省铁路网络规划了包括对外"四向八廊"、对内"1 轴 2 环带 4 联"的铁路网络布局，旨在强化成都作为西南地区铁路

---

① 《2023 年四川省国民经济和社会发展统计公报》。

② 《2023 年四川省国民经济和社会发展统计公报》。

③ 《四川省高速公路通车里程突破 9800 公里》，"新华网"百家号，2023 年 12 月 28 日，https://baijiahao.baidu.com/s? id = 1786535357036520013&wfr = spider&for = pc。

交通核心的地位，截至 2023 年底，四川省铁路运营里程达 6588 公里，其中高速铁路运营里程达 1863 公里。[①]

在航空网络布局方面，《四川省通用机场布局规划（2022—2035 年）》提出了全省通用机场的发展目标，以满足公务飞行、航空护林、飞行培训等多样化需求。全省已经形成了多个民用机场，其中成都双流、天府国际机场均为 4F 级机场，绵阳南郊机场、西昌青山机场和九寨黄龙机场为 4D 机场。

此外，水运网络优势较为明显，水运网络以长江为主干线，宜宾以下航道实现千吨级船舶昼夜通航，集装箱吞吐能力提升到 100 万标准箱，总体航运条件较好。

（3）城市发展

在城镇化水平方面，四川常住人口城镇化率从 2012 年的 43.4% 提高到 2022 年的 58.4%，年均提高 1.5 个百分点。但农业转移人口仍将保持较大规模，预计稳定在 2600 万人左右，其中省内转移约 1500 万人，省外转移约 1100 万人。城镇人口向大城市和县城"两端"集聚态势明显，全省城镇常住人口近 4 成居住在成都市、绵阳市、南充市、宜宾市、泸州市城区，近 3 成居住在县城（含县级市城区）。[②]

在重点城市建设方面，四川拥有 5 个大城市、10 个中等城市和 21 个小城市，其中成都具有较大的优势。成都已经跻身国内一线城市之列，中心城区常住人口为 1541.94 万人，居全国超大城市第三位。[③] 近年来，成都吸引大量外来人口，尤其是在 2010 年第六次全国人口普查至 2020 年第七次全国人口普查期间，人口增长较为迅速，增加了 581.89 万人。[④] 四川着重推动城市群发展、统筹城乡制度建设以及深化重点镇管理体制改革，同时强调民族地区城镇化发展。继续实施"一干多支、五区协同"的战略部署，推动

---

① 《成宜高铁建成开通》，中国网，2023 年 12 月 27 日，http://sc.china.com.cn/2023/yaowen_1227/520828.html。
② 《2022 年四川常住人口城镇化率达 58.4%》，央广网，2023 年 2 月 27 日，https://sc.cnr.cn/scpd/yw201/20230227/t20230227_526166124.shtml。
③ 《四川省第七次全国人口普查公报》。
④ 《四川省第七次全国人口普查公报》。

成都平原经济区、川南经济区、川东北经济区、攀西经济区和川西北生态示范区的协调发展。

3. 特色蜀水文化资源

(1) 历史底蕴深厚

水文化是中华文化的重要组成部分,也是水利风景区发展不可或缺的重要内容。作为"千水之省",四川拥有众多河流和湖泊,分属长江和黄河两大流域,这些水域不仅滋养了四川的土地,也孕育了丰富的水文化。蜀水文化历史悠久,起源可以追溯到上古三皇五帝时期,大禹在岷江流域实施了"岷山导江,东别为沱"的治水策略,这一策略对后世的蜀水文化发展产生了深远的影响。

随后,李冰父子修建了都江堰,这一伟大的水利工程解决了成都平原的水患问题,促进了农业发展,成为蜀水文化的重要标志。作为当今世界年代久远、唯一留存、以无坝引水为特征的宏大水利工程,都江堰的成功建设,使得成都平原成为"天府之国",也充分体现了蜀水文化源远流长的特点。

(2) 文化交融深刻

蜀水文化与四川其他方面的文化也有密切的联系,饮食、城市发展、民间艺术等都深受水文化的影响。

川菜烹饪技法中,常用到的"水煮"就是水文化在饮食文化中的体现。在建筑风格上,四川的城市多依水而建,如阆中市,城市形状形似太极阴阳图,反映了人与自然和谐共生的理念。民间艺术中,水元素展现蜀水文化的魅力,川剧发展也与蜀水文化密不可分,众多曲目聚焦"治水"的主题,如《草鞋县令》《鳌灵治水》等。此外,四川还有许多与水文化相关的非物质文化遗产,如龙舟竞渡、放水节等传统节日,这都是蜀水文化与民俗文化相互交融的体现。

基于丰富的水资源和众多的水工程,四川省拥有都江堰等5项世界遗产和东风堰等3项世界灌溉工程遗产,位居全国前列。

(3) 历史影响深远

蜀水文化是人类对自然环境的感悟,反映了人类对水资源的认知和利用方式。在现代，蜀水文化的理念和技术仍被广泛应用于水利工程和城市规划。例如，都江堰水利工程作为古代无坝水利工程史上的世界之最，至今仍在发挥着重要作用，其成功经验对现代水利工程的设计和管理具有重要的借鉴意义。"深淘滩，低作堰。六字旨，千秋鉴"的治水"六字诀"直到现代仍在被采纳。都江堰的设计理念强调与自然和谐共处，利用自然地形和水流的力量，形成了"分四六、平潦旱"的奇迹，最大限度地减少对环境的破坏和能源的消耗。现今，都江堰仍然是成都平原的重要灌溉系统，确保了1154万余亩农田的灌溉需求，[①] 其高效的水资源管理系统使得成都平原成为中国最重要的农业生产基地之一，这种低碳环保的理念对现代工程具有重要启示意义。

4. 水利发展基础良好

四川水利事业发展基础较好，在工程建设、工程运行管理和治水能力等方面取得了长足的进步，为水利风景区发展奠定了良好的基础。

"十三五"期间，水利发展事业稳步向前。水利投入达到1382亿元，是"十三五"规划的105%，比"十二五"增长了8.3%；[②] 建成或基本建成了毗河供水一期、武引二期灌区等37个大中型工程；深化了水利"放管服"改革，推进了水价改革，创新了水利投融资机制，加强了中央和省级财政水利专项资金的统筹整合；加强了水法治建设，制定了《四川省水利工程管理条例》等法规，深入落实了最严格的水资源管理制度，加强了水资源统一调度管理。在专项资金管理方面，制定《四川省水利发展专项资金管理办法》，加强水利发展专项资金管理，提高资金使用效益，促进水利改革发展。在新农水方面，2021年以来全力推进乡村水务百县建设行动，完成了三批次66个乡村水务示范县遴选；2023年编制完成了《四川省农村供水水质提升专项行动实施方案（2023—2025年）》。

---

① 《1154.8万亩！都江堰灌区2024年春灌开启》，"光明网"百家号，2024年3月21日，https://baijiahao.baidu.com/s? id=1794113511159477933&wfr=spider&for=pc。

② 《四川省人民政府关于印发〈四川省"十四五"水安全保障规划〉的通知》（川府发〔2021〕18号）。

《四川省"十四五"水安全保障规划》立足新发展阶段，贯彻新发展理念，构建新发展格局，推动水利事业高质量发展，为未来五年及更长时间四川省水安全保障工作提供指导。特别强调了构建完备的水网体系，强化工程水网与天然水网的互联互通，并按照"近水为先、北水南补、西水东引、多源互济"的原则进行水资源配置，构建功能完备的水网体系，确保城乡居民用水安全，保障工农业生产用水。

（二）现状

过去的 20 年，四川省水利风景区取得了显著的发展，在数量上、质量上都取得了很大的进步，有效地改善了生态环境，为城乡居民提供了充分的休闲游憩机会，促进了当地经济发展和社会进步。

1. 水利风景区的数量逐年增加

截至 2023 年，四川已建立 49 个国家水利风景区和 126 个省级水利风景区。这些风景区不仅有力保护了生态环境，还为当地居民提供了休闲娱乐的场所。水利风景区发展注重生态环境保护，在承担防洪、灌溉、供水等多种功能之外，通过实施多项生态修复工程，恢复和保护了许多河湖湿地。自 2001 年探索起步至今，许多水利风景区进行了改造，增加了游客服务中心、观景台、游步道等基础设施，游客的体验感不断提升，实现了景观、生态和实用功能的有机结合。

2. 成为当地社会经济发展的重要抓手

水利风景区发展促进了当地旅游业和经济的发展，许多水利风景区所在地成为热门的旅游目的地，吸引了大量游客，带动了餐饮、住宿等相关产业的发展。甚至在一些偏远地区，水利风景区的发展显著改善了当地居民的生活。为了提升民众生活质量和推动当地经济的繁荣，地方政府将水利风景区的开发与水利工程的维护作为关键举措，通过有效整合各类资源和项目，不仅成功地保护了自然生态环境，还确保了水资源的可持续利用，并有力地促进了城市的全面发展，从而在环境保护、水资源管理以及社会经济发展等多个层面达成了既定目标。2023 年底，全省水利风景区年均接待游客超 4000

万人次，旅游收入超 70 亿元。

3.逐步得到水利部和全国的认可

四川省的水利风景区建设成绩逐步得到了水利部和全国的认可，连续四年均有代表在全国水利风景区建设与管理工作会议上做交流发言。2021 年，四川省水利厅代表省域做交流发言，总结了发展水利风景区事业的经验：注重生态保护与修复、加强基础设施建设、引入智慧管理、提升公众参与度和加大宣传力度。2022 年，在全国水利风景区建设与管理工作会议上，米易县人民政府介绍了在水利风景区建设和管理方面取得的成果，特别是在环境保护和生态建设方面的经验，提出了利用水利资源促进当地旅游业发展，提升经济效益，同时保护自然环境这一重要议题。2023 年，四川省水利厅代表省域在全国水利风景区建设与管理工作会议上做了交流发言，总结了综合治理与保护、创新管理模式、提升公共参与度、重视经济与生态效应四大经验。2024 年，在全国水利风景区建设与管理工作会议上，四川开江宝石桥作为景区单位，分享了当地政府在水利风景区的建设与管理方面的经验和成果，包括生态环境保护、基础设施建设，以及推动当地经济发展和提升景区的吸引力等。

在积极推动水利风景区建设的过程中，四川省形成了独具四川特色的发展经验，对于全国水利风景区发展而言，具有较强的试点推广意义，为全国其他地区提供了有益的借鉴，推动了全国水利风景区的建设与管理工作向前发展。

二　成效与问题

（一）成效

近年来，四川省委、省政府愈加重视水利事业在民生经济发展中的重要作用，以建设水利风景区为切入点，推动水利风景区高质量发展，稳步提升内涵，扩展其社会影响。

1.规模与类型齐发展，推进质量稳步提升

2002 年，四川省开始水利风景区申报和建设工作。四川省最早的国家水利风景区是绵阳市仙海水利风景区，属于水利部公布的第二批国家水利风景区。截至 2023 年底，四川省水利风景区数量在西部省域中排第 1 名。但增长速度呈现下降趋势，逐步转向增质，增长速度由 2017 年的 8.3% 下降至 2023 年的 2.1%（见图 1）。增速整体呈现放缓趋势的同时，逐渐重视水利风景区的质量建设。

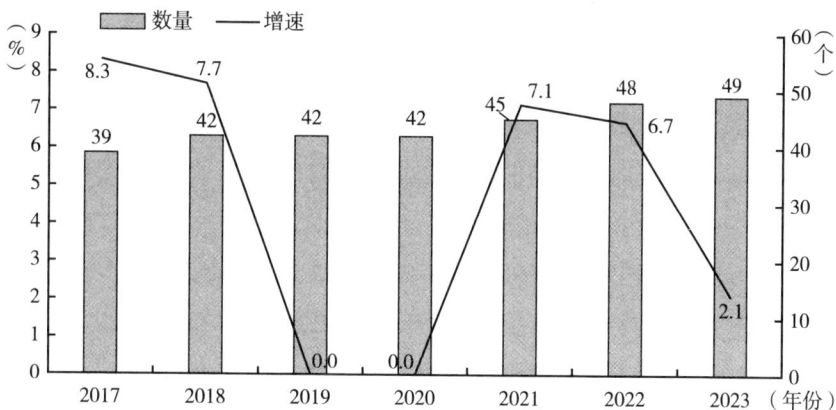

图 1   2017~2023 年四川省国家水利风景区数量及增速

说明：2019 年、2020 年水利部未开展评审。

资料来源：四川省提供的国家水利风景区名单。

由于独特的水资源禀赋，四川省水利风景区类型分布齐全，主要类型包括自然河湖型、城市河湖型和水库型，尤其是在各种水利设施基础上形成的水利风景区。类型多样化的水利风景区相互联系，形成较为完整的水利风景区类型体系，较好地推动旅游、生态等事业发展。2014~2023 年四川省国家水利风景区新增名录见表 1。2022 年，都江堰水利风景区、米易迷易湖水利风景区入选国家水利风景区高质量发展典型案例，石棉安顺场水利风景区、会理仙人湖水利风景区入选水利部《红色基因水利风景区名录》。

表1 2014~2023年四川省国家水利风景区新增名录

单位：个

年份	批次	全国	四川	名录
2014	第十四批次	70	8	乐山大渡河金口大峡谷水利风景区
				峨边大小杜鹃池水利风景区
				犍为桫椤湖水利风景区
				蓬安嘉陵第一桑梓水利风景区
				阆中金沙湖水利风景区
				青川青竹江水利风景区
				武胜太极湖水利风景区
				金口河大瓦山五池水利风景区
2015	第十五批次	61	6	开江宝石桥水库水利风景区
				雅安飞仙湖水利风景区
				内江黄鹤湖水利风景区
				巴中化湖水利风景区
				广安白云湖水利风景区
				大竹百岛湖水利风景区
2016	第十六批次	59	5	西昌邛海水利风景区
				泸州张坝水利风景区
				壤塘则曲河水利风景区
				南部红岩子湖水利风景区
				广安华蓥山天池湖水利风景区
2017	第十七批次	54	3	雅安陇西河上里古镇水利风景区
				南江玉湖水利风景区
				遂宁观音湖水利风景区
2018	第十八批次	46	3	凉山安宁湖水利风景区
				广安天意谷水利风景区
				巴中柳津湖水利风景区
2021	第十九批次	24	3	米易迷易湖水利风景区
				会理仙人湖水利风景区
				通江东郡水乡水利风景区
2022	第二十批次	19	3	洪雅烟雨柳江水利风景区
				仪陇柏杨湖水利风景区
				剑阁翠云湖水利风景区
2023	第二十一批次	17	1	德阳邻姑泉水利风景区

资料来源：四川省提供的国家级水利风景区名单。

2. 明晰高位发展思路，加强管理机构建设

在水利风景区的规划和政策方面，四川省注重资源的保护与合理利用，强调规划的科学性和管理的规范化，积极探索水利风景区的多元化发展路径，以期更好地服务于生态文明建设和旅游业发展。

为了规范水利风景区的建设与管理，四川省水利厅组织起草了《四川省水利风景区管理办法》，2024年1月正式发布。该办法对水利风景区的规划、建设、申报、认定、利用、管理等提供了全流程、系统化的指导，强调了水利风景区的系统性、可操作性和开创性。2016年，省水利厅等制定了《四川省水利风景区（河湖公园）建设发展规划（2016—2025年）》，"以保护利用并重，以保护促发展"的发展理念，以"水润天府，自在四川"为定位，通过规模和质量同步提升，逐步形成"一核引领，三区协同，四轴辐射，六带支撑"的四川水利风景区发展格局，将进一步发挥水利风景区维护水工程、保护水资源、修复水生态、改善水环境、弘扬水文化的综合作用。

《中共四川省委 四川省人民政府关于进一步加强水利工程建设 保障经济社会高质量发展的意见》明确水利风景区"两带动、三促进"功能定位。省水利厅联合省委农办印发《关于加强新时期农村水利工作助力乡村振兴发展的指导意见》，会同发改、生态环境、文旅等部门制定《四川水利风景区建设发展规划》，将水利风景区作为实施乡村振兴和文旅强省战略的重大举措，强力推进。以上一轮政府机构和事业单位改革为契机，率先在四川省农村水利中心设置水利风景区事务处，落实编制5人，专职负责风景区等工作，实现专人专岗。

3. 多元打造激励措施，积极塑造宣传热点

水利风景区的知名度能够在很大程度上影响消费者的旅游决策，因此，注重旅游目的地的宣传是旅游发展的重要一步。2002~2023年，四川省为促进水利风景区的建设，实施了一系列激励措施。2016年，省水利厅提出了"水润天府，自在四川"口号；2019年，由中国水利水电出版社出版《水润天府 自在四川——四川水利风景区集锦》；坚持每年一主题，开展品牌推

广，先后举办"水秀蜀乡——寻找最美人工湖"活动、"徽标（Logo）征集大赛"；率先出台《四川省河湖公园评价规范》，印发《四川省河湖公园建设试点实施方案》，培育河湖公园品牌；会同省委宣传部，刊发《四川画报》景区专版；省政府积极利用节庆活动赋能的措施，积极推介相关水利品牌。例如，在都江堰南桥广场举行"迎大运·品水韵——2023 年成都市世界水日·中国水周"主题活动；"百舟竞渡迎端午"展演活动在绵阳市仙海水利风景区正式开幕，吸引近千名观众游客；合力打造"大灌区"文旅品牌，成立覆盖 8 个市 37 个县的"大灌区"文旅发展联盟，联合推出 7 条水利主题精品旅游线路。

这些措施旨在科学规划、优先保护、合理利用水利风景资源，以及提升水利风景区的曝光率，推动水利风景区可持续发展。其激励措施主要包括政策支持、资金投入、金融合作及专项资金管理。

4. 探索生态补偿机制，稳步试创河湖公园

推动河湖公园建设，提升河湖管理水平，保护水资源，促进生态文明建设和乡村经济发展。

2018 年，四川省在全国率先开展行动，在全省优选 9 个河湖公园建设试点，包括凉山州邛海—安宁河流域、绵阳市仙海等地，这些试点的建设取得初步成效。同时，计划到 2025 年，重点打造岷江、嘉陵江、长江四川段三个重点风光带，并建成 18 个精品水利风景区、60 个重点水利风景区。河湖公园对促进乡村振兴具有重要的意义，河湖公园建设推动乡村振兴战略的实施，通过河湖公园的建设，实现河湖及其沿途资源的有效保护和合理利用，优化农村河湖水生态环境，促进乡村旅游业发展。这一规划旨在推动水利风景区的高质量发展，促进乡村振兴、文化旅游与水利的深度融合。发挥水利风景区带动作用，探索"1+N"（1 个景区、N 个周边村）发展模式，打造水美新村品牌。

2023 年，四川省决定在全省 21 个市（州）全面推广基层河湖管护"解放模式"，在 11 月底前全面完成推广。这种模式旨在通过"河长引领、三队协同"的方式，构建村级河湖管护体系，提升农村河湖治理水平和能力。

同年，四川省印发了《2023年四川省河湖管理保护工作要点》，明确河湖管理保护的目标和措施，包括强化水域岸线管控，推进河湖"清四乱"常态化、规范化，深化智慧河湖管理体系建设等。

（二）存在的问题

1. 认识水平有待提高，管理机构不健全

认识不足会导致实践落后于认识。在水利风景区建设过程中，部分地方政府容易出现片面化开发、片面化管理的现象，主要原因是对水利风景区的认识不足，仅仅重视其生产性功能，忽视其生态、经济、文化等功能。过于工程化和设施化的规划会促使风景区缺乏特色，降低吸引力；另外，一些规划没有较为长远的安排，只顾及眼前利益，这可能在一定程度上造成资源的浪费及环境的破坏。

部分地方存在机构不健全的问题。目前，仍有较多市县政府没有设立专门的建设及管理领导小组，职责划分不清，政策不能及时落实，实施效果较差。在此过程中，政府部门应充当引导者及管理者，不能造成相关市场主体难以进入的局面，降低市场要素参与的积极性。同时，某些地方还存在一定的形式主义，造成景区发展滞缓。

2. 相关投入保障不足，基础设施不完善

水利风景区建设具有投资大、周期长的特点，而且没有国家资金支持，只能依赖地方发展，融资渠道较为单一，自身发展受限较为严重。水利风景区自身品牌推广力度不足，只能依靠政府主导的推介会进行品牌宣传，市场要素难以参与。同时，水利风景区生态补偿机制不够健全，缺乏制度安排。

由于自然条件的限制，部分水利风景区基础设施较为薄弱，交通通达度不高，服务接待能力较弱，资源禀赋难以得到较好的利用。部分水利风景相关资源呈现带状分布，各种资源要素破碎化，没有形成真正的特色游线。部分水利风景区与当地农业发展融合不够，旅游功能和社会辐射功能较弱。

3. 规划落实没有到位，信息化管理水平较低

部分地方水利风景区发展没有建立起较为科学的规划体系，容易出现粗

浅式"大水漫灌"的发展模式，地方特色难以得到彰显，建设定位及发展方向容易出现偏差。风景区规划忽略了当地社区的诉求，不能充分考虑并尊重当地居民的意见，造成社区参与度不高的现象。部分水利风景区只强调规划的编制，对于后期运营管理、项目落实等环节并没有涉及，只建不管、重建轻管问题突出。景区管理现代化信息技术的应用率较低，相关技术人才也较为缺乏，难以形成提升管理效率的合力。

三　方向与思路

（一）方向

1.生态保护优先

《四川省河湖生态保护与修复行动计划》提出，要在 2025 年实现全省主要河湖水质明显改善，河湖生态系统功能显著提升，水生态环境质量整体好转。其重点任务包括河湖水系连通工程、河湖生态修复工程、水质提升工程、生物多样性保护工程等。《四川省国土空间生态修复规划（2021—2035年）》明确了生态保护和修复的总体布局、主要任务和保障措施，旨在实现生态环境质量的根本好转，构建人与自然和谐共生的美好家园。

水利风景区发展要坚持"两山"理论，在河湖生态修复、水质把控、生物保护等方面，构建一体化保护机制。实施河湖生态修复工程，恢复自然河道和湖泊生态系统，增强水体自净能力，保护生物多样性；加强对水源地的保护，严格控制水污染源，建设隔离防护带，开展生态补水工程，确保水源地水质稳定；建立湿地保护区，恢复和保护湿地生态系统，提升湿地的生态服务功能；建立水生生物保护区，实施水生生物资源增殖放流，保护珍稀濒危物种，恢复和稳定水生生态系统，综合推进生态保护与修复一体化进程。

2.彰显文化特色

2022 年 7 月，四川省人民政府印发了《四川省"十四五"文化发展和改革规划》，明确指出要构建高质量产品供给体系，挖掘用好四川特色文旅资源，促进红色旅游和乡村旅游提档升级，打造一批文化特色鲜明的国家旅游休闲城市和街区。《四川省公共文化服务保障条例》积极鼓励社会力量参与公共文化服务建设、运营和管理，包括引导扶持社会组织发展、建立健全文化志愿服务机制、保障促进公共文化服务捐赠、政府购买公共文化服务等内容。

要在保护的基础上，坚持因地制宜的原则，通过不断挖掘当地文化的在地性表达，利用好四川特色文化资源，开发一批具有四川特色的水利风景区，打响四川水利风景区名号。

3. 坚持水旅融合

2022年，四川省交通运输厅印发的《关于打造四川省水上旅游产品的指导意见》提出，要加快推进水旅融合，打造一批高品质水上旅游产品，到2030年水路旅游客运量较"十三五"期末提升20%以上，要打造"夜游锦江""夜游三江""夜游嘉陵江"新名片，结合乐山大佛等著名旅游景点，深度挖掘优势，努力创建具有四川特色的水上旅游品牌，延伸旅游产品链，将水上旅游融入旅游线路，扩大品牌影响力，提升竞争力。

目前，四川省水利风景资源较为丰富，但水上项目相对较少，仍是发展短板。因此，应当坚持水旅融合的主线，推进水利和旅游高质量发展。在水利风景区的建设过程中，持续融入旅游新业态，打造"水利+游憩""水利+运动"等多元化发展模式，多方盘活水资源；加强水利设施旅游功能建设，增设相关基础设施；立足当地水文化特色，从水利工程景观设计、水体湖泊景观设计、地域性景观设计以及景观小品设计四个方面入手，探索基于水文化的水资源景观设计对策，开发一批特色水文化旅游项目，提高水文化旅游吸引力。

（二）思路

1. 不断深化认知，加深发展大局理解

四川省在国家生态安全战略中占有重要地位。四川是长江上游重要的水源涵养地和黄河上游重要的水源补给区，还是全球生物多样性保护的重点地区，拥有丰富的自然资源和生态系统，对于保护生物多样性、维持生态平衡

具有不可替代的作用。

要树立生态为先的发展理念，强化突出生态文明建设的战略地位，立足于在国家生态安全战略中的重要定位，持续提升现代化水土治理能力；一体化推进生态保护机制布局战略，构建全流域管控机制，促使水利风景区发展与区域联合发展相适应；合理利用市场对生态产品供给方式的反馈作用，增强生态产品供给能力，打通"绿水青山"和"金山银山"之间多样化的双向转化通道；坚持生态效益与社会经济效益相统一的建设思想，积极推动融合发展，在实现地区社会进步的同时，提升对水利风景区的整体认知水平。

绵阳市仙海水利风景区，通过紧抓生态保护与旅游发展两条主线，在保护水利工程的同时，注重保护周边生态环境，保持水域的清澈和山水的秀美，走出了一条独特的发展之路。通过合理的规划和管理，将水利工程与自然景观、生态环境相融合，形成独特的水利生态景观，吸引游客。目前，仙海水利风景区已经形成了较为知名的旅游品牌，旅游吸引力不断增强。

2.继续完善管理机构，提升发展建设效率

各级地方政府应当坚持"专事专办、实干实办"的指导原则，加强水利风景区管理机构的建设工作，不断提升其现代化治理能力，为水利风景区高质量发展扫清制度性障碍。相关单位应当设立领导工作小组，全局统筹相关工作，科学划分工作职权，厘清相关界限；提升基层单位人员素质，积极落实上级相关决策及部署，继续将水利事业建设纳入政府工作内容，推进相关工作的落实；完善省、市、县三级专项工作沟通机制，提升政策沟通效率，加大对形式主义、虚无主义的整治力度，不断完善考评机制；持续推进决策过程民主化与科学化，定期开展工作座谈会，畅通群众意见沟通渠道，积极吸取业内专家意见，提升决策科学性。

凉山州会理市仙人湖水利风景区建设与管理充分体现了人与自然的和谐共生关系。为了加强对仙人湖水利风景区的管理，当地政府成立会理市水利风景区管理委员会统筹全局工作，制定了水利风景区管理制度、安全管理制度、员工行为守则等，为游客提供了较为安全与完善的服务，极大地提升了水利风景区的管理效率。

3. 强化政策扶持引导，建立投入保障体系

水利风景区建设需要较强的政策引导。应当持续创新发展理念，将相关规划内容落实到各部门的"十五五"规划中，科学制定相关政策，规范化引导水利风景区的建设、管理等工作。

政府应发挥主导作用，通过财政拨款、税收优惠等方式，为水利风景区的建设和维护提供资金支持；引入社会资本，通过公私合营、特许经营等模式，拓宽资金来源，减轻政府负担；创新相关金融工具，利用金融工具，如绿色债券、环保基金等，为水利风景区的建设提供资金支持；强化项目管理和绩效评估，建立严格的项目管理和绩效评估体系，确保每一笔投入都能产生最大的社会和经济效益。

生态补偿机制的建设应当坚持公平公正的原则，平衡发展与保护的关系。开展水利风景区系统展开生态补偿范围、标准、对象界定与确立的理论和技术体系研究；加快水利风景区生态补偿政策立法，明确生态补偿责任和各生态主体的义务，为生态补偿机制的规范化运作提供法律依据；保障措施和监督机制还包括加强组织领导，强化分工协作，完善投入机制，强化监督检查等。更需要建立生态安全预警系统，对水利风景区进行定期监测，以便及时掌握生态环境现状和变化趋势。

4. 推进基础设施建设，提升旅游承载能力

水利工程的首要任务是确保安全，确保防洪、灌溉、发电、供水等功能正常发挥。持续推进水环境保护工作，采取可靠的水环境保护措施，对暂时无力开发的风景资源，要严加保护，防止水资源、水环境的破坏；推进景区建设与工程建设有机结合，有条件开发水利旅游的新建水利工程，将水利风景区道路、通信、供电、供水、环境等基础设施建设纳入工程建设规划，明确水利风景区在水利规划中的重要地位，同步推进旅游功能开发；加大对水利风景区的经营管理力度，要建立多元化投资体系，通过独资、合资、租赁、股份合作制等多渠道筹集建设资金，要积极吸引社会资金及外资，共同开发建设，推进管理模式多元化。

基础设施建设能够较为直接地提升旅游承载力。米易县坚持以基础设施

投入为抓手，打造了"白天花园、夜晚光都"的米易县名片。以迷易湖水利风景区为建设核心合理规划风景区，米易县整合项目资金近 40 亿元，不断完善通信、道路等公共服务设施，建成滨河游道 15 公里，极大地提升了旅游承载容量。同时，投入 1.2 亿元，全面实施城市美化工作，形成了独特的滨河城市景观游憩系统，旅游品牌效应不断增强。

5. 科学制定规划，明晰景区发展方向

四川水利风景区建设需要解决体系不完善、深度不足与管理不规范等规划问题。通过研讨会、培训会等形式，鼓励相关院校设置水利风景区课程或水利旅游专业，加强规划人才队伍建设，提升规划科学性；完善健全管理和监督机制，包括建立风景区监管与退出机制，以此明确管理机构和责任，确保各个环节都有专人负责，避免规划执行中的疏漏；建立社区民众平等沟通渠道，深入基层展开调查，推进民主决策，提升社区居民参与度；构建信息公开平台，包括社区公告、政策解读等方式，提升信息透明度，鼓励居民参与社区建设。

6. 大力推广信息技术，推进管理信息化建设

推进信息化建设是水利风景区高质量发展的重要途径。需要通过建立信息化监管平台、实现数据共享与监管执法、构建电子地图和数据大屏、开展数据分析、加强信息化人才队伍建设等多种措施，提升水利风景区的管理效率和服务质量。

要建立信息化监管平台，通过物联网技术，将水文监测站、气象监测站、视频监控站等设备接入物联网网关，实现数据的实时采集和传输，构建全方位、多层次的信息采集、处理和反馈机制；逐步实现数据共享与监管执法，将采集到的数据实时对接到水利风景区管理平台和水利管理平台中，实现数据共享与监管执法，保护水利风景区的生态价值和美丽风景；利用大数据推进科学决策，结合水灾害防治工作经验，对多维度数据进行评估与分析，制定科学的决策，促进水利风景区的可持续运营；加强信息化人才队伍建设，结合实际建立健全水利风景区管理制度，加强水利风景区人才队伍与专家队伍建设，开展水利风景区建设管理培训。都江堰景区通过利用物联网

技术，实时监测水质、水位、气象等环境数据，保障水利设施和生态环境的安全，大大提升了环境监测的精准度及便利度。

参考文献

陈文雯：《地域文化元素融入都江堰旅游产品的设计策略》，《包装工程》2022年第24期。

万金红、廖梦均：《遗产型水利风景区建设刍议》，《中国水利》2020年第20期。

王正宇：《基层政府如何提升行政效率》，《人民论坛》2018年第2期。

王卓君、郭雪萌、李红昌：《地区市场化进程会促进地方政府选用PPP模式融资吗？——基于基础设施领域的实证研究》，《财政研究》2017年第10期。

钟婧：《生态补偿促进绿色农业发展的机制与对策分析》，《农业经济》2022年第8期。

王磐岩：《用信息技术为风景名胜区管理提升助力》，《中国园林》2012年第11期。

B.6
水利部黄河小浪底水利枢纽
水利风景区发展报告

张智通 孙兴国 尹永双 魏延昭 陈琳 李灵军*

摘　要：　黄河小浪底水利枢纽水利风景区依托小浪底水利枢纽而建，地处河南省洛阳、济源两地交界处，2003年被水利部认定为国家水利风景区，属于水库型水利风景区。景区由水工建筑物群、退役工程设备、文化展厅、纪念雕塑、微缩黄河等景观元素组成，集水利功能、生态涵养、文化传承、研学教育于一体。近年来，景区立足黄河流域生态保护和高质量发展战略，围绕黄河文化和融合创新两个主题，打造"水利+乡村振兴+科普研学"发展模式，高举爱国主义旗帜，保护、传承和弘扬黄河文化，在维护河湖健康生命、传承弘扬水文化、助力乡村振兴等方面成效明显，塑造了"黄河小浪底"水文化品牌，绘制了一幅"水清岸绿、传承历史、景惠民生"的幸福乐游画卷，已成为生态文明建设的先行者、示范者。

关键词：　水利风景区　生态优先　融合创新　文化赋能　高质量发展

一　景区概况

黄河小浪底水利枢纽工程地处河南省洛阳、济源两地交界处，扼守黄河

---

* 张智通，黄河勘测规划设计研究院有限公司助理工程师，研究方向为水利风景区规划；孙兴国，黄河小浪底旅游开发公司经济师，研究方向为水利风景区建设管理；尹永双，黄河小浪底旅游开发有限公司总经理，高级工程师，研究方向为水利风景区建设管理；魏延昭，黄河小浪底旅游开发公司副经理，高级工程师，研究方向为水利风景区建设管理；陈琳，黄河小浪底旅游开发公司高级工程师，研究方向为水利风景区建设管理；李灵军，水利部综合事业局景区规划建设处副处长，正高级工程师，研究方向为水利风景区管理。

中游最后一段峡谷出口，控制着 92% 的黄河总流域面积，是世界水利工程史上最具挑战性的工程之一，也是传统治黄走向现代治黄、科技治黄的里程碑。黄河小浪底水利枢纽水利风景区以举世瞩目的水利工程为依托，兼具黄河文化之重和自然生态之美，建有爱国主义教育基地展示厅、大坝、水利工程纪念广场、工程文化广场、出水口等景点，是中原大地独具禀赋的水库型水利风景区。

经过 20 多年的建设发展，景区已成为集水利功能、生态涵养、文化传承、研学教育于一体的综合型旅游目的地，先后获得国家水利风景区、国家4A 级旅游景区、全国绿化模范单位、全国青年文明号、国家水情教育基地、全国中小学生研学实践教育基地、水利部和河南省爱国主义教育基地等荣誉称号，2023 年景区入选《第三批国家水利风景区高质量发展典型案例重点推介名单》。

二　发展成效

景区始终坚持生态优先，绿色发展，在生态修复、环境保护、文化弘扬、融合创新、监督管理等方面开展大量工作，多措并举，持续提升景区生态环境质量和运营服务水平，取得了良好的综合效益。

（一）生态效益

景区坚持生态绿化与工程建设工作同频同步。小浪底水利枢纽坝后保护区原地貌条件较差，周边区域植被覆盖率较低。小浪底管理中心（原小浪底建管局）高度重视水土保持和环境绿化工作，历年来，坚持开展植树绿化工作，绿化面积远超施工破坏区域面积，小于 60° 的贫瘠坡地现已绿树成荫，绿化苗木整体存活率高，水土保持效果稳定，生态作用发挥良好，生态环境得到有效恢复。经过多年生态修复、环境维护及林木抚育，小浪底及西霞院周边环境得到长足改善，特别是小浪底坝后保护区和西霞院上下游大片浅滩，形成了良好的植被群落和湿地环境，为动物栖息创造了有利条件。

景区严格水资源水环境保护。2012 年成立库区管理中心暨水政监察支队，负责小浪底和西霞院两库库区的执法巡查，综合运用法律、行政、经济等多种手段开展库区违法建筑拆除、违法鱼塘清理、水事违法行业处理等，截至 2022 年底，组织完成了全部养鱼网箱清理。严格涉及水库建设项目的审查，对水库周边相关建设项目提出审查意见，为保护水库水环境，保证供水安全、防洪安全和工程运行安全创造了良好条件。

经过多年的生态修复、环境保护，景区林草覆盖率达到 97.14%，环境空气质量达到国家一级标准，水质长期稳定在国家Ⅱ类标准以上。枢纽电站常年确保下泄生态流量，最大限度地满足了下游生态用水的需求。

（二）经济效益

景区依托良好的生态本底，发展旅游业，推动"绿水青山"向"金山银山"转化。景区自开放以来，以其鲜明的水利特色、良好的生态环境，吸引了大量国内外游客前来观光游览。2023 年，景区游客接待量为 63 万人次。脱贫攻坚期间，景区把"旅游+扶贫"完整融入建设发展，主动吸纳周边村民参与景区建设和服务管理，为当地贫困人口提供直接就业岗位 600 个以上，人均年增收 3 万元；间接带动周边餐饮、民宿、文创等多产业发展，带领当地群众脱贫增收，共享景区发展带来的红利。

（三）社会效益

景区积极履行社会责任，关注周边群众民生。景区出资为周边村庄修建蓄水池，改善村民用水条件，保障村民饮水健康，为村民解决实际问题；修建小浪底专线公路，方便居民出行，带动区域经济发展；定期组织慰问，开展爱心活动。景区发挥旅游业引领作用，大力推进农旅融合。通过举办各种节庆活动引流招客，为周边乡镇增添市场活力，带动了一大批具有浓郁地方特色的"拳头产品"发展，草莓、核桃、葡萄、石榴等农业观光和休闲采摘园连线成片，实现有机农业与乡村旅游的互促共融，乡村产业振兴效应不断凸显放大。

（四）文化效益

景区被授予水利部和河南省爱国主义教育基地、全国中小学生研学实践教育基地、国家水情教育基地等称号，建有小浪底爱国主义教育基地展示厅、工程文化广场、水利工程纪念广场、黄河微缩景观、治水名人长廊等文化科普展示场所。景区先后出版《小浪底志》《中国水利风景区故事·黄河篇3——治黄春秋》《小浪底故事》等，制作《大河圆梦》《小浪底赋》《西霞院记》《鹤舞霞飞》《黄河一滴水》《镜头中的小浪底》等宣传片、小浪底系列歌曲等，编制《小浪底水情教育实践》、景区研学方案及研学手册、研学教材（《大河宏图——小浪底爱国主义教育四十问》《大河逐梦——小浪底水情教育四十问》），并设计开发研学文创产品。借助文化优势，景区不断丰富产品，在守正创新的过程中，广泛开展各类研学旅游活动，水文化科普研学已逐步成为景区发展新名片。

三　基本经验

景区立足黄河流域生态保护和高质量发展战略，坚持规划先行，持续完善配套制度。在生态修复与保护、多元融合建设及文化弘扬等多个方面，积累了丰富的实践经验。

（一）坚持规划统筹，严格管理制度

景区坚持规划统筹，注重规划的延续性、科学性。小浪底水利枢纽工程主体基本完工时，小浪底管理中心（原小浪底建管局）在完成既有水土保持和环境保护任务的基础上，对枢纽管理区环境整治进行总体规划；2008年，西霞院反调节水库基本完工时，小浪底管理中心同步开展涵盖小浪底水利枢纽管理区、西霞院反调节水库管理区、马粪滩备料场（又称"翠绿湖区域"）的生态保护规划编制，初步明确小浪底水利风景区的"一轴、两带、三区"空间布局。2016年，组织编制了《小浪底国家水利风景区总体规划》。景区根据政策要求及建设情况，高标准编制规划，不断融入新的发展理念，保留了原有规划的价值和成果，更好地控制景区发展，使景区建设更加完善、科学、合理，实现了景区的可持续发展。

景区在科学规划的引领下，结合河湖长制等工作，不断健全配套制度。旅游公司先后印发了《旅游旺季旅游秩序管理应急预案》《突发事故总体救援预案》《防汛应急预案》等多项管理制度，积极开展各类安全检查，认真落实隐患排查整改工作，有力保障旅游管理工作有序开展。

（二）保护绿水青山，擦亮生态底色

景区坚持"以新理念引领新实践"。从工程建设伊始，坚持环境保护与工程建设同时设计、同时施工、同时投产使用，将绿化工作作为绿色发展的重要抓手，有序开展水土保持、环境保护、生态修复等工作。随着小浪底水库蓄水，库区小气候条件发生变化，景区严格按照水利和环保部门要求，对水生态修复和硬件设施进行持续投入，在保证防洪安全的前提下，兼顾生态修复、水岸观光的多重功能。景区始终坚持人与自然和谐共生，按照山水林田湖草沙系统治理思路，推动区域生态治理从"水土保持""景观绿化"向"生态绿化"转变。

景区大力推动资源优势转化为发展优势。不断擦亮生态底色，着力提升产业成色，既践行守护"绿水青山"的初心，又担负起变现"金山银山"的使命。景区因地制宜改造建设泉、潭、溪、瀑等水系景观，不断丰富水文化主题元素，发展文旅研学。两岸地市大力实施生态文明建设，沿河修建黄河廊道和湿地公园，将人工堤岸打造为百里景观画卷，提高黄河的可达性和可视性，使小浪底文旅品牌打上绿色烙印，成为面向全国乃至世界的窗口。

（三）多元融合建设，突出发展特色

景区以区域内水体及水利工程为依托，坚持水利工程、生态修复、景观文化的融合建设。景区在建设过程中，坚持区域生态环境的综合治理，通过人工适度干预，恢复生态环境，营造多样化的动植物栖息地，维护生物多样

性。景区保留大型装载车、钢模台车以及大坝模型等退役水利设施，营造浓郁的工程文化氛围，通过建设雕塑广场、建设者纪念碑等文化景观，传递工程建设背后的水利精神。

景区因水而生，因水而兴，始终坚持"水利+"多业态产业融合发展。《河南省"十四五"文化旅游融合发展规划》明确将黄河小浪底列作为重点打造的三大文化旅游片区之首。景区以小浪底水利枢纽为依托，统筹治水与发展，推动水利与其他业态的有机融合，充分发挥水利工程的综合功能，助力乡村振兴、文旅发展，让周边群众共享景区发展带来的生态红利。

（四）讲好黄河故事，唤醒文化记忆

2020年9月，习近平总书记在教育文化卫生体育领域专家代表座谈会上讲道："文化产业和旅游产业密不可分，要坚持以文塑旅、以旅彰文，推动文化和旅游融合发展，让人们在领略自然之美中感悟文化之美、陶冶心灵之美。"景区以小浪底水利枢纽工程为依托，充分挖掘黄河文化、水利文化、工程科技等文化科技元素。通过文化纽带，景区将"愚公精神"和以"留庄英雄民兵营""杜八联抗敌自卫团"为代表的红色基因融入小浪底爱国主义精神，重塑多维文化空间；以爱国主义精神为核心，深入挖掘黄河文化的时代价值，先后出版了系列丛书及宣传品；纵向串联黛眉山、万山湖、西霞院、黄河湿地等自然景观，打造大河风光体验之旅，传播"两山"理念，践行生态文明；横向串联二里头遗址、龙马负图寺等人文景观，打造中华文明溯源之旅，弘扬中华优秀传统文化；面向河南省中小学生，辐射全国在校学生，推出一系列文化产品，丰富研学活动内容，链接地方传说、典故、民俗、非遗等文化内容，实现知识性和趣味性的有机结合。目前，景区已建立以"黄河小浪底水利枢纽风景区"微信公众号为中心，涵盖头条、微博、抖音、快手等多个新媒体平台的网络宣传矩阵，品牌驱动，多元发力，让厚重的黄河故事焕发崭新的时代光彩，让优秀的文化记忆散发历久弥新的魅力。

四 发展思路

未来景区将以确保安澜为底、统筹治理为要、传承文化为魂，深度融合、创新发展，培育新质生产力，推进水利风景区高质量发展，为把黄河建设成为水清岸绿的生态河、传承历史的文脉河、景美惠民的幸福河而不懈努力。

一是依托水利工程，实现品牌升级。依托小浪底水利枢纽工程的品牌形象，打造"多业态+副品牌"发展格局。结合景区周边资源条件，举办美食节，提升"黄河鲤鱼"地理标志的标杆地位；开发符合不同特征人群需求的文创商品，补充完善景区文旅产品架构体系；携手地方文旅部门共同搭建融媒矩阵，持续开展品牌宣传推介。通过品牌升级，形成景区特色和比较优势，进一步推动水利风景区高质量发展。

二是讲好黄河故事，实现文化赋能。黄河文化是中华民族的根和魂，讲好黄河故事，坚定文化自信，为实现中华民族伟大复兴的中国梦凝聚精神力量。坚持围绕爱国主义教育，以黄河文化、红色文化、水利文化、生态文化、数字文化等为依托，盘活文化资源，策划主题活动，丰富产品结构，培育文化产业，充分发挥现有水文化科普场所设施功能作用，强化交互性、体验性，广泛开展高品质、多层次的研学活动，推行"水利+乡村振兴+科普研学"发展模式，推动区域经济社会高质量发展。

三是科技创新赋能，实现智慧发展。依托数字孪生小浪底建设，着力完善数字化基础设施，建立一站式智慧服务平台，实现景区信息整合，优化旅游产品和服务，提升游客满意度；开发 VR 和 AR 旅游体验项目，为游客提供沉浸式体验，提高游客参与度和体验感；运用科技手段进行生态监测和环境管理，及时了解景区生态环境状况，制定相应的保护措施，实现景区可持续发展。坚持以"互联网+"为手段，以文旅服务智能化、体验互动化、管理数字化为目标，助力小浪底旅游"云上"发展，持续放大文化旅游业综合效应，为景区文旅发展拓展新空间、注入新动能。

专家点评

　　小浪底水利枢纽工程是治理保护黄河的关键性工程，黄河小浪底水利枢纽水利风景区依托小浪底水利枢纽工程而建，属于水库型水利风景区。自2003年被水利部认定为国家水利风景区以来，景区统筹考虑工程建设与生态保护，始终坚持生态优先的基本原则，采取多种生态保护措施，实现水利、生态、景观、文化的有机融合，打造了集水利功能、生态涵养、文化传承、研学教育、休闲度假于一体的综合型旅游目的地。近年来，景区立足黄河流域生态保护和高质量发展战略，坚持"水利＋乡村振兴＋科普研学"发展模式，提档升级、创新管理、科技赋能，助力乡村振兴，带动区域经济社会协同发展，努力把黄河建设成为水清岸绿的生态河、传承历史的文脉河、景美惠民的幸福河。

参考文献

　　崔李花、李亚：《水利风景区研学基地学生获得感研究——以黄河小浪底水利枢纽风景区为例》，2023中国水利学术大会，郑州，2023年11月。

　　水利部水土保持植物开发管理中心：《守护母亲河的生态底色——小浪底水利绿化工作》，《中国水利》2022年第20期。

　　水星：《小浪底水库水利风景区景观提升策略》，《河南水利与南水北调》2021年第6期。

　　马艺钏、郭群力：《小浪底水利枢纽对周边经济带动作用研究》，《人民黄河》2019年第A2期。

B.7
黄河委济南百里黄河水利风景区发展报告

宋海静　刘　琪　张元曦　张　敏*

摘　要：　济南百里黄河水利风景区位于济南市北部城区，是依托黄河标准化堤防工程而建成的自然河湖型水利风景区。自 2003 年被水利部认定为国家水利风景区以来，景区积极响应国家和城市发展战略，打造"一堤、两馆、四区"的格局，推进沿黄生态廊道建设，促进河地融合发展；建立多部门共治长效机制，保护生态久久为功；打造济南黄河文化 IP，开辟传承宣教融合新模式；探索"水利+"多业态协调发展，充分发挥景区综合效益。济南百里黄河水利风景区充分发挥窗口优势，注重文化内涵和生态保护双提升，塑造人水和谐、文旅融合、河地共融的生动实践，成为沿黄水利风景区高质量发展的典范。

关键词：　水利风景区　自然河湖　高质量发展　河地共融

一　景区概况

济南百里黄河水利风景区位于济南北部城区，依托黄河标准化堤防工程而建，上起槐荫区宋庄，经天桥区中部，下至历城区霍家溜引闸，总面积 50 平方公里，全长 51.98 公里，属自然河湖型水利风景区，其中心景区以

---

* 宋海静，华北水利水电大学讲师，研究方向为黄河水利文化；刘琪，华北水利水电大学讲师，研究方向为城市设计；张元曦，水利部综合事业局景区规划建设处工程师，研究方向为水利风景区管理；张敏，鄱阳湖水文水资源监测中心二级主任科员，研究方向为水利风景资源保护与利用。

泺口险工为主体，全长 14 公里，2003 年被水利部认定为国家水利风景区。

景区资源丰富，以工程景观、水域景观、生态景观、自然景观、人文景观为主，属于综合型自然风景区，景区依托丰富的景观资源开发了以景观、生态、文化、运动健身为主题的旅游。景区所在河道为古济水、大清河、黄河"三河古道"，是典型的"二级悬河"、弯曲型窄河段。中心景区所在的泺口河段，是黄河委"三口"（花园口、柳园口、泺口）重点规划之一，拥有全国唯一获鲁班奖的堤防工程，黄河唯一的百年铁路老桥，唯一的百年水文站和百年险工、百年古渡等，还有"黄河神兽"石雕、治河方略石刻群、九烈士纪念碑等丰富的治水文化和红色文化资源。中心景区自然环境优越，结合人文景观，天光水色绿茵交融与"悬河"堤防、险工、涵闸交织于一体，是集中展示黄河下游水情特征和黄河文化的"百科全书"。

景区先后获得国家 3A 级旅游景区、国家水情教育基地、黄河水利委员会爱国主义教育基地、山东省十大旅游景区等荣誉称号，并入选《红色基因水利风景区名录》和《第三批国家水利风景区高质量发展典型案例重点推介名单》。

二 发展历程

济南百里黄河水利风景区的发展可划分为景区创建、景区逐步发展和景区高质量快速发展三个阶段。

（一）景区创建阶段

20 世纪 90 年代，黄河委出台有关花园口、柳园口、泺口险工堤段"三口"美化规划工作计划，把"三口"建设成为宣传黄河历史文化和人民治黄伟大成就的窗口。"九五"规划期间，济南黄河河务局开始筹措资金，实施公园化建设工作。2000 年，百里黄河风景区被列入济南市政府"五年大变样"城市规划和山东黄河河务局重点规划项目。1998 ~ 2005 年，国家加大对防洪工程建设的投入力度，尤其是一期济南标准化堤防工程的建设，使景区的绿化美化标准明显提升，景区设施逐步完善。2003 年 9 月，济南百里黄河水利风景成立，并被水利部认定为国家水利风景区，山东省委、省政府将百里黄河水利风景区确定为山东黄河绿色风貌带建设示范窗口，并纳入山东省会济南"山、泉、湖、河、城"的旅游定编线路。2009 年该景区被评定为国家 3A 级旅游景区。

（二）景区逐步发展阶段

自 2010 年起，为满足广大市民对绿色生态空间的需求，景区向济南市民免费开放，此举措体现了黄河委提倡的"开放治河、治河为民"的发展理念，同时提升了黄河文化的影响力。2016 年编制完成《济南百里黄河风景区建设发展规划（2016—2025 年）》，进一步提升公共服务能力，增强文化吸引力和竞争力；景区建设先后被纳入《山东黄河生态屏障带建设五年规划》《黄河下游"十四五"防洪工程建设规划》，筑牢景区生态和安全屏障。

2018 年，济南百里黄河水利风景区入选"中国黄河 50 景"。景区作为济南文化和旅游发展的战略空间和重要承载区，加快重大文旅项目建设，完善文化旅游公共服务，打造集黄河观澜、都市娱乐、文博体验、特色会展于一体的黄河文旅样板区。

（三）景区高质量快速发展阶段

黄河流域生态保护和高质量发展已成为重大国家战略，济南百里黄河水利风景区发展也随之发生了巨大变化。济南黄河河务局秉承开放治河理念，推动流域区域融合发展。

2020 年，济南黄河河务局配合编制《济南市推进黄河流域生态保护和高质量发展实施规划（框架思路稿）》，将景区规划设想有效融入区域规划，为合理规划景区建设提供有力支持。

自 2020 年起，济南市政府投资 1.6 亿元在景区实施了三期黄河生态保护和修复工程；2020 年 7 月，济南市委、市政府启动济南黄河生态风貌带建设项目，对景区的堤顶路绿道进行建设，对黄河文化展览馆进行扩建改造，开展黄河观景平台建造、沿黄综合整治与景观提升等 7 个项目建设，景区服务设施得到了很大程度的完善；同时打造"智慧景区"，与"水利风景区管理服务平台"数据共享互通，并与支付宝深度合作，实现网上预览、智能导览、语音讲解等服务；设置"天眼"40 余处，做到全景实时监控无死角；自主研发了多功能可视化水位图像监测系统，打造数字孪生黄河济南段典型场景，开发 3D 模型工作站，确保防汛安全。2021 年，由济南市政府投资 2.4 亿元在景区内修建的黄河文化展览馆顺利建成，成为保护传承弘扬黄河文化的新高地。

2023 年 10 月，山东省政府发布了《山东省沿黄生态廊道保护建设规划（2023—2030 年）》，给景区发展带来更大的机遇。目前，景区已形成以"一堤、两馆、四区"为载体，打造以"六个依托"为主的宣传格局：依托堤防、险工等水利工程，弘扬治河精神；依托千亩银杏林等特色生态林，倡导绿色发展理念；依托黄河普法教育基地，增强爱河护河意识；依托济南黄河文化展览馆，传承黄河文化；依托泺口九烈士纪念碑、毛主席视察黄河纪念地等，赓续红色血脉；依托泺口黄河铁路大桥、泺口水文站、泺口古渡等，回望黄河历史。

2022 年，济南百里黄河水利风景区入选水利部《红色基因水利风景区名录》，2023 年入选国家水情教育基地、水工程与水文化有机融合案例，入选第三批国家水利风景区高质量发展典型案例。

三　建设成效

景区认真践行黄河流域生态保护和高质量发展重大国家战略，打造沿黄生态屏障，筑牢防汛安全防线，保护传承弘扬黄河文化，绘就了一幅百里长河济泉城的幸福画卷，在生态、社会、经济、文化方面取得了突出的综合效益。

（一）生态效益

景区通过持续大规模的植树绿化，取得明显的生态效益。景区三季有花、四季常青，林草覆盖率达 100%，栽植红叶李、雪松、银杏、百日红等优质苗木 30 多种，白鹭、喜鹊、天鹅等 10 余种鸟类在此栖息，生态多样化持续恢复，空气质量显著提升，黄河泺口断面水质达到Ⅱ类标准。按照防洪工程建设要求，从临河护堤地到堤坡防护地均按标准进行绿化，形成了多层次的防风固沙屏障。2020 年以来，中心景区景观提升 60.87 公顷，栽植苗木 3.1 万株，种植地被草皮 105 万平方米，建成绿道 9.1 千米，河地携手奏响"绿色生态乐章"，景区生态附加值不断提升。千亩银杏林、紫叶李大道、星空花海、郊野公园等生态景观频频掀起打卡热潮。

（二）社会效益

景区给济南城区群众和游客提供了亲水、近水的休闲场所和黄河文化科普教育场所，每逢周末或节假日，游人如织、络绎不绝。平阴依托黄河防汛连坝路建成了 14 公里的"旅游公路"，济阳依托黄河淤背区建成了济阳黄河健身公园，另外还有 12 处法文化广场、槐荫"生态之门"、历城"鹊华视廊"等贯穿济南百里黄河水利风景区。休息日到黄河边游玩已成为济南群众重要的休闲体验，景区旅游带动了周边产业发展，推动了乡村经济转型，显著提高了人民群众的生活质量和幸福指数。

（三）经济效益

应水而兴，济南百里黄河水利风景区每年接待 30 余万名游客，探索出以水利景观为主，文旅、体育、科普等多业态协调发展的模式，辐射带动周边交通运输、餐饮等产业发展，助力观光农业等乡村产业振兴，逐步构建起以黄河丁太鲁、泺口古镇等重点项目为依托的"拥河发展"新格局。

（四）文化效益

景区凭借独特的水情特征、丰富的宣教载体、多样的宣传手段，充分发挥了文化宣传、水情科普和爱国主义教育的功能，让人们更好地"认识黄河、了解黄河、亲近黄河、体验黄河"。依托展览馆、工程景点、红色文化等，济南百里黄河水利风景区每年吸引超过 30 万人次打卡参观。景区组建"青年先锋宣讲团"，年均开展讲解 100 场次，向大众普及黄河文化、防汛知识、工程知识、水利法律法规等内容，展示新中国成立以来治黄事业的辉煌历程，将景区构筑成为面向全国、走向世界的综合性水利风景区。

为提升青少年对黄河保护的参与度，景区还联合公益组织开展"小河长青少年爱水行动"，让万名中小学生成长为"黄河小河长"，万名青年学子齐聚泺口，发出"争做新时代黄河好儿女"的时代宣言。济南百里黄河水利风景区被确定为济南报业小记者团实践基地、济南市"行走黄河，品鉴济南"教育研学基地等。

四 基本经验

景区积极推进沿黄生态廊道建设，促进河地融合发展；景区建立多部门共治长效机制，保护生态久久为功；积极打造济南黄河文化 IP，开辟传承宣教新模式；不断探索"水利+"协调发展，充分发挥景区综合效益，助力景区高质量快速发展。

（一）推进沿黄生态廊道建设，促进河地融合发展

深入贯彻落实黄河生态保护和高质量发展国家战略，景区实施了三期黄河风貌带提升工程，构建了以防浪林、行道林、淤背区适生林为主，堤坡植草为辅，多层次、立体化的生态防护屏障，形成了绵延百里的生态廊道。中心景区建成了济南黄河文化展览馆、天桥黄河宪法广场、郊野公园等多处景观，集防洪保障线、抢险交通线、生态景观线于一体的工程建设与管理成效进一步凸显。

济南黄河河务局作为流域管理机构，主动融入城市建设大局，在《济南市国土空间总体规划（2021—2035 年）》《济南黄河生态风貌带建设规划》《济南市"十四五"生态环境保护规划》《济南节水典范城市建设

方案》《济南市"十四五"文化和旅游发展规划》《济南新旧动能转换起步区发展规划（2021—2035 年）》等规划中突出发挥行业优势，将景区发展积极融入城市发展规划，统筹兼顾，加快规划落地，有效促进河地融合发展。

（二）建立多部门共治长效机制，保护生态久久为功

随着黄河流域生态保护和高质量发展重大国家战略的实施，景区积极争取将景区管护费用列入地方财政预算，保障景区建设资金的持续投入；济南黄河河务局先后与河长办、公安局、法院、检察院等建立黄河生态保护联合监管执法协作机制，通过"清河行动""拆违拆临""妨碍河道行洪突出问题整治"等一系列专项行动，展现了法治护河威慑力，黄河济南段"四乱"问题基本得到根治。

随着景区热度持续攀升，济南黄河河务部门发布《济南黄河文明旅游倡议书》，呼吁市民文明赏游；发动民间公益组织的力量，义务宣传生态环境保护的理念，共同守护黄河美丽的生态环境。联合执法、日常巡查、常态化管理、精细化维护、全民参与、共治共享的实践，探索形成了济南百里黄河的"生态保护历城模式"，共同营造景区美好的生态环境，景区的美誉度和市民幸福指数双攀升。

（三）打造济南黄河文化 IP，开辟传承宣教融合新模式

"打造济南黄河文化 IP"作为文化强市的内容之一，已被列入聚力提升城市软实力的工作。推动沿黄城市文旅资源整合协作，推出一系列文化活动，推出黄河主题线路、打卡地和文创产品等。打造"河济泉城"文化主品牌，衍生"文韵天桥""多彩槐荫"等多个基层文化子品牌；从"黄河神兽小夏"文化 Logo、《河济泉城》文化成果手册、文化宣讲到文化系列视频的"出圈"，多层次融合探索，形成具有识别性、代表性的文化品牌体系。以景区为载体串联起丰富多样的公益性文体活动，让越来越多的人了解黄河故事，使治黄技艺得到了传承与发展，水情宣教内涵不断延伸。

（四）探索"水利+"多业态协调发展，充分发挥景区综合效益

景区依托独特的自然环境、良好的生态环境、丰厚的文化底蕴、完善的基础设施，承办山东青年黄河文化公益行、济南黄河摄影展、鲁筝艺术博览会、驻外媒体记者团采风等大型活动；组织净化母亲河、义务植树等志愿活动 50 余场次，策划黄河民俗文化旅游节、泉水节黄河少年行、山东沿黄九市自行车大赛等文体活动，逐步探索出以水利景观为主，文旅、体育、科普等多业态协调发展的模式，多窗口、全景式展示济南黄河流域生态保护和高质量发展成效。景区综合效益不断叠加，培育成为黄河生态文旅特色品牌，逐步打造黄河国家文化公园核心展示区、黄河国家风景道典型示范段。

五　发展思路

景区不仅为市民提供了优美的休闲娱乐活动场所，也成为市民了解黄河、体验黄河，宣传济南、展示济南形象的重要窗口。景区立足独特的区位，根植文化沃土，讲好黄河故事，延续历史文脉，不断探索创新发展。

一是继续加强河地融合发展，"让黄河成为造福人民的幸福河"。加快推进黄河文化带和生态廊道示范工程建设，将黄河两岸打造成亮丽的风景线，持续保护、传承、弘扬黄河文化，更好地服务人民精神文化需求，满足人民高品质生活需要。发挥景区辐射带动作用，形成多元投入、高质量发展态势，强化区域间资源整合，协同推进已被纳入济南城市发展版图的沿黄建设项目，串联沿岸乡村生态旅游，打造幸福河的济南黄河典型案例，带动济南百里黄河片区人气汇聚、百业兴盛、文化繁荣、人民幸福。

二是深入传承黄河文化，打造百里黄河文化旅游带。开展济南百里黄河文化传承创新工程，探索黄河文化与水工程、水景观多元化、产业化发展路径，建立黄河水文化体系。以济南百里黄河为核心区域，对传统黄河文化进行再挖掘、再创造、再凝练、再诠释，促进济南百里黄河水利风景区的"颜值"和"内涵"再上新台阶，推动济南百里黄河水文化、治河文化与科

普教育、公共服务等深度融合，高质量建设一批反映治水历史、展示黄河文化的成果，让人们更好地认识黄河、亲近黄河、保护黄河，打造济南百里黄河文化旅游带。

专家点评

济南百里黄河水利风景区是依托黄河标准化堤防工程而建成的自然河湖型水利风景区。景区积极响应黄河流域生态保护和高质量发展国家战略，立足"悬河"独特的自然和地理区位，深入挖掘黄河文化和历史文化，坚守将黄河打造成生态长廊、文化长廊、重铸长廊的定位，通过黄河风貌带提升工程、沿黄生态廊道建设，实现景区的"内涵"和"颜值"双提升。

景区通过塑造济南黄河文化 IP，开辟传承宣教融合新模式；积极融入城市发展新格局，促进河地融合；探索"水利+"多业态协调发展，发挥景区综合效益。景区在讲好黄河故事、文旅融合、河地共融方面进行有益探索和实践，为沿黄地区水利风景区高质量发展提供了可借鉴的经验。

参考文献

孙冬敏等：《积极探索管理体制机制改革推动国家水利风景区高质量发展——济南百里黄河风景区管理体制运行机制改革探索实践》，载《适应新时代水利改革发展要求推进幸福河湖建设论文集》，2021 年 6 月。

郝国柱、周方勇、肖雨：《济南百里黄河风景区社会化管理探析》，《山东水利》2015 年第 11 期。

李忱：《山东黄河水利风景区规划设计文化提升研究》，《菏泽学院学报》2020 年第 3 期。

《奏响"幸福河"的济南乐章》，《济南日报》2021 年 10 月 21 日。

《聚力高质量发展，济南百里黄河风景区打造黄河文化传承与创新新地标》，"新黄河"百家号，2023 年 8 月 16 日，https：//baijiahao. baidu. com/s？id=1774377791558489185&wfr=spider&for=pc。

B.8
江苏南京玄武湖水利风景区发展报告

卢 漫 谢明坤 邵佳瑞 张 蕾*

摘 要： 南京玄武湖水利风景区位于江苏省南京市玄武区，依托玄武湖、武庙闸等建设，属于城市河湖型水利风景区，2016年被水利部认定为国家水利风景区。景区注重生态环境提升、历史文化挖掘与展示、"水利+旅游"多元发展，成功探索并实施生态补偿机制，通过持续的水生态环境整治与修复、丰富的涉水活动、深度的自媒体宣传，景区知名度、水文化传播度提升，科普宣传效应凸显，取得了较好的生态效益和社会效益，广受市民青睐和赞誉，塑造了"南京玄武湖"水文化品牌，已成为国家水利风景区高质量发展的典范。

关键词： 水利风景区 生态修复 文脉传承 智慧创新

一 景区概况

南京玄武湖水利风景区位于江苏省南京市主城区，东依紫金山，西临明城墙，总面积为5.13平方公里，其中水域面积达3.78平方公里，属城市河湖型水利风景区。玄武湖呈菱形，湖泊被五洲（环洲、樱洲、菱洲、梁洲、翠洲）分为北湖（东北湖、西北湖）、东南湖及西南湖三大块，湖内由湖堤、桥梁和道路连通，形成"三线、四湖、五洲"的基本空间格局。玄武

---

* 卢漫，博士，河海大学副教授，研究方向为可持续建筑景观规划设计；谢明坤，博士，河海大学讲师，研究方向为景观规划设计；邵佳瑞，河海大学博士研究生，研究方向为水利风景区管理；张蕾，新华水利控股集团有限公司高级工程师，研究方向为水利风景区建设管理。

湖属于浅水湖泊，主要入湖沟渠有 7 条，并与护城河、金川河、珍珠河相通，担负着生态景观、市民休闲、观光旅游、城市防洪排涝、城区河道生态补水等综合功能。与紫金山、明城墙等文化景观结合，共同展现了南京"山水城林"的城市特色，为群众提供了宜居生活空间。

南京玄武湖景区被评定为国家 4A 级旅游景区和国家重点公园，于 2016 年获得水利部授予国家水利风景区称号，并获得包括中国十大休闲湖泊、全国旅游系统先进集体、江苏省最美水地标、江苏省"旅游百佳"单位、南京市首批生态文明教育基地在内的多项荣誉。此外，景区内的武庙闸不仅是全国重点文物保护单位，也是省级水利遗产，同时作为南京城区重要的水利设施，发挥着关键作用。

在南京的防洪、水资源调节和生态保护等方面，玄武湖景区扮演着至关重要的角色。该景区致力于挖掘和展示历史文化，积极推进"水利+旅游"多元化发展模式，实现了良好的生态效益和社会效益。通过改善生态环境、深化历史文化挖掘、推动多元化发展、丰富园事活动，以及利用自媒体进行宣传，玄武湖景区的知名度得到了显著提升，水文化和科普教育的传播效果也更加显著。

二 发展历程

江苏南京玄武湖水利风景区发展历程可划分为景区历史传承与景区创新发展两个主要阶段。

（一）景区历史传承

玄武湖是一座拥有悠久历史的皇家园林湖泊，其自然形成时期可追溯至燕山运动。在古代，玄武湖曾是江南皇家园林的一部分，如今则成为江南地区较大的城内公园之一。它曾被称为桑泊、后湖、北湖、太液池、练湖等，六朝时期被开辟为皇家园林，明朝时期则作为黄册库，一直属于皇家禁地。在清代，玄武湖是被列为金陵四十八景之一的"北湖烟柳"。1909 年，宣统元年举办南洋劝业会时，丰润门（今天的玄武门）的开辟标志着玄武湖公园正式成为近代意义上的公园。1911 年，玄武湖公园被正式命名，有时也因其地理位置被称为"后湖公园"。1928 年，公园更名为"五洲公园"，其中"环洲、樱洲、梁洲、翠洲、菱洲"分别象征亚洲、欧洲、美洲、非洲、大洋洲五大洲。到了 1935 年，公园再次更名为"玄武湖公园"。1951 年，南京市人民政府将其确定为南京市的大型文化休闲公园。

武庙闸不仅是玄武湖的主要泄水入城水道，也是城内珍珠河的主要源头。其历史最早可以追溯到三国时期的东吴，当时吴后主孙皓将玄武湖水引入宫中。明代，朱元璋在修建南京明城墙时，利用秦淮河和玄武湖等水系作为护城河，为了控制城内河道水位而修建了武庙闸。武庙闸连接了玄武湖与城市内河，至今仍在使用，具有防洪排涝和改善城市水环境的功能。自 20世纪 50 年代以来，南京市水务系统已多次对武庙闸进行修缮和改造。武庙闸在 1988 年 1 月被列为全国重点文物保护单位，并在 2021 年 12 月被列入《江苏省首批省级水利遗产名录》。

（二）景区创新发展

自新中国成立以来，尤其是 1978 年党的十一届三中全会召开之后，玄武湖景区的建设与发展步入了快速增长期。在此过程中，景区新增了梁洲盆景园、观鱼池等多处景点，樱洲地区种植了大量樱花，菊花品种数量恢复并增加至 600 余种。此外，景区还对道路、桥梁进行了修缮，并对白苑等进行了扩建和改造，以丰富游览项目。

1986 年的统计数据显示，玄武湖景区的日均游客量达到了 14575 人次，全年累计游客量高达 532 万人次，创下了历史最高纪录。多位党和国家领导人，包括毛泽东、邓小平、江泽民等，都曾视察和游览玄武湖。随着对公园系统进行改革，玄武湖景区的经济效益实现了逐年显著增长。1986 年，景区年收入达到 421.69 万元，而到了 1993 年已增至 1425.5 万元。2010 年 10月 1 日，玄武湖景区开始全面免费向公众开放，同日，《南京市玄武湖景区保护条例》正式实施。景区通过开拓创新和加快转型步伐，从一个封闭管理的传统景区发展成为南京的城市名片。2016年，玄武湖景区对游客中心、标识系统、公共厕所等基础配套设施进行了全面的升级改造。2017年，政府启动了对玄武湖的常态化疏浚、生态修复和环境提升等系统性生态建设工程。2019年，玄武湖景区建成了玄武湖武庙闸历史文化展馆，展示了玄武湖与南京城水系的历史变迁。2021年，景区又建成了明代黄册库遗址展馆，进一步丰富了景区的文化内涵，并提升了景区的影响力。

2022年，玄武湖湖史馆正式建成并对外开放，全面展示了玄武湖从史前时期至今的发展演变历程。2023年，玄武湖景区入选第三批国家水利风景区高质量发展典型案例，并被重点推介。

这些举措不仅提升了玄武湖景区的旅游吸引力，也提升了其在生态保护、文化传承和经济发展等方面的综合效益。

三　发展成效

景区以生态为本，以历史文化为根，提升人性化服务水平，并积极探索"水利+旅游"多元发展，取得了良好的生态效益和社会效益。

（一）生态为本，高品质打造精致化景区

自2017年起，玄武湖景区致力于提升其景观品质，通过实施疏浚工程，累计疏浚量超过45万立方米。景区内建设了包括和平门、太平门在内的多个生态湿地，并创建了近30万平方米的沉水植物示范区。此外，还营造了约13公里的生态化岸线，促进了湖区生态系统的良性循环，并提升了玄武湖生物多样性与稳定性。目前，玄武湖沉水植物示范区的水质已稳定达到地表水环境标准Ⅲ类水平。该区域内观察到大量鸟类栖息，记录到的鸟类多达98种，形成了"后湖飞鹜"的自然景观。此外，近岸区岸线的景观营造为游客和市民提供了优质的观景体验，并作为自然科普基地，有效发挥了水生态文明建设的宣传推广作用。

（二）服务为先，提升服务质量

近年来，玄武湖水利风景区致力于完善其基础配套设施，以实现服务品质的"软提升"。具体措施包括对游客中心、公共厕所、标识系统等配套服务设施的全面升级改造。为满足视障人士等特殊群体的户外活动需求，玄武湖水利风景区新建了无障碍花园，总面积约 8000 平方米。该花园以芳香类植物为特色，共栽植了 43 种植物，并配备了全程盲道、扶手护栏以及植物触摸讲解等服务设施。此外，花卉介绍板上均标注了盲文，且游客进入该区域时会有语音介绍。这些举措为特殊群体提供了稳定而幸福的游园体验。该项目因卓越的无障碍环境建设，入选"全国 5 类 50 项无障碍环境建设精品案例"，体现了在国家"创新、协调、绿色、开放、共享"的新发展理念指导下，玄武湖水利风景区高质量发展的积极探索。在提升游客体验方面，玄武湖水利风景区注重细节化和人性化的服务。以公共厕所为例，景区参照旅游厕所建设规范，对原有的 19 座公共厕所进行了全面的改造和增设。改造后的厕所在空间和厕位数量上都有显著提升，极大地提高了如厕的舒适度。这些举措不仅提升了游客的满意度，也展现了玄武湖水利风景区在服务设施方面的持续创新和改进。

（三）创新为要，打造高活力品牌化景区

近期发展中，玄武湖水利风景区紧跟市场趋势，不断创新和更新其产品业态，以高质量发展为目标，致力于智慧景区的建设。玄武湖拥有丰富的水域资源，景区充分发挥这一优势，开发了包括帆船、龙舟、赛艇和皮划艇在内的多个水上运动项目，并成功举办了"南京国际帆船节""中国赛艇大师赛"等大型专业赛事，以及包括龙舟和皮划艇等项目在内的多项赛事活动。这些水上运动项目不仅为玄武湖景区增添了新的风景线，也成为推动景区经济增长的新动力。截至 2023 年，玄武湖景区的经济收入达到了新的高度，全年总收入超过了 1.75 亿元。在生态环境改善的基础上，玄武湖水利风景区依托自然景观和季节变化，推出了"玄武湖生态探秘之旅"和"雏鹰假日小队"等自然科普及研学活动，引导游客亲近自然、探索自然，从而提升了景区的吸引力和经济效益。此外，景区还实施了游船智慧化建设项目，通过自助游玩的方式，提高了游船的运营效率，同时为游客提供了更加便捷、快速和人性化的体验。观光车服务也实现了智慧化升级，打破了以往单一游览线路的限制，推出了多样化的特色游览路线，并实现了观光车服务的"公交化"，允许游客在景区内的任意站点扫码乘车，进一步提升了景区的活力。

（四）文化为魂，深度挖掘丰富历史内涵

玄武湖的人文历史渊源可追溯至先秦时期，迄今已有超过 2300 年的历史。历史上，诸如李白、李商隐、韦庄等众多诗人均有关于玄武湖的诗作传世。近年来，玄武湖水利风景区对自身的历史进行了系统的整理与研究，深入探讨了玄武湖与南京城市水系及其发展脉络之间的联系。在此基础上，景区建立了玄武湖武庙闸历史文化展馆，该展馆集展示与体验功能于一体，全面展现了玄武湖的历史文化，详细呈现了玄武湖与南京城水系的历史演变，并传播了水文化历史和水资源保护知识。该展馆已成为公众了解玄武湖及南京城市山水城林格局的重要平台。2021 年，景区通过系统展示黄册制度的形成、黄册的编纂与保护、黄册制度的历史渊源，完成了明后湖黄册库遗址展馆的建设。该展馆旨在展示黄册与玄武湖的历史变迁，进一步丰富景区的文化内涵。2022 年，玄武湖湖史馆正式对外开放，全面展示了玄武湖自史前时期至今 6500 多年的发展演变历程。通过这一展示，游客能够直观地感受到"金陵明珠"的深厚历史文化，并领略这座昔日皇家园林湖泊的独特自然与人文魅力，景区影响力显著提升。

四 基本经验

景区完善河长制，合力解决治水难题；深挖景区历史文化底蕴，完善文化科普场馆场所，丰富园事花事活动，推动高质量景区打造；积极迎合发展趋势，探索创新景区智慧化管理发展路径，提升景区管理水平。

（一）完善河长制合力解决治水难题

水质状况是衡量城市治理水平的一个重要指标。自 2017 年以来，为提高玄武湖的生态环境质量，南京市政府指定了一名副市长作为市级河长，负责在市级层面进行专项协调工作，确保相关政策和资金的有效落实。同时，属地政府的区长被任命为区级河长，负责管理和控制流入玄武湖的河道及其周边区域，以确保有效控制外来污染源对湖泊的影响。此外，南京市政府还制定并实施了《玄武湖水环境提升专项行动工作方案》，旨在系统性地改善湖泊的水环境。为了更科学地解决水环境治理中的复杂问题，市政府还组织成立了一个由行业专家组成的咨询小组，通过集思广益，共同探讨和实施有效的水环境治理策略。这些措施共同构成了一个综合性的治理框架，旨在全面提升玄武湖的水环境质量。

（二）持续挖掘文化打造高品质景区

自 2016 年创建国家水利风景区以来，景区深入挖掘玄武湖水文化、历史发展脉络等，持续打造文化展馆，使景区人文底蕴、文化氛围得到进一步提升。后续，景区将持续挖掘文化，为景区高品质发展注入活力。

（三）园事活动助推景区高质量发展

近年来，景区在百花闹春游园会、荷花节、菊花大会等传统园事活动的基础上，大力举办帆船、赛艇、龙舟等水上赛事，以及水上运动生活节、咖啡节等高品质活动。丰富的园事花事活动，进一步提升景区社会影响力，有效提高了景区人气，对景区发展起到了积极的推动作用。

（四）智慧化运营提升景区管理水平

景区在实现全园监控、入园预约、客流统计等管理智慧化以后，2021年全面完成了游船和观光车等运营系统的智慧化建设。全面实现自助扫码游玩、自动计时付费、自主叫车等功能，进一步提高了服务效能，提升了游客的游园体验感和景区服务管理水平。

五　发展思路

景区坚持系统观念，提升水生态保护质量；持续推动科普宣教工作，探索挖掘新质发展潜能，助力景区高质量发展。

一是坚持系统观念，合力开展水生态保护。玄武湖是城市水系的重要组成部分，其水质状况直接反映城市治理水平。景区树立"一盘棋"思想，坚持以"生态优先，系统治理，水陆统筹，治管并重"为原则，按照"河长制"工作要求常态化开展玄武湖水生态保护工作。一方面，与相关部门密切对接，针对玄武湖入湖河道等做好控源截污工作，确保外源入湖污染风险有效管控。另一方面，持续做好玄武湖生态本底调查分析，科学制定《玄武湖水生态环境质量提升总体设计方案》，建立常态化生态修复机制，推动玄武湖水环境稳步改善。为进一步促进玄武湖的水环境治理，南京市政府还建立了水利风景区专项生态补偿机制，并实施了常态化的疏浚及生态修复工作。这些措施的实施旨在全面提升玄武湖的水环境质量。

二是做好科普宣教，充分彰显水生态特色。结合玄武湖生态本底调查、文化挖掘和各项生态修复工作的成效，依托黄册库、湖史馆、武庙闸等室内展馆做好展示；同时进一步丰富和完善玄武湖自然科普园、翠洲栈道水生植物科普园、情侣园鸟类科普廊等区域科普展示内容，打造玄武湖生态文化展示新空间与自然科普基地，进一步彰显玄武湖水生态特色，扩大水生态文明建设宣传推广成效，提升景区知名度。

三是挖掘新质发展潜能，凸显水经济价值。坚持市场导向和创新思维，挖掘水陆旅游资源，持续探索"旅游+"模式，全力推广特色水上运动、水生态研学项目；探索经营新思路，吸引优质商业项目，拓展新形式、高人气、高品质园事活动，促进旅游产品转型提质升级，推动景区品质和水经济价值稳步提升。

专家点评

南京玄武湖水利风景区上榜水利部公布的《第三批国家水利风景区高质量发展典型案例重点推介名单》，源于完备的顶层制度、合理的开发机制、创新的发展模式，是高质量保护和高水平发展相结合的优秀案例。

作为城市河湖型水利风景区，依托玄武湖丰富的自然及人文水利风景资源，景区通过生态环境提升、历史文化挖掘展示、"水利+旅游"多元发展以及持续的生态建设、丰富的园事活动、深度的自媒体宣传，景区知名度、水文化传播度提升，科普宣传效应凸显，取得了良好的生态效益和社会效益。景区在生态建设、水文化品牌创建、智慧化运营方面进行有益探索和实践，为同类型水利风景区高质量发展提供了可借鉴的经验。

参考文献

贾潇潇：《玄武湖景区水美经济的发展密钥》，《群众》2024 年第 4 期。
《江苏省南京玄武湖水利风景区》，《水资源开发与管理》2017 年第 5 期。
王鹤：《南京玄武湖的前世今生》，《档案与建设》2020 年第 3 期。
夏慧：《南京城墙一处重要的控水系统武庙闸》，《大众考古》2022 年第 4 期。
《抓牢生态文明建设创新发展水美经济——南京玄武湖水利风景区高质量发展典型案例》，水利风景区建设管理网站，2024 年 4 月 8 日，http：//slfjq. mwr. gov. cn/zyzt/slfjqgzlfzdxalzs/zdtjmd/03/202404/t20240408_1742197. html。

B.9
浙江衢州马金溪水利风景区发展报告

靳薇 宋鑫 陈东 刘志鹏*

摘 要： 衢州马金溪水利风景区依托马金溪综合治理工程建设而成，属于自然河湖型水利风景区，2018年被水利部评定为国家水利风景区。开化县以河湖长制为抓手，以全域建设幸福河湖为载体，持续推进衢州马金溪水利风景区建设管理工作，不断创新体制机制；景区融合古渡文化、水岸文化、钱江源文化等元素，构建生态廊道、文化走廊和经济长廊，实现治水与景观、文化、经济的有机结合；景区积极发展"水利+"模式，全力打造全域幸福河湖示范区，助推水岸经济快速发展，实现共同富裕，塑造"衢州马金溪"水文化品牌。

关键词： 水利风景区 综合治理工程 乡村振兴 幸福河湖 高质量发展

一 景区概况

衢州马金溪水利风景区位于浙江省衢州市开化县，总面积为30.92平方公里，其中水域面积为7.08平方公里，属于自然河湖型水利风景区。景区依托马金溪综合治理工程，秉持"生态优先、系统治理，立足水利、多规融合"原则，通过创新实施"七规三线合一"，结合水利工程建设融入古

---

* 靳薇，中国建筑设计研究院有限公司高级工程师，研究方向为城乡规划；宋鑫，华北水利水电大学讲师，研究方向为水利风景资源保护与利用；陈东，浙江省开化县水利局总工程师，高级工程师，研究方向为水利工程规划建设与管理利用；刘志鹏，水利部产品质量标准研究所助理工程师，研究方向为水利风景区管理。

渡、钱江源等水文化、水景观元素，构建马金溪生态廊道、文化走廊和经济长廊，实现了通过治水美化环境、成景、治水美村、治水富民，举办根雕文化节、龙顶开茶节、钱江源国家公园马拉松赛等活动，乡村旅游等产业蓬勃发展，助力共同富裕，塑造衢州马金溪"百里金溪画廊"水文化品牌。

景区以马金溪干流、村头溪支流及其沿河区域为框架，沿线串联古岸慢城的马金、情怀水运的音坑、根魂禅韵的芹阳、古韵商埠的华埠及花牵谷、根宫佛国、金溪桃韵等一批景区景点，共同构成马金溪生态廊道、文化走廊和经济长廊，并有马金溪城华段、音坑段、马金段3条省级美丽河湖，为践行"两山"理念做出"开化探索"。2021年"创新打造水利风景区助推百里金溪绿富美"案例入选浙江省2020年地方水利改革创新最佳实践案例，2023年衢州马金溪水利风景区入选《国家水利风景区高质量发展典型案例第三批重点推荐名单》。

二 发展历程

衢州马金溪水利风景区的发展可划分为流域治理和景区发展两个阶段。

（一）流域治理阶段

衢州市开化县马金溪是浙江母亲河钱塘江的源头河，20世纪90年代出现河道采砂泛滥、生态逐步恶化的局面。20世纪90年代末，开化县在全国率先确立并实施"生态立县"发展战略，从此走上环境保护与经济发展共荣共赢的可持续发展新路。

2004年，浙江省开始实施万里清水河道建设，开化县马金溪也逐步开始进行流域治理。2013年，开化县以"多规合一"为引领，首次提出"百里黄金水岸线"概念，先后编制完成《开化县常山港城华段河道综合治理规划》《开化县马金溪流域综合治理规划》。马金溪流域综合治理以马金溪干流为主轴，以提升流域防洪减灾、水资源保障、水生态环境及流域综合管理等能力为基础，打造流域特色景观文化，以科学规划推动流域系统治理。

2015 年以后,马金溪正式开展了全流域系统治理。以创建马金溪国家水利风景区为目标,开展"治水造景、富民强村"行动,坚持岸上与岸下齐抓、治标与治本同步,实现堤岸柔化、美化、绿化,实现"水、滩、路、堤、景"综合治理。马金溪全流域系统治理实现了从传统治水到"治水造景、以水富民"的华丽蝶变。当地为溪流筑起铁腕"防护网",关停整改污染企业和养殖场,全流域实行禁养、禁采、禁渔、禁倒制度,农村污水截污纳管全覆盖。马金溪流域综合治理工作成效明显,具有示范作用。

(二)景区发展阶段

开化县以"全域幸福河湖示范区创建"为抓手,稳步推进景区内流域综合治理工程,治理堤岸 130 公里,修复改造堰坝 52 座。全面落实河湖长制,率先出台首部滨水绿道管理办法,为加强流域综合管护,在沿线安装监控设施 68 处,集成打造智慧管理平台,实现河湖智慧化管理。① 开化举全县之力将马金溪建设成为最美河流、安全河流、黄金河流、智慧河流,力争成为全国山区特色河流治理最美样板,并被评为 2017 年浙江十大"最美家乡河"、第一届"浙江最美绿道(郊野型)"、浙江省十大经典绿道。

衢州马金溪水利风景区 2018 年创建为国家水利风景区。2021 年,"创新打造水利风景区助推百里金溪绿富美"案例成功入选浙江省 2020 年地方水利改革创新最佳实践案例,水利部门在全国水利风景区会议上做典型交流发言。2023 年,衢州马金溪水利风景区入选《第三批国家水利风景区高质量发展典型案例重点推介名单》。

三 建设成效

景区在维护河湖健康生命、改善城市环境、提升人居环境、带动周

---

① 《开化县马金溪打好"水利+"组合拳》,搜狐网,2023 年 12 月 8 日,https://www.sohu.com/a/742453458_ 121106832。

边群众就业及彰显当地独具特色的治水用水文化魅力等方面发挥了重要示范作用，实现了景区生态效益、社会效益、经济效益、文化效益的有效统一。

（一）生态效益

一是复苏河湖生态环境。2015年以来，马金溪开展全流域系统治理，通过"统、治、管"综合施策，马金溪流域水环境质量持续向好。累计完成马金溪河道两岸绿化美化450公里，清理河道280公里，撒播各类花草籽4200公斤，培植绿地260万平方米，河沟池塘清淤近46万平方米，创成15条"人鱼和谐"溪流，4条河流入选衢州市"最美河道"。2016~2023年，景区河流水质常年保持在Ⅰ、Ⅱ类，其中每年207天以上为Ⅰ类水质，水生生物物种从20世纪末的30多种增加到74种，其中3种为新物种，白鹭、中华秋沙鸭、娃娃鱼等国家保护动物频繁出现，水生生物多样性明显提升，马金溪水生态得到有效修复。

二是维护河湖健康生命。坚持多措并举严监管，打造马金溪"安全河流"。坚持最高标准治理、最严标准保护、最实标准管理，推行河湖长制，打造县、乡、村三级全覆盖的河湖长责任网，治理水土流失17.5万亩，关停整改污染企业680家，关闭拆除禁养区内生猪养殖场465家、网箱养殖1.8万平方米、采砂场6家，建立护河护渔义工队82个，定期开展河道管理监督、垃圾清理、河道绿化等活动。

（二）社会效益

马金溪在开展流域综合治理的同时，统筹"山、水、田、文、体、旅"等元素，70公里的滨河绿道上1个5A级旅游景区、3个3A级旅游景区、15个3A级景区村、40多个滨水公园和景观山林、美丽田园串珠成线，形成集源头探秘、生态休闲、民俗游赏、产业观光于一体的绿色生态廊道——百里金溪画廊。围绕马金溪流域，构架沿河绿色产业经济发展轴，打造源头区"溯源怀古观光板块"、乡村段"美丽田园休闲板块"、城区段"生态文明展示板块"，让马金溪成为名副其实的"共富溪""幸福河"。马金溪治理取得显著成效，实现水清河畅、岸绿景美、鱼翔浅底、民享民乐的美好景象，为全国美丽河湖建设提供开化样板。马金溪（开化段）入选 2021 年全国美丽河湖优秀案例。

（三）经济效益

景区依托得天独厚的生态优势，引导沿线村民发展民宿、休闲农业以及亲水旅游业，民宿、餐饮、烧烤、水上游乐、观光自行车等新业态成为村民致富新门路，带动沿线企业产品和群众农副产品销售，促进当地群众增收致富。截至 2023 年底，沿线共发展农家乐 330 余家，创业休闲农业点 20 余处，百里黄金水岸带接待游客超 380 万人次，营业收入超 28.5 亿元，景区年接待游客 290 万人次，营业收入超 20 亿元。

音坑乡下淤村作为典型，以"五水共治"为突破口，整治河道、村庄，形成集亲水游玩、农事体验、写生创作于一体的乡村旅游乐园，先后获得国家级生态村、国家 3A 级景区村、首批中国乡村旅游模范村、中国十大最美乡村、2019 年中国美丽休闲乡村等荣誉称号；2023 年村集体经济收入超过 350 万元，集体资产超亿元；参与景区经营服务的村民超过 150 人，村民人均纯收入是全县平均水平的 1.5 倍。沿线的龙门、金星、霞山、姚家源、华民等村滨水产业蓬勃发展，亮点频出。

（四）文化效益

景区秉承生态、文化建设理念，以水为主体、水文化为主题，在水利工程建设中充分融入古渡文化、水岸文化、钱江源文化等水文化、水景观元素，做到"建一处工程、成一道风景、美一方环境、传一段文化"。同时注重对水利的物质及非物质水文化遗产、历史遗迹、重要治水人物及事件等水文化的挖掘和传承，通过传说、诗赋、浮雕、文化广场等形式凝聚和物化水文化，不断丰富滨水文化内涵，提升品位。景区内建有节水宣传教育基地、"五水共治"主题公园、中国清水鱼博物馆等水文化场景和双茨古渡、金溪晓色、金星古埠头、八甲坝文化广场等 26 个水文化节点，郑堰、八甲坝、西渠、鲤鱼堰等水文化遗产，拥有禁潭、禁堰、禁渔等水文化习俗，彰显当地独具特色的治水用水文化魅力。

四 基本经验

景区坚持规划优先，确保科学布局；注重生态治理，营造绿色环境；多措并举严监管，保障安全稳定。同时，不断探索创新发展模式，提升水利风景区的经济效益和社会效益，促进区域经济的繁荣与发展。

（一）多规合一强引领，打造"多元河流"

通过创新实施"七规三线合一"，整合《马金溪流域综合治理规划》《开化县水资源综合规划》《开化县旅游发展规划》等七项规划，将规划红线、用地控制红线、河岸水域控制蓝线集成到一张蓝图中，实现流域空间精细化布局。在创建理念上，跳出水利传统模式，坚持生态优先、系统治理，立足水利、多规融合，在完善基本功能的基础上，统筹考虑河流综合功能，把工程同步建设为生态景观的民生工程。在规划编制上，充分融入安全、文化、绿色生态元素，变防洪为亲水、变生硬为生态、变一元为多元、变单一为综合、变快节奏为慢生活，确保创建高起点开展、高标准实施。在项目布局上，通过策划、生成、捆绑、整合项目，整合农村河道综合治理、小型农田水利重点县建设等多项资金，形成"以水生财、以财治水"的磁场效应。同时，提供平台让产业、旅游等部门资源资金融入，形成多规融合建设、多元统筹资金的良性循环。

（二）生态治理抓提升，打造"生态河流"

坚持最高标准治理，全流域实行禁养、禁采、禁渔、禁倒制度，实现沿岸村庄生活污水管道全覆盖，用最铁的手腕为母亲河筑起"防护网"。刚柔相济固堤，通过建设生态护坡、梯级挡墙、石笼、松木笼、三维植被网等多种形式,实现堤岸柔化、美化、绿化,打造"会呼吸"的河岸。情景交融建园,充分利用湿地、浅滩、汇流口等河道自然形态,顺河势、选场地,建成水利功能特色明显的砸碗花湿地、太阳岛、双溪公园、华锋湿地等亲水主题公园42个。快慢结合修路,美化绿化、改造提升沿岸道路50公里,并将"固堤+绿岸+慢道"相结合,与城市慢道一同打造,设立休闲驿站4个、公共自行车点3个,让人们享受快节奏时代里的慢生活。

(三)多措并举严监管,打造"安全河流"

结合"五水共治"强化监管,用铁腕为母亲河筑起"防护网",坚持岸上与岸下齐抓、治标与治本同步。深入实施马金溪流域综合治理工程,基本形成完整的防洪闭合圈,同时全力落实护岸工程。坚持最严标准保护,打造县、乡、村三级全覆盖的河湖长制责任网,"一把手"任河长,党政同责,层层落实。重点河段采取市场化保洁模式,滨河绿道纳入路长制管理,实现由"面上保洁"向"深度治管"转变。坚持最实标准管理,全省率先出台首部滨水绿道管理办法,全面落实管护主体,管护经费纳入财政预算。

(四)对标景区增效益,打造"黄金河流"

坚持按照国家水利风景区的标准开展创建,以"全域景区化,景区公园化"为目标,探索实践"水利+旅游",将丰富的水资源、靓丽的水环境转化为旅游资源,转化为经济效益,做活"水文章"。发挥体育赛事的乘数效应,让景区成为赛区,将绿道作为赛道,目前景区已成功举办国际铁人三项精英赛、马拉松赛等一系列赛事,有效带动以农家乐为主体的服务业发展。拓展旅游产业链的倍数效应,马金溪的优美河湖景观加上文旅产业扶持政策,使一大批文旅产业项目在马金溪沿岸落地,撬动社会资本总投资56亿元。[①] 大量游客的到来带动沿线企业产品和群众农副产品销售,促进当地群众增收致富。

---

① 景区提供数据。

五　发展思路

开化县以全域建设幸福河湖为载体，持续推进马金溪水利风景区高质量发展，助推水岸经济可持续发展。

一是持续打造绿色产业经济发展轴。以马金溪为纽带，构建沿河互联互通现代交通网络，将文化旅游景点、特色田园乡村、绿色产业园区串联起来，形成集山水游憩、康养休闲、文化体验、自然研学于一体的沿河绿色产业经济发展轴。

二是建设绿色生态廊道和醉美文化河岸。以马金溪山水为基底，实施水生态环境保护与修复工程，恢复河湖生态岸线，重塑田园山水风光，形成"云山、镜水、翠岸、金滩"绿色生态廊道；依托滨河绿道系统，挖掘展示古桥梁、古埠头和水运商埠等水利遗迹，推动古村落民居和地域文化发掘保护，实施乡村文化振兴，打造独具特色的醉美文化河岸。

三是完善马金溪源头区"溯源怀古观光板块"、乡村段"美丽田园休闲板块"、城区段"生态文明展示板块"。三个板块各自突出资源特点和服务功能，强化保障水安全、保护水生态、提升水文化核心功能，重点建设三溪生态湿地公园、水利科普园、水文化体验馆等项目，将衢州马金溪水利风景区建设成为河湖型水利风景资源开发利用与保护的典范、美丽河湖建设的样板。

专家点评

衢州马金溪水利风景区以其独特的地理位置和丰富的水资源，打造成集生态、文化、经济于一体的综合性景区。景区的发展特色鲜明，特别是在流域治理、文化旅游、乡村振兴等方面表现突出。通过高标准的治理和保护措施，马金溪流域的生态环境得到了有效恢复和维护；依托科技创新，加强了河道治理的智能化和信息化建设，提高了管理效率；充分挖掘和利用了当地的人文特色，通过全域旅游的模式，建设了综合性绿色生态廊道，提供丰富的旅游体验；结合当地特色，打造多个省级美丽乡村，推动了农旅融合，促进了当地经济的发展。

衢州马金溪水利风景区的发展不仅提升了当地居民的生活水平，也为全国水利风景区的建设和管理提供了宝贵的经验。景区的成功实践表明，通过科学规划、综合治理和创新管理，水利风景区可以成为推动地区经济社会发展和生态文明建设的重要力量。同时，景区发展强调了生态与文化的和谐共生，为实现可持续发展目标提供了有力支撑。景区依托的马金溪流域综合治理工作成效明显，具有示范作用。

参考文献

《马金溪（开化段）》，《中国生态文明》2022 年第 1 期。

严文辉：《金溪四大水利工程泽惠民生》，《抚州日报》2009 年 3 月 7 日，第 2 版。

刘鑫等：《"千里水道，大美衢州"建设规划的实践与思考》，《浙江水利水电学院学报》2017 年第 5 期。

B.10
山东泰安市天颐湖水利风景区发展报告

王红炎　韩彦龙　刘晓琼　赵发权　孙启青　郑黎明　卢智超*

摘　要： 天颐湖水利风景区地处泰安市岱岳区满庄镇境内，依托胜利水库而建，属于水库型水利风景区。景区集旅游、度假、科普、休闲、娱乐、运动于一体，2010年被水利部认定为国家水利风景区。景区以"艰苦奋斗、团结互助、不怕困难、勇于担当"的胜利渠精神为魂，聚焦绿色发展，积极打造生态游、研学游，传承和发扬优秀水文化，塑造"泰安天颐湖"水文化品牌；以"水利+乡村振兴+生态修复"为脉，持续保护水生态，全面提升水环境；景区打造多元业态，带动周边群众就业，共享水利高质量发展成果，是"两山"理论的生动实践。

关键词： 水利风景区　乡村振兴　文旅融合　高质量发展

一　景区概况

天颐湖水利风景区位于山东省泰安市岱岳区满庄镇境内，处在"山水圣人"旅游线上，依托胜利水库建设而成，属于水库型水利风景区，2010

---

* 王红炎，河南省文化和旅游规划研究院助理工程师，研究方向为水利风景资源保护与利用；韩彦龙，泰安市岱岳区胜利水库管理服务中心高级工程师，研究方向为水利风景区管理；刘晓琼，泰安市岱岳区胜利水库管理服务中心高级工程师，研究方向为水利风景区管理；赵发权，泰安市岱岳区水利局工程师，研究方向为水利风景区管理；孙启青，泰安市岱岳区胜利水库管理服务中心工程师，研究方向为水利风景区管理；郑黎明，泰安市水利局水资源科高级工程师，研究方向为水利风景区管理；卢智超，新华水利控股集团有限公司助理工程师，研究方向为水利风景区管理。

年被水利部认定为国家水利风景区。胜利水库建成于1978年,是伴随着我国改革开放步伐建设完善的重要水利枢纽工程,总库容5020万立方米,是一座集工业供水、农业灌溉、引水补源于一体的综合性水利工程。依托胜利水库的资源优势,泰安市岱岳区高标准打造天颐湖水利风景区,景区面积为8.6平方公里,其中水域面积为5.2平方公里。景区风光秀丽、景色宜人,集旅游、度假、科普、休闲、娱乐、运动于一体,被称为"岱岳明珠"。

景区创建以来,先后获得国家4A级旅游景区、全国青少年户外体育活动营地、山东省级旅游度假区、山东最具影响力景区、山东最受欢迎景区、山东优秀旅游景区、山东精品旅游十佳研学目的地、智慧旅游景区、文旅融合示范单位、山东省管理和服务创新先进单位等荣誉称号,2023年景区入选《国家水利风景区高质量发展典型案例第三批重点推介名单》。

二 发展历程

泰安市天颐湖水利风景区的发展历程可划分为工程建设、景区创建和景区发展三个阶段。

(一)工程建设阶段

1977年秋,泰安县委提出"只能苦干、不能穷熬"的口号,举全县之力实施东水西调工程,在大汶河上游的牟汶河、瀛汶河、石汶河三条河流建设拦河引水工程,修建总长53.5公里的引水渠,将满庄镇南留、北留、北迎3座小型水库连通扩建为中型水库——胜利水库,引大汶河水彻底解决泰安西南部地区水源严重不足、长期制约经济发展的问题。

1977年10月,胜利水库和胜利渠工程全面铺开建设,全县上下积极响应,12万人民齐上阵,战天斗地、破除万难,形成了"精壮劳力上前线、辅助劳力多支援"的动人劳动场面。1978年7月29日,胜利水库和胜利渠工程竣工通水,历时9个月,总投资678.9万元,投工2130万个,扩大改善灌溉面积 30 万亩，年产鱼 50 万斤，① 全县提前一年实现每个农业人口有一亩旱涝保收稳产高产田的目标，创造了"一渠纵贯六河水，一坝横连五道山，千年旱区绿水流，荒丘变成米粮川"的水利奇迹。"艰苦奋斗、团结互助、不怕困难、勇于担当"的胜利渠精神，成为泰安人民的宝贵精神财富。

（二）景区创建阶段

2003 年，基于社会发展和周边环境质量改善的内在需求，胜利水库管理局以工程除险加固为契机，确立"高起点规划，高标准建设，打造精品水利风景区，走出生存困境，实现跨越式发展"的工作思路，力图打破胜利水库困难落后的局面，着力构建人水和谐、城水相依的水利景区。

2006 年，泰安市岱岳区委、区政府开发建设胜利水库，并命名为"天颐湖"，按照"特色突出、功能齐全"的原则，规划"一心一环七区"，穿珠成链串联多个不同景观区块，将天颐湖打造成集旅游、休闲、娱乐、度假于一体的水上旅游乐园。

2007 年，景区凭借高质量的规划方案和良好的生态资源，吸引了众多有实力的开发商。先后实施了拦蓄枢纽引水、水库渠道清淤、生态保护修复等工程，建设了人造沙滩、观光小岛、木栈道、休闲广场、滨水广场、码头、停车场等配套设施，配备了观光小火车、观光船、游览车等服务设施，有效丰富、完善了天颐湖的游览、休闲、娱乐功能。

2009 年，景区游客量达到 9.8 万人次，经济收入达到 600 万元，② 成为泰安知名的水利生态旅游休闲度假区和渔猎文化体验基地，同年被评定为山东省省级水利风景区；2010 年，被水利部认定为国家水利风景区；2011 年，获批国家 3A 级旅游景区。

（三）景区发展阶段

2014 年 8 月，为确保胜利水库和引水枢纽工程更好地发挥其生态、文

---

① 景区提供数据。
② 景区提供数据。

化、社会、经济效益，胜利水库和胜利渠除险加固工程全面开工。2015年底，景区在国家水利风景区和3A级旅游景区的基础上，围绕"山水相依、泰山天颐"主题，按照休闲度假、开放共享功能定位，高起点规划、高标准建设天颐湖旅游度假区。

2017年，随着景区提升建设和除险加固工程的全面完成，景区呈现强劲的发展态势，为地方经济、社会发展做出积极贡献，天颐湖水利风景区进入高质量发展阶段。先后获得国家4A级旅游景区，2017年度山东最具影响力景区、十佳人气景区，2018年度旅游产业影响力旅游度假区、最受欢迎景区，2019年度山东优秀旅游景区，2020年度山东精品旅游十佳研学目的地，2021年度旅游口碑奖，2022年度智慧旅游景区、文旅融合示范单位等荣誉称号。2023年景区入选《第三批国家水利风景区高质量发展典型案例重点推介名单》。

三 发展成效

景区凭借持续发展动能和绿色发展理念，在生态、经济、社会和文化方面取得显著成效。

（一）生态效益

胜利渠综合治理项目被列入全国试点的泰山区域山水林田湖草生态保护修复工程体系，根治了部分渠段岸坡坍塌、堵塞、生态脆弱等问题，胜利渠引水补源功能得以充分发挥，每年调蓄、补充生态用水约1000万立方米，保证了周边城镇生态发展用水，实现了"水工程服务水环境、水环境促进水生态"的人水和谐目标。景区将曾经是"水淹地"的砂石区打造成景点，对土丘进行改造堆砌，种植花卉，将泥泞路改造成石板路和木栈道，采用节能环保材料配备水、电等相关配套基础设施。通过一系列生态治理措施，景区林草覆盖率达到98%，防风固沙效果良好，水质监测各项指标达到国家Ⅲ类标准，噪声指标达到国家Ⅰ类标准。景区提质增效后吸引来白头翁、针尾鸭等国家级保护动物和鹳、鹤、鹭等稀少物种。天颐湖不但成为广大群众的休闲胜地，也成为野生动物繁衍的栖息地。

（二）社会效益

景区积极探索以全域旅游带动精准脱贫的路子，加强与周边乡镇联动，以"党建+乡村振兴"为抓手，引导各村党组织最大限度地发挥自身优势，建设采摘园、油菜花田等特色农事体验项目；景区建设之初，优先安排当地劳动力参与建设，以贫困户为先，建成后，为周边5个乡镇提供景点服务、商品售卖、保洁保安等500余个就业岗位；当地群众通过务工、发展民宿等形式，纷纷在家门口就业，共享景区发展成果。景区陆续建设了天颐阁、泰山花海、古典汽车博览馆、梦想小镇、飞行体验馆等18个游玩项目和上百处景点，以"季季有主题、月月有活动"为基调，举办郁金香节、沙滩音乐节、环湖马拉松等主题活动，成为当地居民和游客休闲游憩的好去处，满足了人们对美好生活的需求。

（三）经济效益

景区积极融入全域旅游发展格局，不断完善周边"吃、住、行、游、购、娱"各业态要素，培育高端酒店及民宿集群，打通旅游服务"最后一公里"，开发小吃街，丰富游客的餐饮选择。自开业至2023年底，景区累计接待游客约710万人次，收入约2.3亿元。另外，景区所依托的胜利水库还发挥着农业灌溉、工业供水的作用。截至2023年底，水库灌区约有14万亩粮田，灌溉水量为12亿立方米。为了扩大灌面，实施胜利水库灌区续建配套与节水改造工程，恢复改善灌溉面积17.5万亩，向沿线10余个乡镇提供农业灌溉用水4703万立方米，年节水1008万立方米。2007年以来，累计提供工业用水1.35亿立方米，为区域工业经济发展提供了充足的水资源。[①]积极提升水产养殖效益，科学调配、生态养殖，实现了"以水养鱼，以鱼

---

① 景区提供数据。

净水"，湖内鱼类品种达 20 余种，年产鱼 35 万余斤，产值达 300 余万元，有效提升了当地渔民的经济收入。①

（四）文化效益

景区以工程建设过程中形成的胜利渠精神为载体，打造研学基地，持续推出一系列特色研学课程，全方位展示人民群众建造胜利水库和胜利渠的历史，传播弘扬水利精神，研发了"战天斗地、人民胜利""漫步天颐湖畔、探寻胜利文化"等一系列研学课程，通过实际操作建渠的工具，提升学生对胜利渠精神的认同感；紧扣中小学教材，研发了泰山花海种植体验、梦想小镇皮影、扎染、飞行模拟体验、3D 打印等一系列特色研学课程。研学队伍已走过景区里程 23 万公里，历时 5 万小时，接待 7 万余人次。研学基地被评为齐鲁研学旅行联盟共建基地、泰安市第一批市级中小学生研学实践教育基地等；"不忘初心、艰苦奋斗"课程获得第二届山东省研学旅行创新线路设计大赛三等奖。

四 基本经验

景区始终践行"两山"理念，持续保护水生态，全面提升水环境，积极打造多元业态，探索管理模式创新，赋能文旅融合，推动水利高质量发展成果共享。

（一）坚持生态优先，聚焦绿色发展

景区从规划、建设到投入运营，始终践行"两山"理念，力求实现人与自然和谐共生。建设初期，景区秉承绿色发展和都市休闲慢生活理念，按照最大限度保护自然生态、最小幅度人工建设干预、最有力保障工农业用水需要的总体要求，系统规划景区"一心一环七区"的布局。近年来，围绕"大美岱岳"建设目标，不断依托水利设施和水利工程，探索打造高质量水

---

① 景区提供。

利风景区品牌。胜利渠综合治理项目被列入泰山区域山水林田湖草生态保护修复工程体系，胜利渠引水补源功能得以充分发挥。

（二）延伸产业链条，拓宽营销渠道

根据景区文化与市场定位及设施资源条件，积极融入泰安市全域旅游业发展，加强周边资源联动，改变传统的"门票经济"模式，采取以门票为核心，将餐饮、住宿、交通、休闲、二次消费与旅游观光相结合，为游客提供全方位一体化的优质服务，形成集吃、住、行、游、娱、购于一体的多业态、多元化协同发展模式。根据景区的核心创意、产品特点和市场细分，打造各类主题活动，形成全媒体宣传营销矩阵；采用"互联网+旅游"模式，与携程等OTA平台合作，实现景区游客逐渐从"流量"向"增量"的转变、游览方式从"单一景区"向"全域旅游"的转变，形成多元化营销模式。

（三）创新管理模式，形成发展特色

景区联合政府管理部门、运营主体等相关利益机构，结合本土实际，实行"政府主导、企业主体，独立经营、自负盈亏"的经营方式，通过PPP模式引进社会资金和优质项目，形成"政府监管服务到位、社会资本多元参与"的管理体制。景区创新实行半开放式运营管理，根据各项设施的功能和各旅游产品、服务项目的特点，将滨湖休闲沙滩、月伴湾休闲广场、如意画廊等公共区域向游客免费开放，并采用项目景点单馆收费与景区联票相结合的运营模式，开创菜单式的旅游消费新模式。

（四）赋能文旅融合，激活发展动能

景区围绕"艰苦奋斗、团结互助、不怕困难、勇于担当"的胜利渠精神，充分挖掘水文化内涵，打造研学基地和水利特色研学课程，展示12万群众建造胜利水库和胜利渠的历史，传播弘扬水利精神。积极融入"山水圣人"景点旅游线路，在景区文化建设中，积极发展特色文化艺术和民俗活动，与周边的太阳部落、大汶口文化遗址等优势文化资源融合，共同构成特色鲜明、亮点纷呈、文化多元的文化旅游目的地，使广大游客在欣赏美景的同时感受文化的魅力。

五　发展思路

景区为市民提供了"水清、岸绿、景美"的休闲活动场所，未来景区应不断创新，立足独特的区位优势，探索高质量水利风景区发展路径。

一是深入挖掘水利特色，加强景区水文化建设。景区深入挖掘胜利水库及胜利渠工程建设历史，建设室内展馆、室外展示场所、水文化科普装置等，以多元方式展示水利精神、弘扬胜利渠精神，让人们真正体验到泰安人民的宝贵精神财富；展示胜利水库及胜利渠对农业灌溉、工业用水、引水补源、助力乡村振兴的成效。

二是优化景点资源配置，凸显景区特色。基于景区景点项目多、特色不明显，结合 OTA 平台、景区旅客满意度调查、景区报告等数据资料，分析跟踪问题，提升旅游监管及服务质量；对热门景点及项目进行资源倾斜，保障安全、高效的景区环境；做大做强水利特色突出的景点及项目，凸显景区特色风貌。

专家点评

天颐湖水利风景区是依托胜利水库建设而成的水库型水利风景区。景区始终践行"两山"理念，依托良好的自然生态资源和宝贵的人文历史资源，打造集旅游、度假、科普、休闲、娱乐、运动于一体的旅游度假区。

景区积极开展生态游、研学游，弘扬胜利渠精神；景区坚持"水利+乡村振兴+生态修复"发展模式，采取提升水环境、"党建+乡镇"联动助力民生等举措；景区在政府、市场"两只手"的推动下，不断释放旅游业转型发展新动能，塑造"泰安天颐湖"水文化品牌，实现"绿水青山"转化成"金山银山"。景区在弘扬胜利渠精神、生态修复、经营模式创新、乡村振兴方面进行有益探索和实践，为同类型水利风景区高质量发展提供了可借鉴的经验。

参考文献

李焕菊、韩彦龙：《浅谈胜利水库（天颐湖）的建设与生态环境发展》，《科技与企业》2013 年第 12 期。

《打造风光秀美的天颐湖》，《中国水利报》2010 年 7 月 16 日。

《岱岳区采取"多元化"的商业运营模式打造水利风景区建设》，山东省水利厅网站，2022 年 9 月 23 日，http：//wr. shandong. gov. cn/xwzx_319/dfss/202209/t20220923_4075187. html。

《深化水库管理体制改革打造现代化水库新标杆》，泰安市水利局网站，2024 年 4 月 9 日，http：//slj. taian. gov. cn/art/2024/4/9/art_167954_10294605. html。

B.11
湖南长沙市湘江水利风景区发展报告

姜凯元 黄诗颖 王欣苗 赵艳阳*

摘　要： 长沙市湘江水利风景区位于长沙市中心城区，是依托湘江两岸防洪工程而建的城市河湖型水利风景区。景区自2004年被水利部认定为国家水利风景区以来，注重将山、水、洲、城的自然和人文风光与宏大的防洪工程有机融合，成为集休闲、观光、娱乐于一体的综合性开放式景区。景区依托工程采取"堤内多层上升造景，堤外梯级下降连江"的建设模式，探索沿江开放式城市景观建设发展思路；景区发展强调科学规划与治理，将治理与建设融合，推动湘江与城市共生繁荣；不断提升管理和服务水平，探索发展具有地域风光带特色的公共开放景区管理体系。长沙市湘江水利风景区是统筹城市发展与生态文明的生动范例，是人水和谐的滨江开放空间和城市河湖型国家水利风景区标杆。

关键词： 水利风景区　城市景观建设　高质量发展

一　景区概况

长沙市湘江水利风景区依托湘江两岸防洪工程建设而成，2004年被水利部认定为国家水利风景区。景区坐落在长沙主城区的湘江两岸，全长26

---

* 姜凯元，水利部综合事业局党办六级职员，工程师，研究方向为水利风景区管理；黄诗颖，长江水利水电开发集团（湖北）有限公司工程师，研究方向为水利风景区管理；王欣苗，水利部综合事业局景区监督技术处工程师，研究方向为水利风景区管理；赵艳阳，河海大学在读硕士研究生，研究方向为环境科学与工程。

公里，总面积为 23 平方公里，是一个典型的城市河湖型水利风景区。核心景区位于长沙中心城区，西岸南至湘江三桥（猴子石大桥）桥口，北至望月湖路口，全长 7.61 公里；东岸南至劳动路口，北至湘江二桥（银盆岭大桥），全长 5.32 公里，总面积为 11.38 平方公里，其中水域面积为 9.88 平方公里。

长沙市湘江水利风景区突出营造以市民休闲为主题的城市沿江景观工程，成为集休闲、观光、娱乐于一体的综合性开放式景区，是长沙市民与游客休闲游憩的绝佳去处。景区内有著名的橘子洲、杜甫江阁、贾谊故居等历史人文景观，设立了以"俭养德"为主题的倡议标识栏，"98 湘江抗洪纪念碑"，具有水利特色的水位尺、水位标示等水文化科普设施，宣传水文化知识。景区风光带各类景观、植物高低配置合理，四季花坛色彩搭配多彩绚丽，沿岸景观与湘江水、橘子洲、岳麓山、长沙城共同构成山、水、洲、城"遥望相助，交相呼应，百步百景，花草相簇"的秀美画卷，景区生态环境优良、文化氛围浓厚，贯彻落实创新、协调、绿色、开放、共享的新发展理念，形成人水自然协调的高质量发展格局。

景区管理单位为长沙市水利局。长沙市是首批国家历史文化名城之一，历经三千年城名、城址不变，有"屈贾之乡""楚汉名城""潇湘洙泗"之称，是长江中游城市群和长江经济带重要的节点城市、综合交通枢纽和国家物流枢纽，获得全国文明城市、中国（大陆）国际形象最佳城市、东亚文化之都、世界"媒体艺术之都"等称号，2008 年以来连续 16 年被评为"中国最具幸福感城市"。长沙市湘江水利风景区所在的开福区、天心区、岳麓区均多次入选全国高质量发展百强区、全国幸福百强区、全国旅游综合实力百强区等。长沙市湘江水利风景区所依托的湘江两岸环境综合整治工程获中国人居环境奖；湘江东岸改造工程被评为湖南省优质工程；展览馆路至轮渡码头段 680 米长的风光带建设工程，被湖南省住房和城乡建设厅授予园林绿化省优质工程奖。2023 年，湘江水利风景区入选《第三批国家水利风景区高质量发展典型案例重点推介名单》。

二 发展历程

长沙市湘江水利风景区依托湘江两岸防洪工程建设而成,位于长沙主城区的湘江两岸。长沙市湘江沿岸水利工程及景观建设始终坚持高标准规划,长沙市人民政府在1995年、2000年、2003年、2012年、2017年等不同阶段,根据城市发展建设状况先后多次组织编制湘江滨水地区城市规划,开展湘江长沙段防洪工程建设、景观设计等工作;建设范围涵盖湘江两岸长沙核心城区,以高质量水利工程建设为基础,在充分实现城市防洪排渍功能的前提下,将水利工程与沿江景观、道路工程作为一个整体组织实施,形成集堤、路、房于一体的城市沿江风光带;稳步推进规划建设,通过精心设计,科学施工,着力为全市人民提供环境优美的理想生活空间。

长沙市湘江水利风景区的发展可划分为防洪能力建设和景观提质建设两个阶段。

(一)防洪能力建设阶段

1998年湘江特大洪水后,长沙市人民政府开展了大规模水利建设,长沙市历届市委、市政府都高度重视,统筹规划,重点组织实施。1998~2005年,长沙市人民政府持续将湘江堤防、沿江道路、滨水区景观等建设工程列入城建重点工程项目。防洪工程建设之初,长沙市政府就提出了城市防洪工程、道路交通、环境整治、景观打造、文旅休闲一体化的设想,将城市防洪排渍工程、江河污染治理、沿江景观打造、道路整治和棚户区改造相结合整体推进实施;针对许多沿江城市建设防洪堤后堤顶较高而影响城市景观的问题,工程设计提出"堤内多层上升造景,堤外梯级下降连江"理念,开拓性地探索出水利工程与沿江开放式城市景观建设高度融合的发展新思路。截至2005年,防洪主体工程累计投入19.9亿元,其中自筹资金3.98亿元,国家开发银行资金10余亿元,外国政府贷款折合人民币5.08亿元。[①] 2017

---

① 景区提供数据。

年，湘江长沙段经历超过历史最高洪水位的特大洪水，城区段出现漫堤，退水后，长沙市政府对全市防洪防涝能力做出评估，提出提高湘江东岸防洪标准的要求。2019年，长沙市政府投资5亿元完成湘江东岸防洪综合改造（一期）工程，湘江东岸全线按200年一遇防洪标准达标。

防洪工程作为湘江长沙段两岸景观的基石，其建设充分融合"以人为本"的人文精神和"古城长沙"深厚的文化底蕴，通过改善人居环境，准确地找到"美化沿江一条带，塑造长沙新形象"的改善城市环境战略性发展切入点，创造有历史文化、有现代品位、有优美自然生态的人居环境的沿江城市景观，确保城市可持续发展。

（二）景观提质建设阶段

长沙市湘江水利风景区于2004年被水利部认定为国家水利风景区，2005年，湘江生态文化景观带全面建成开放，湘江两岸综合整治工程获中国人居环境奖。景区建成后，长沙市与时俱进，持续推进湘江两岸防洪工程达标和滨水区生态景观建设，推动景区提质。2005~2023年，长沙市人民政府陆续提出"突出做好湘江风光带景观规划和城市建筑风格与色彩规划""推进湘江旅游带的开发建设""抓好橘子洲提质开发和湘江风光带南北延伸""提质改造湘江风光带，打造'百里滨水走廊'"等举措，实施了湘江生态经济景观带防洪道路提质建设、湘江两岸亮化工程、湘江流域长沙段水环境综合整治、湘江大道景观道拓宽改造、湘江保护与治理"一号重点工程"、湘江两岸城市桥梁和重要干道亮化提质工程等重大提质改造项目。湘江东岸堤防提质改造完成后，为提升一江两岸夜间观景品质，2020年，长沙市投资3.8亿元，对标国际都市标准，实施一江两岸照明提质工程，实现湘江两岸夜间"一键点亮"，充分发展景区夜经济，夜游湘江观赏两岸灯光秀已成为长沙文旅新名片。

随着长沙城市发展，城市建成区沿湘江蜿蜒建设，开创了"一江两岸、比翼齐飞"的城市新格局，岳麓山、湘江水、橘子洲的山光、水色、洲景成就长沙星城的灵气与秀丽，现代化的城市风貌、宏大的防洪工程、美丽的自然风光深度结合，擦亮了长沙"山、水、洲、城"文化名片。2017年，橘子洲恢复国家5A级旅游景区称号。2023年，长沙市湘江水利风景区入选《第三批国家水利风景区高质量发展典型案例重点推介名单》。

三 发展成效

景区建成以来，促进了水利建设与城市发展的和谐交融，提高了区域防洪标准，改善了人居环境，提升了城市品质，在维护河湖健康生命、传承弘扬水文化、带动绿色发展、促进人水和谐等方面发挥了重要的示范作用。

（一）生态效益

湘江是长沙市城区重要的饮用水源之一。长沙市湘江水利风景区通过做好饮用水源保护和水生态综合治理保护，将水生态文明建设作为景区建设的基础，将治理与建设融合，整合相关资源，通过整体推进的方式高质量打造生态景观，开展一系列人水生态和谐发展的生动实践，逐步形成水清岸绿、风景优美、人水和谐的生态文明面貌。从2013年起，长沙市抓好落实湘江保护与治理"一号重点工程"三个"三年行动计划"，通过全面整治工业废水、生活污水、畜禽养殖粪污等问题，采取湘江库区全域禁采、城市黑臭水体治理、沿江污水处理厂及排水管网提标改造、控源截污、水土流失治理、小微水体管护、重点水域禁渔、增殖放流等多种措施，湘江长沙段江水更清、河道更畅、生态更好，产生了显著的生态效益。湘江长沙段连续5年国控、省控断面水质达标率及优良率为100%，水质保持在Ⅱ类及以上，水生生物多样性持续提升。2018年"水中大熊猫"江豚在长沙湘江水域复现，2023年首次观测到江豚成群出现在长沙水域。

2007年，城市管理体制改革后，长沙市湘江水利风景区开创地区绿化管理先河，在全市绿化行业中首次采用物业化管理模式，该模式的运作实现了长沙市湘江水利风景区绿化景观的长效管理，景区绿化维护水平不断提高。湘江两岸植物配置既有香樟、冬青等常绿植物，又有时节分明的花卉，高低错落有致，景色四季常新；植被覆盖茂盛，为滨水生物提供了荫蔽，搭配建造人工鸟窝，吸引喜鹊、鸽子、麻雀、布谷鸟、白鹡鸰等众多鸟类在风光带筑巢安家，有效提升景区周边的生物多样性；景区内装配的条状低亮灯光带，在给城市夜景增添一道亮丽的风景线的同时尽量降低人工光源对风光带周边栖息动物的影响，以生态和谐为基础打造城市滨水景观；景区积极推动水生态文明宣传教育工作，充分利用"百年水文站"长沙水文站、水情教育基地和节水教育基地长沙市水质检测中心等场所，普及水文化知识和贯彻水生态文明理念，致力于提升公众水文化认知，让水生态文明理念深入人心，实现人与自然环境的和谐发展，创建城市文明和生态文明繁荣统一、互融共存的新形态。

（二）社会效益

服务一方民，守护一江水，自 1998 年特大洪水给长沙带来惨痛的教训以来，长沙防洪工程体系得到整体升级，防御流域性洪水能力大幅提高，长沙湘江城市防洪工程建设为城市发展筑牢了一道防洪安全屏障，抵御了 2017 年长沙站历史最高水位和 2019 年历史最大流量的特大洪水，保卫了长沙数百万居民的生命财产安全，维护了城市的正常运转和社会稳定。景区注重科普水利知识，水利色彩鲜明。景区两岸设立了"98 湘江抗洪纪念碑"和防洪警示碑，讲述 1998 年全市党政军民齐心协力、团结奋战，抗天灾、战洪魔、保长沙、卫家园的动人故事，在宣扬抗洪精神的同时，警诫后人不忘历史，努力构建人水和谐新格局，在科普水利知识的同时，彰显了独特的水利文化。2021 年 3 月，落户长沙市湘江水利风景区的水文宝宝标识可以随时获取周边 30 米湘江洪水涨落情况，景区内节水教育基地和水情教育基地每年定期向市民开放，普及节水和水情教育。

与此同时，防洪工程和城市道路、景观工程深度结合，湘江水利风景区为长沙市打造了一条集人文、历史、文化、自然风光于一体的沿江开放式城市景观带，形成了良好的社会效应。景区内十余处广场、平台、走廊，是沿线居民运动健身、休闲娱乐、日常生活的好去处。景区开阔、美观、交通便利的场地吸引了诸多组织机构，景区内每年举办社会公益活动以及市民活动40余次，如世界水日·中国水周、世界环境日、节水科普、普法宣传、公益慈善嘉年华、志愿服务巡礼、全民健康生活等主题活动。各民间艺术团体不定期在风帆广场出演的湖南传统戏剧花鼓戏、合唱、杂耍等文化艺术表演形式成为彰显长沙城市文化"软实力"的新媒介。通过承办节庆烟花秀、长沙国际马拉松比赛、长沙环湘江自行车邀请赛等活动，景区进一步提升了知名度。

长沙市湘江水利风景区充分展现了城市水利建设成果和山、水、洲、城景观特色，吸引大量本外地游客前来游赏，已经成为长沙市推介本土文化、满足市民精神文明生活需求的重要窗口之一。

（三）经济效益

长沙市湘江水利风景区在城市核心区汇集山水林草风光，为繁华喧嚣的城市提供幽静舒适的环境，通过生态效益、社会效益的显著提升，赋能城市经济发展。景区内10余条城市主干道纵横交错，长沙地铁2号线和超过20条公交线路直通景区，交通通达的湘江两岸串联三馆一厅长沙滨江文化园、千年古寺开福寺、潮宗街、太平街、贾谊故居、杜甫江阁、橘子洲头、江神庙、文津渡，辐射五一广场、岳麓山、河西大学城等长沙重要旅游观光景点，是国内外游客来长沙旅游的必经之地，沿岸的灯光亮化更是助力湘江水利风景区成为长沙特色夜经济发展核心带，从而有效带动周边产业综合发展。

景区丰富城市文化内涵，促进城市全面健康发展。景区所在的开福区、天心区、岳麓区多次入选全国高质量发展百强区、全国幸福百强区、全国旅游综合实力百强区等。长沙市湘江水利风景区是全开放式的公益性景区，客流量较大，2023年接待游客超2000万人次，间接带动旅游经济收入约200亿元，以景区内客流密度最集中的热门景点橘子洲为例，其最高日客流量超10万人次。

四　基本经验

景区坚持高起点规划，确保质量先行，打造人水和谐典范。强化齐抓共管，提升管理水平和景区服务水平。注重宣传教育，传承水文化，构筑传播高地。多措并举，推动水利风景区持续健康发展。

（一）坚持高起点谋划，加强水利风景区顶层设计

湘江是长沙的母亲河，长沙一直将湘江的保护开发作为城市发展建设的重要课题，纳入规划，从宏观视角进行把控。

一是将水利风景区建设工作列为《长沙市"十四五"水利发展规划（水安全保障）》的工作重点，提出了以"一江六河，东西两片"为重点、加快建设"一带三圈"的规划布局，明确了水利工程建设、水环境综合整治、河湖生态修复等重点任务。

二是将水利风景区建设与国土空间规划等重要规划有效衔接，根据《长沙市国土空间总体规划（2021—2035年）》，在长沙市"一轴一带四走廊，一核两副十组团，一脉两屏六绿楔"的国土空间整体格局中，长沙湘江水利风景区就坐落在一轴（湘江综合发展轴）、一核（主城核心区）、一脉（湘江及其支流构建完整的河网水系脉络）上，将是长沙未来发展的核心区。

此外，长沙市还编制了《湘江滨水区总体城市设计暨湘江"百里画廊"总体规划》，未来将以长沙湘江滨水区为脉，全面打造世界级湘江"画廊"。

（二）坚持高质量建设，打造人水和谐景区典范

长沙市湘江水利风景区建设始终坚持特色突出、人水和谐的建设理念，在创新思路和提升品质上下功夫。

一是注重提升理念。作为长沙市湘江水利风景区的根基，长沙城市防洪工程建设之初，长沙市政府就提出了将城市防洪排渍工程建设与沿江景观、

道路建设作为一个整体组织实施,通过城市建设将自然风光和深厚的文化底蕴深度融合,着力为全市人民提供环境优美的理想生活空间。防洪工程采用"堤内多层上升造景,堤外梯级下降连江"的设计理念,解决了沿江城市建设防洪堤堤顶较高而影响城市景观的问题,开拓性地探索出一条集人文、历史、文化、自然风光于一体的沿江开放式城市景观建设的发展新思路,为水利风景区的发展奠定了坚实的工程基础。

二是注重提升品质。2004 年,长沙市湘江水利风景区获评国家水利风景区后,发展建设与时俱进,防洪能力、景区景观、基础交通等各方面持续升级,不断推动景区提质。2020 年实施的一江两岸照明提质工程提升了夜间景观品质,夜游湘江观赏灯光秀已成为长沙的一张新名片,促进了长沙夜经济的高速发展。城市主干道和公共交通线路纵横交错,交通通达的湘江两岸不但是市民的休闲公园,更是外地游客来长沙必至的打卡点。由于品质提升,景区带动了周边土地增值,景区沿线多处历史文化街区受到更多关注,得到保护和改造,还陆续建起了多个商业综合体、写字楼集群。

三是坚持系统治理。2018 年以来,长沙市以河长制为抓手,坚持湘江流域系统治理,长沙市湘江水利风景区生态环境得到持续恢复和改善。第一,科学制定行动方案。2013 年以来,长沙市政府制定实施了三个长沙市湘江保护和治理"三年行动计划",2018 年以来长沙市河长制工作委员会制定了两个《湘江(长沙段)流域综合治理三年行动计划》,全面统筹湘江流域水环境、水生态、水资源、水安全、水文化和岸线等多方面的工作。长沙市河长办每年根据"三年行动计划"制定年度综合治理任务清单,2021~2023 年,共下达任务 122 项,包括污水管道建设、水域禁捕、河道保洁、"清四乱"、水资源调度等。第二,用好河长制考核这根"指挥棒"。长沙市将年度重点综合治理任务纳入市河长制对县(市、区)以及相关部门的考核,以考促改,确保各项治理任务落实到位。系统治理取得了明显成效,2021 年,湘江主要支流浏阳河获评水利部示范河湖;2023 年首次观测到成群江豚出现在湘江长沙段;水量保证率高,2023 年全年湘江长沙段日均生态流量保障目标达标率为 100%。

（三）坚持齐抓共管，全面提升水利风景区管理水平

长沙市湘江水利风景区长期以来实行水利主导、属地管理、部门协作的管理模式。一是水利主导。市水利局制定《长沙市水利风景区标志、标牌设立规定》，2017 年对全市 5 个国家水利风景区统一完成水利风景区标志石的设立，出台《关于加快水利风景区创建工作的指导意见》和《长沙市水利风景区考核办法》，对全市水利风景区实施年度考核，主要考核十个基本指标（经济社会条件、标志标牌设立、水生态环境质量、水土保持质量、水质监测结果、管理体系、交通条件改善、信息化建设及宣传推介、安全管理、卫生管理），考核结果与河长制考核以及补助资金挂钩，管理达标的景区单位安排维护运行资金。二是属地管理。长沙市湘江水利风景区由开福区、天心区、湘江新区政府负责景区的日常管理，区园林管理部门成立了湘江风光带水利风景区管理部门，由市政、城管、园林等部门对水利风景区绿化、安全生产、治安、环卫等进行统一管理。三是部门协作。充分利用河长办的协调功能，将水利风景区内的日常保洁、园林维护、文旅融合、水上游览安全、水体水质保障等责任分别落实到城管、园林、文旅、水上公安、生态环境等部门，各单位各负其责，由市水利局定期召开碰头会，将重点任务纳入河长制流域综合治理年度任务清单。四是智能助力。市水利局将湘江长沙段的监管纳入智慧水利建设内容，每季度出具湘江长沙段遥感监测报告，对湘江长沙段的水位、主要断面及重要支流入江口水质开展实时监测；橘子洲景区打造智慧景区小程序，实现云票务系统、智能导览、无感停车等功能，实现了"一码游园"。

（四）坚持宣教导引，打造水文化传播高地

一是开展水宣传。长沙市湘江水利风景区通过承办世界水日·中国水周宣传、节庆烟花秀及各类体育比赛等活动，在宣传水文化的同时，进一步提升了景区知名度。二是讲好水故事。长沙市湘江水利风景区东、西岸大堤上各设立了"98 湘江抗洪纪念碑"和防洪警示碑。长沙市水文站在 2022 年获

得水利部百年水文站荣誉后，拟对原站址进行提质，兴建百年水文站纪念馆，系统展示长沙水文站百年的历史演变脉络。三是做好水科普。景区内的长沙市水质检测中心作为湖南省节水教育基地和长沙市水情教育基地，每年定期向市民开放，通过举办节水知识讲座、参与水质检测过程等方式普及节水教育；风景区水文化科普研学活动年均接待300余批次15万余人次。

五　发展思路

景区建管事实证明，现有的生态、文化等优秀资源本底对景区发展有极高的价值，景区将继续为建设一套"以自然风光为基础、水利建设为保障，人文历史为特色、城市发展为方向"的高质量发展旅游体系而不懈努力。

一是着重打造水文化品牌。长沙市湘江水利风景区在建设初期设置"98湘江抗洪纪念碑"和防洪警示碑、展示水利建设成果的基础上，近年来又增添了湖南水文宝宝标识水文化景观、湘江典型水文年代水位标识牌，长沙市水文站拟建设百年水文站纪念馆，景区内湖南省节水教育基地和长沙市水情教育基地打好了水文化水知识科普教育基础。长沙市湘江水利风景区水文化氛围浓厚，下一步要着重抓好品牌打造，提炼长沙特有的水文化元素，开发沿江水利遗产，讲好长沙治水兴水故事，传承独特的水利精神，建设长沙特色的水文化品牌。

二是持续提升景区品质。长沙市湘江水利风景区地理位置优越，景观得天独厚，山水环城，有岳麓山、湘江、橘子洲，城市发达，串联千年历史地标和现代化城市核心，景区集自然山水景观与现代城市景观于一体。景区品质提升要探索高质量发展模式，以民心所向、民意所归为指引，加强基础设施建设和景观提质，挖掘滨江优质景观资源、红色基因、历史文化等，充分展示湘江风采、长沙特色，提升景区公共活力。

三是进一步扩大景区影响力。湘江长沙段北接湘阴，融入长江经济带，南携长株潭，可共建城市客厅，是长沙山、水、洲、城恢宏地理格局和特色城市意象的支撑骨架，也是城市发展的主轴线。长沙市湘江水利风景区要充分利用自身资源，抓住"网红流量"带来的机遇，通过景区品质打造，扩大名山、名水、名洲、名城的影响力，将滨江空间、景观、人文融合起来，为一江两岸未来发展建设打好基础。

专家点评

　　长沙市湘江水利风景区依托湘江两岸防洪工程而建，属于城市河湖型水利风景区。自 2004 年被水利部认定为国家水利风景区以来，景区贯彻落实创新、协调、绿色、开放、共享的新发展理念，将山、水、洲、城的自然和人文风光与宏大的防洪工程有机融合，依托优良的生态环境、浓厚的文化氛围，突出营造以市民休闲为主题的城市沿江景观工程，成为集休闲、观光、娱乐于一体的综合性开放式景区。

　　景区依托工程采取"堤内多层上升造景，堤外梯级下降连江"的建设模式，探索沿江开放式城市景观建设发展思路；景区不断提升管理和服务水平，探索具有地域风光带特色的公共开放景区管理体系。景区在沿江开放式城市景观发展思路、管理体系建设方面进行了有益探索和实践，可为同类型水利风景区高质量发展提供可借鉴的经验。

B.12
广东增城区增江画廊水利风景区
发展报告

卢素英　于小迪　廖梦均　卢智超*

摘　要：　增城区增江画廊水利风景区位于广州市增城区，是依托增江水域及相关水利设施建设而成的城市河湖型水利风景区。自 2011 年被认定为国家水利风景区以来，景区着力推进万里碧道的高质量建设，引领防洪排涝治理能力的现代化，兼顾生态、安全、文化、景观、经济等功能，打造"水清岸绿、鱼翔浅底、水草丰美、白鹭成群"的生态廊道，打造"增江画廊"水文化品牌，在提高发展质量和效益、挖掘水文化优势、共享共治、统筹滨水公共空间建设等方面取得了积极进展。增城区增江画廊水利风景区紧密结合万里碧道建设，推动景区高质量发展，成为城市发展与生态文明建设的典范。

关键词：　水利风景区　水文化品牌　高质量发展

一　景区概况

增城区增江画廊水利风景区位于广州市增城区增江东、西两岸，依托正果拦河坝和初溪水利枢纽工程而建，属于城市河湖型水利风景区。2011 年，

---

*　卢素英，博士，华北水利水电大学讲师，研究方向为水利风景资源保护与利用；于小迪，水利部综合事业局景区监督技术处副处长，高级工程师，研究方向为水利风景区管理；廖梦均，新华水利控股集团有限公司工程师，研究方向为水利风景区管理；卢智超，新华水利控股集团有限公司助理工程师，研究方向为水利风景区管理。

被水利部认定为国家水利风景区。景区整合了从荔湖初溪水利枢纽工程至正果湖心岛的河岸线，全长约 35 公里，延伸景观包括上游派潭田园生态景观、温泉区和白水寨瀑布等多个景点，形成一组天然与人工景观相辉映的增江水利景观带。景区类型包括湿地、自然河湖以及城市河湖，总面积约 36 平方公里，其中水域面积为 10.5 平方公里，景区水质达到Ⅱ类标准，林草覆盖率达 95%。

增城区增江画廊水利风景区以增江为主轴，形成"一江两岸三带"的总体布局。景区结合正果拦河坝、初溪水利枢纽工程、增江碧道、沿河湿地构建了功能完备、生态友好的防洪排涝体系，有效提升防洪安全水平，同时兼顾生态保护和景观提升，形成具有多功能综合效益的生态廊道。景区还依托已有和规划的绿道向增江两岸延伸景观，打造 30 里增江"山水画廊"。2023 年增城区增江画廊水利风景区入选《第三批国家水利风景区高质量发展典型案例重点推介名单》。

二 发展历程

增城区增江画廊水利风景区的发展可以划分为景区创建、景区提升、高质量发展三个阶段。

（一）景区创建阶段

工程基础建设。正果拦河坝工程是景区的主要组成部分之一。工程于 2003 年正式开工建设，主要进行坝体的基础施工和河道的初步疏浚，旨在提升区域的防洪、灌溉和供水能力；2005 年，初溪水利工程开始实施，结合拦河坝的建设，进行河道的清理和两岸生态修复工作；2006 年，全面启动堤岸加固和护岸建设工程，重点提升防洪能力，并引入生态护岸技术，减少对自然环境的破坏；2010 年，基础设施建设逐步完善，景区的主要道路、步道、休憩设施和服务设施基本建成，开始对外开放试运营。

生态修复与景观提升。2005 年，河岸绿化工程启动，在河岸两侧种植本地适生植物，通过种植林草，减少水土流失，提升河岸景观；2006年，大规模植树造林活动启动，重点在河岸边缘和景区内部种植各种乔木和灌木；2006~2008年，堤岸加固和护岸建设项目采用生态护岸技术，在河道两岸建设生态缓冲带，种植水生植物，改善河道生态环境；2008~2009年，景区内进行湿地恢复工程，通过建设人工湿地和水生植物区，改善水质，为鸟类和其他野生动物提供栖息地，建立水生生态系统，提升水质自净能力；2010年，景区建立生态监测系统，对水质、植被和动物群落进行定期监测和评估，确保生态环境持续改善。

（二）景区提升阶段

自2011年被认定为国家水利风景区以来，景区在绿道建设、旅游服务设施建设、文创产业引入方面得到提升。

绿道建设。景区为提升防洪排涝能力，于2012年正式启动绿道建设工程。绿道长13公里，沿增江而建，贯通光辉大桥至初溪拦河坝段。工程采用生态友好的设计和材料，既满足了防洪要求，又保护了河道的生态环境，同时改善了沿岸的景观效果。

旅游服务设施建设。为提升游客体验，景区于2012~2013年建设了亲水设施和滨河慢行系统，包括亲水平台、步道和休闲设施；2013~2014年，景区还重点打造多个景观节点和休闲娱乐设施，如正果湖心岛、莲塘春色、南山古胜和鹤之洲湿地公园。这些景点的设计和建设不仅提供了休闲娱乐空间，还增强了景区吸引力。

文创产业引入。2013年，景区开始引入1978文创小镇项目，将增城原糖纸厂以及周边旧厂房、旧仓库等改造成文化创意产业园区，吸引电影、音乐、广告、设计等文创产业进驻。2013~2014年，文创小镇建设逐步推进，并成功举办各类电影节、论坛和艺术展览活动，成为增江画廊的亮点之一，进一步提升景区的文化内涵和吸引力。

（三）高质量发展阶段

升级万里碧道。2019年，景区在原有绿道的基础上，引入碧道概念，以景观工程为主导，涵盖水资源保障、水安全提升、水环境改善、水生态保护与修复、景观与游憩系统构建等任务，打造"水清岸绿、鱼翔浅底、水草丰美、白鹭成群"的生态廊道，增江碧道现已成为"广东万里碧道特色案例"。

综合功能开发。景区在防洪排涝、生态保护、景观提升的基础上，进一步开发了文化、旅游和休闲娱乐等多种功能。2016年，景区编制《增江"一江两岸三带"发展设想和近期实施方案》，明确了将增江"一江两岸三带"定位为"翡翠珠链，山水画廊"，并继续擦亮"增江画廊"城市名片，提升景区的整体规划水平和文化内涵。按照方案，景区推进一系列基础设施和景观节点的建设与改造，包括绿道延伸、景观提升和生态修复等项目，进一步完善景区的整体布局和功能。同时，景区加强日常管理和维护，保障景区的长效运营和生态环境的可持续性。

高效管理和长效维护。景区建立健全长效管理机制，加大水环境保洁力度。自2018年起，对增城区重点河涌、黑臭河涌及其他河涌实施常态化"洗河"行动，对水面、河床、堤防、下河通道以及临河的人行道、栏杆、亲水平台、景观、休闲、照明等设施进行清理。增城区水务局印发《增城区岸线保护与利用规划（增江水域、荔湖水域）》，进一步提升水域岸线管理能力，实现河湖功能可持续利用。

文旅融合发展。2019年，景区通过融合文化和旅游资源，推出了一系列具有地方特色的旅游产品和活动，如增江画廊文创市集、水上活动、文化演出等，进一步提升了景区的吸引力和经济效益。同时，景区还引入智慧景区建设，通过信息化和智能化手段，包括建设智慧停车系统、游客流量监测系统和智能导览系统等，提升景区管理和服务水平，进而提升游客体验。

2021年，景区水利工程获"广东省水利建设工程文明工地"称号，并获"智水杯"全国水工程BIM应用大赛银奖、"世界景观建筑奖"，2023年获得2021~2022年度中国水利工程优质（大禹）奖，同时入选《第三批国家水利风景区高质量发展典型案例重点推介名单》。

三 建设成效

围绕打造"一纵两横多节点"的生态布局，增江画廊水利风景区在管理过程中探索良性管理机制，实现了景区生态、社会、经济、文化方面的良好综合效益。

（一）生态效益

增江画廊水利风景区通过建设水生态系统、湿地生态系统和生态空间廊道，提高了区域的生态环境质量，促进了景区的可持续发展，成为广州市和增城区的重要生态文明示范工程。

一是建设水生态系统。增江画廊水利风景区通过系统的生态修复和环境治理措施，持续改善水质，提升水环境。通过种植本地水生植物、恢复湿地生态系统、建设生态护岸等工作，改善了河道及其周边的生态环境，丰富了河道的食物链和生态系统结构。正果拦河坝新建鱼道，打通了景区内鱼类洄游通道，进一步提升水生生物多样性。景区每年投放一定量的滤食性鱼类、河蚬、螺蛳等水生动物，科学调节水体流量和水质，形成了健康稳定的水生态系统。通过严格的水质监测和污染源防控措施，确保水环境的长期稳定和健康。

二是营造生态本底。景区积极开展生态本底建设工作。通过建设透水铺装、生态湿地和生态驳岸等海绵设施，实现雨水就地下渗和净化处理。沿河湿地工程采用生态护岸、雨水排放口水质净化设施和植被缓冲带等技术，在解决积水、内涝等问题的同时，防止水资源流失，提升了景区的水环境质量和防洪能力。

三是打造"城在景中"的生态空间形态。景区通过优化水系网络，构建绿地生态网络，依托已有和规划的绿道向增江两岸延伸，放射状嵌入城市，形成了"城在景中"的生态空间布局，实现绿色与城市的有机融合。广州首创立体碧道，紧依江边山坡而建，分为亲水骑行道、半山腰慢行步道和登山道三层景观道，增强了景区的立体感和生态体验感，实现了人与自然和谐共处的目标。

（二）社会效益

增江画廊水利风景区通过高质量建设和综合整治，大幅提升了城市的生态环境和居住品质。景区内的生态廊道不仅提供了良好的休闲娱乐空间，还显著改善了周边社区的空气质量和生活环境。通过建设碧道和湿地公园，居民可以享受到更加绿色和宜居的城市空间，增强了幸福感和归属感。另外，景区结合丰富的自然资源与深厚的历史底蕴，举办了多种科普教育和文化活动，如 2023 环粤港澳大湾区城市自行车挑战赛（广州·增城站）、增城荧光夜跑活动、首届粤港澳大湾区女子半程马拉松等活动在景区内顺利举办，营造了良好的社会氛围；景区还开展世界水日·中国水日科普宣传、景区徒步等活动，增强了公众的环保意识和生态保护观念，加强了社会的环境教育；通过高标准的规划和建设，景区成为广州市乃至粤港澳大湾区的重要生态景观和旅游目的地，提升了增城区的城市形象和知名度。

（三）经济效益

增江画廊水利风景区在促进旅游经济发展、带动地方产业升级、提升区域投资吸引力、促进就业和民生改善等方面取得了显著的经济效益，为广州市乃至粤港澳大湾区的经济发展和社会进步提供了有力支持。

景区引入 1978 文创小镇等项目，吸引电影、音乐、广告、设计等文创企业入驻，提升了区域的文化创意产业发展水平。文创小镇举办各类电影节、论坛和艺术展览，不仅提升了增城区的文化影响力，还带动了周边餐饮、住宿、购物等相关产业的增长，实现了良好的经济效益；景区范围内建成广州市白江湖森林公园、蒙花布乡村旅游区等国家 3A 级旅游景区，提升了增城区的整体环境质量和城市形象，为吸引外来投资提供了有力支持，创造了大量的就业机会，直接带动了当地居民的收入增长。

（四）文化效益

景区建设过程中，将增城当地的荔枝文化和畲族文化特色融入正果拦河坝工程，宣扬地域文化。正果拦河坝工程中的风雨廊桥和廊亭设计，结合了岭南建筑的"通""透""漏"特色，展示了岭南水乡古朴简洁的风格，提升了景区的文化底蕴。

景区借助 1978 文创小镇，举办了各类电影节、论坛和艺术展览等文化活动，进一步提升了景区的文化影响力和吸引力；景区依托丰富的自然和人文资源，举办多次世界水日·中国水日科普宣传、景区徒步等活动，广泛传播水文化和生态保护知识，提升了当地居民的文化素养，增强了当地居民的环保意识。

四　基本经验

景区加快推进水利风景资源的开发和利用，积极推进生态廊道建设，提升城市人居环境质量，助推景区环境效益、社会效益、经济效益的同步发展。

（一）打造水上游览线路，增强区域经济发展

景区沿线先后建成正果湖心岛、莲塘春色、南山古胜、龙舟赛场、鹤之洲湿地公园、荔湖湿地公园等一批景观节点，游客可乘船欣赏增江两岸景观带，切身感受"一江春色醉游人，两岸百花望荔乡"的美景。景区建设使增江成为集观光、娱乐、休闲度假、运动、科教和文化于一体的景观带，促进增城中部和北部的水利风景资源开发和利用，带动周边消费，优化增江沿岸经济结构。

（二）建设生态廊道，改善城市宜居环境

水是人类相依相偎的重要生活环境，是城市的灵魂，人因水而秀、城因

水而灵。增江画廊水利风景区结合丰富的自然资源与深厚的历史底蕴，建设集防洪、景观、休闲娱乐、生态等于一体的多功能生态廊道，大大改善了城市人居环境。增城区每年依托增江画廊水利风景区开展世界水日·中国水日科普宣传、景区徒步等活动，进行水科学、水文化的全民科普，让群众切身感受到治水对人居环境的改善，进一步推动形成节水、爱水、护水的良好社会风尚。

（三）优化营商环境，助推粤港澳大湾区建设

增城区地处穗莞深港，是黄金走廊的重要节点，作为广州东部交通枢纽中心，是广州拓展珠三角东岸经济腹地的"桥头堡"。增城区以建设广东万里碧道为契机，将增江碧道打造成为"水生态环境治理的升级版"，促进增江画廊水利风景区环境效益、社会效益、经济效益的同步发展。景区以优美的水生态环境，为粤港澳大湾区创造良好的"吃、住、行、游、购、娱"旅游条件，全面提升了增城区城市品位，大幅优化了增城区营商环境。

五　发展思路

景区未来应通过共治共享提升城市品质，推动水经济发展，以实现区域繁荣。

一是坚持共治共享，持续提升城市品质。践行"人民城市人民建，人民城市为人民"的理念，鼓励公众参与，增强社区的凝聚力和居民的环保意识，形成共治共享的良好局面。继续深化增江碧道建设，优化生态、生产、生活空间格局。完善亲水设施和滨河慢行系统，为市民提供优质的休闲娱乐空间，显著改善城市人居环境，提升城市整体品质，促进人与自然的和谐共生。

二是推动水经济发展，实现区域繁荣。充分利用景区丰富的水资源，发展水经济，推动区域经济繁荣；通过开发观光、娱乐、休闲度假、运动、科教和文化等多功能旅游项目，提升景区的综合吸引力和经济效益，进而推动

区域经济全面发展，实现经济可持续增长。同时加强与媒体的合作，通过多层次的媒体宣传，提升景区的知名度和影响力，吸引更多游客和投资者，进而推动粤港澳大湾区的建设。

专家点评

增城区增江画廊水利风景区依托增江水域及相关水利设施建造而成，属于城市河湖型水利风景区。自 2011 年被认定为国家水利风景区以来，景区凭借卓越的规划设计和综合治理措施，取得了显著的生态、社会、经济和文化效益，展示了现代城市水利风景区建设的良好实践。景区在规划和建设过程中，充分考虑生态环境保护，注重多功能综合开发，促进地区经济发展，提升了当地的文化底蕴和旅游吸引力。特别值得称赞的是景区注重社会参与和共治共享，增强了居民的环保意识，提升了居民的参与度，为营造良好的生态环境做出了积极贡献。未来，增江画廊水利风景区可以进一步加强与媒体的合作，提高知名度，吸引更多的游客和投资者。同时，持续推动生态建设和文化创意融合，不断提升景区的综合效益和可持续发展能力，成为更多地区值得学习和借鉴的典范。增江画廊水利风景区"以水定城、以水定地、以水定人、以水定产"的发展思路为其他地区提供了借鉴经验。

参考文献

林燕、黄骏：《城市滨水地段生态景观整治构思——兼谈广东增江两岸景观工程整治实践》，《深圳大学学报》（理工版）2011 年第 4 期。

黄骏、林燕：《增江两岸景观规划及设计感悟》，《南方建筑》2010 年第 4 期。

张环宙、吴茂英：《休闲游憩导向的国外城市历史滨水地段复兴研究》，《人文地理》2010 年第 4 期。

缪丽华：《杭州西溪湿地生态旅游开发现状与前景初探》，《湿地科学与管理》2009 年第 2 期。

B.13
广西桂林灵渠水利风景区发展报告

巫云飞　刘志鹏　万云江　李梦楠　杨晓萌*

摘　要：　广西桂林灵渠水利风景区依托灵渠而建，属于灌区型水利风景区，2017年被水利部评为国家水利风景区。灵渠沟通了湘江和漓江，连接了长江和珠江两大水系，是秦代著名的三大水利工程之一。灵渠历经秦汉、唐宋、元明清时期，形成一整套集渠道、堰坝、陡门、水涵、桥梁于一体的多功能水利工程系统，具有航运、灌溉、防洪、供水等多种功能。景区持续加强生态环境保护，提升灵渠环境质量；积极推动文旅赋能创新，重塑灵渠文化体系；不断优化多元旅游体验，提高景区知名度。灵渠将积极申报世界文化遗产，向世界展示中国古代水利工程的智慧。

关键词：　水利风景区　古代水利工程　世界灌溉工程遗产　高质量发展

一　景区概况

灵渠水利风景区位于广西桂林市兴安县，基于灵渠这一历史水利工程开发，景区总面积约为7.6平方公里，其中水域面积为1.95平方公里。灵渠是公元前214年秦始皇为统一岭南，命史禄率领士兵开凿而成，渠道总长约30公里，宽约5米。灵渠建成后，沟通了湘江和漓江，连接了长江与珠江

---

* 巫云飞，河南昊淼景观设计有限公司设计总监，高级工程师，研究方向为风景园林规划设计；刘志鹏，水利部产品质量标准研究所助理工程师；万云江，江西省防汛信息中心高级工程师，省景区办主任，研究方向为水利风景区管理；李梦楠，首都师范大学硕士研究生，研究方向为水利风景区管理；杨晓萌，山西省水利发展中心工程师，研究方向为水利风景区管理。

两大水系。灵渠被誉为世界上最古老的人工运河之一，与陕西的郑国渠、四川的都江堰并称为秦代三大水利工程。灵渠作为综合性的水利工程，具有水运交通、农业灌溉、城镇供水、生态环境维系、县城防洪等功能，成为连接中原与岭南地区的水上交通枢纽。

灵渠的主体工程由渠首、南干渠以及北干渠三大部分组成。渠首由大天平坝、小天平坝和铧嘴构成。其中，大天平坝与小天平坝均采用人字形重力式砌石溢流坝的设计，而铧嘴则位于两坝的交会点上。铧嘴前端直接指向湘江上游，其作用是将水流一分为二：其中三分南流，通过小天平坝引入南渠；剩余的七分北流，经由大天平坝引入北渠。南渠向西延伸，最终汇入漓江；而北渠则向北延伸，重新流入湘江。灵渠的渠道沿途配备了多种功能的水利设施，构建了一套完整的水利工程体系。该体系包括渠道、堰坝、陡门、水涵、渠沟以及桥梁等多种水利结构，是一个综合性的水利工程系统。

灵渠核心景区包括分水塘、铧嘴、人字坝、南陡阁、天下第一陡、四贤祠、秦文化广场、郭沫若题词碑、秦堤、飞来石、泄水天平等。灵渠先后获国家重点风景名胜区、国家重点文物保护单位、国家 4A 级旅游景区、世界灌溉工程遗产、国家水情教育基地等称号，2023 年景区入选《第三批国家水利风景区高质量发展典型案例重点推介名单》。

二　发展历程

广西桂林灵渠水利风景区的发展可划分为历史阶段和新中国阶段两个阶段。

（一）历史阶段

自秦代开凿以来，灵渠历经多次修缮与维护，其水利工程体系也随之不断演进与完善。根据历史文献记载，从秦代至民国时期，灵渠共经历了 38 次较大规模的修缮活动。这些修缮活动为灵渠水利工程的持续存在与功能发挥提供了坚实的保障。

1. 秦汉初创阶段

秦代开凿灵渠的主要目的是运输军粮，连通中国南方的水运网。秦汉两代灵渠有正史的记载，秦朝至少 1 次，汉代至少 2 次。

秦始皇为统一岭南，由尉屠睢带兵 50 万攻打南越，而大量军饷无法运至前线，为此命监御史禄开凿灵渠作为"粮道"，公元前 214 年建成。此后，灵渠一直担负着重要的军事运输职责。西汉元鼎五年（公元前 112 年）汉武帝兵分五路平定南越；东汉建武十八年（公元 42 年）伏波将军马援、楼船将军段志平定交趾之乱。西汉东汉南征队伍都途经灵渠进入岭南地区。大司农郑弘于建初八年（公元 83 年）奏请修灵渠旁之山路，作为岭南交趾七郡贡品北上的水陆通道。近些年，灵渠沿岸的石马坪汉墓群中出土的汉代琉璃珠、胡人俑，说明灵渠在连接中原与岭南及海上丝绸之路中扮演着重要角色。

2. 唐宋完善阶段

灵渠作为唐宋南方漕运网络中的重要节点，发挥着不可替代的作用。唐代以后，灵渠修缮次数大增，唐代有正史记载的修缮至少 2 次，宋代至少 7 次。

《桂州重修灵渠记》记载了两次对灵渠的修缮："遂铧其堤以扼旁流，陡其门以级直注，且使溯沿，不复稽涩。"又记："其陡门悉用坚木排竖，增至十八重。"① 唐宝历元年（825 年），桂管观察使李渤对灵渠进行了一次较大规模的修治，对灵渠做了较大的改进，增设了铧堤和十八重斗门；唐咸通九年（868 年），桂州刺史鱼孟威再次主持修缮灵渠。

宋初，计使边翊始修之。嘉祐四年（公元 1059 年），提刑李师中领河渠事重辟。北宋广西提刑李师中的《重修灵渠碑记》记载，他在嘉祐四年主持修缮灵渠，"乃成废陡门三十六，舟楫以通"②，此时灵渠上已有陡门 36 处。南宋周去非的《岭外代答》中也有"渠水绕迤兴安县，民田赖之"③的记载。

---

① （明）林富修，黄佐纂《〔嘉靖〕广西通志》，广西人民出版社，2018。
② （明）林富修，黄佐纂《〔嘉靖〕广西通志》，广西人民出版社，2018。
③ （宋）周去非撰《岭外代答》，中国书店出版社，2018。

3. 元明清维护使用阶段

随着京杭大运河的修建和海运的发展，灵渠作为南岭南北航运枢纽的地位有所下降，灵渠沿线地区拥有良好的水资源条件，灵渠水利灌溉功能得以凸显，灵渠两岸田地受益颇多。元代以后，灵渠修缮次数大增，有地方志、碑刻记载的修缮，元代至少3次，明代至少6次，清代至少16次。

元黄裳的《灵济庙记》碑文记载，元至正十三年（1353年）夏季大水冲毁堤陡，岭南西道肃政廉访副史也儿吉尼主持修治，恢复航运和农田灌溉。明严震直的《通筑兴安陡渠记》碑文记载，洪武二十九年（1396年）监察御史严震直修渠，为确保灵渠农田灌溉，修水函24处。清陈凤楼的《重修兴安陡河碑记》记载，光绪十一年（1885年），时任兴安县知县柳恩庆对铧嘴进行下移改建，对大小天平进行修葺；光绪十四年（1888年），时任兴安县知县陈凤楼修葺灵渠，并重建灵济、伏波两祠。这两次修补，是封建王朝对灵渠的最后大修，工程技术虽无大的创建，但全面地继承了灵渠两千年来累积的技术成就，所遗留下的规制面貌，除个别损毁外，大部分在今天仍可以见到。

4. 民国旅游初创阶段

民国初年，因连年征战，灵渠疏于修治，灌溉效益下降。抗日战争时期，广西成为抗日战争的后方战略基地之一。1939年，随着桂黄公路和湘桂铁路相继开通，灵渠的航运量渐渐减少。1942年5月，湘桂铁路理事会与中国旅行社在桂林合组兴安游览团专列，当时的中国旅行社社长潘恩霖认为灵渠"巧夺天工、利尽百世"，并将游览灵渠提升到"激荡民族自信"的高度；同年8月，蒋介石偕宋美龄游览灵渠，兴安县政府特于四贤祠附近的渠上架设木桥一座，于铧嘴上建亭一个，并命名为美龄亭。1944年，建成南陡阁，李宗仁手书匾额。灵渠独特的工程智慧以及沿线山水景观、名胜古迹、建筑设施与摩崖石刻等，使其历史文化价值、旅游价值日渐彰显。

（二）新中国阶段

1. 农田水利阶段

新中国成立后，各级地方政府对灵渠在农田灌溉方面的功能给予了高度重视。为提升灌溉效率，政府组织了灌区民众对既有的渠沟和堰坝进行不定期的清淤和维修工作。此外，还对原有的灌溉渠道进行了扩大和延伸，兴建了结瓜水库以补充灵渠的水源，进而扩大了农田的灌溉面积。

1953年，政府疏通了南渠南陡至大湾陡的一段渠道，并重修了飞来石旁的秦堤。同时，在大小天平下增砌了一道消力槛，并砌直了大小天平的跌水线，以增强水利工程的效能。截至1986年，灵渠灌区内共有灌溉渠道31条，总长度达到130公里，灌溉农田面积超过4万余亩。到了2016年，灵渠的灌溉面积进一步增加至6.5万亩，灵渠灌区成为兴安县主要的粮食生产基地之一。这些措施不仅提升了灌溉效率，而且对当地的农业生产和经济发展起到了重要的推动作用。

2. 文旅开发阶段

1942年，灵渠开始被辟为风景区。1963年，广西壮族自治区人民委员会公布灵渠为自治区重点文物保护单位。1965年，灵渠风景区获批建设。1973年，景区对外试开放，开始接待外宾旅游。

1982年，灵渠被国务院命名为国家重点风景名胜区；1988年，被国务院公布为全国重点文物保护单位；2006年，被评为国家4A级旅游景区；2006年、2012年，被列入《中国世界文化遗产预备名单》；2017年，被水利部认定为国家水利风景区；2018年，被国际灌溉排水委员会认定为世界灌溉工程遗产；2021年，被认定为国家水情教育基地，同年灵渠博物院获得2026年世界运河大会举办权。

三 发展成效

作为一项古代人工运河工程，灵渠的主要功能是连接湘江与漓江两大水系。北渠的水流最终汇入湘江，南渠注入漓江，归属于珠江流域。灵渠不仅在历史上作为中原地区与岭南地区之间的重要交通枢纽，而且在政治和经济领域发挥了显著的作用。作为一项成功的水利工程，灵渠不仅在生态效益方面具有重要意义，还对当地的经济、社会以及文化发展产生了深远的影响。

（一）生态效益

灵渠工程的规划与建设遵循了对自然地理环境影响最小化的原则。历经两千多年的持续运行，其在实现水运和灌溉效益最大化的同时，并未对区域的自然地理环境造成不利影响。作为一项跨流域的水系连通工程，灵渠在湘江干流上游兴安县城以东 2 公里处，建造了"人"字形的拦河坝。大天平坝与小天平坝的合理设计，使得汛期多余的洪水宣泄入湘江，从而确保了南渠和北渠的正常引水功能。此外，灵渠还实现了"三七分水"的水资源调配机制，即在一定流量条件下，三分的水量通过南渠流入漓江，而剩余的七分则通过北渠流入湘江。这种水资源的调配不仅优化了区域的水资源条件和生态环境，还具有显著的生态环境效益。同时，灵渠还发挥了分洪功能，有效缓解了汛期湘江的防洪压力，改善了沿途的农业生态环境。灵渠工程不仅是一项历史悠久的水利工程，也是一项在生态环境保护和水资源管理方面具有重要价值的工程。其对区域水资源的合理调配和对生态环境的保护，为现代水利工程提供了宝贵的经验和启示。

（二）经济效益

古今灵渠不仅在水运交通、农业灌溉、城乡供水方面发挥了良好的经济效益，在辐射带动周边、助力乡村振兴方面也具有良好的经济效益。

一是水运交通功能是灵渠的主要功能之一。灵渠最初在秦始皇时期开凿，其主要目的是统一岭南地区并输送军粮，具有明显的军事用途。在随后的两千多年里，灵渠一直是岭南地区与中原地区之间水运交通的战略要道，对于岭南地区的政治稳定、社会安定以及区域间的人口流动、经济往来和文化交流起到了至关重要的作用。此外，灵渠也是海上丝绸之路始发港合浦与中原腹地连接的关键节点。当时，合浦通过一条水陆联运通道与长安相连，从广西合浦出发，沿南流江—北流江—浔江—西江—桂江—漓江—灵渠—湘江—长江—汉江—汉中—褒水，经陆路至秦岭—咸阳（长安）。在这条水陆联运通道中，灵渠扮演着至关重要的角色，是连接海上丝绸之路与中原腹地的重要咽喉，在古代中国与外界的联系和交流中具有不可替代的历史地位。

二是农业灌溉是灵渠长期发挥的重要水利功能。至 12 世纪南宋时期，灵渠的灌溉工程系统已发展到一定规模，且随着后续完善，灌溉面积逐步扩大。这一发展为区域农业的繁荣和人口的增长提供了基础性的支撑。到了 18 世纪，灵渠的灌溉面积已达到数千亩。1938 年，灵渠的保灌面积为 8502 亩。中华人民共和国成立之后，灵渠的灌溉面积实现了显著扩大。截至 2016 年，灵渠的灌溉面积总计达到了 65000 亩。

三是城乡供水。灵渠的建设促使大量移民向其两岸集聚，其中南渠穿越兴安县城，形成了被称为"水街"的繁华街道。长期以来，兴安古城的这一区域一直是最繁荣的商业地带。数以万计的居民依赖灵渠提供的水源满足日常饮用和洗涤需求。直至 1967 年，兴安县城建立了自来水厂，开始向居民普及自来水，以满足他们的日常用水需求。然而，即便在自来水普及之后，居民的洗涤和生产生活用水依然依赖灵渠。灵渠沿途 36 公里范围内数十个村庄的村民世代生活在灵渠旁边，他们的生产和生活用水均来源于灵渠。2005 年，县城开始建设抽水站，灵渠沿岸的村民逐渐享受到了由灵渠提供的自来水服务。这一变化标志着灵渠在满足居民用水需求方面的角色发生转变，但灵渠对当地居民生活的重要性依然不言而喻。

灵渠水利风景区自 2017 年创建以来，旅游人次和旅游收入持续增长。2022 年接待 31.3 万人次，旅游总收入为 138.86 万元。2023 年接待 25.33 万人次，旅游总收入为 487 万元。

（三）社会效益

灵渠是水利工程综合利用的典范，它集水运、灌溉、供水、生态保护、防洪和旅游等多种功能于一体。在改善沿渠两岸的人居环境和促进周边居民生产发展方面，灵渠发挥了显著的作用。灵渠公园以其优美的自然风光为当地居民提供了散步和锻炼的场所。南渠沿途的水街景区两岸是兴安县的旧城区，那里商铺林立，两千多年来繁荣不衰。

在灵渠的下游，包括灵山庙、六口岩、马头山、江西坪、黄毛坝等自然村在内的地区，已经开发了乡村旅游项目。当地居民通过经营农家乐、乡村民宿、生态农庄和乡村文化体验等活动，吸引国内外游客，过上了美好的生活。

（四）文化效益

灵渠以其独特的历史文化和科学技术价值，在当地的文化旅游资源中占据重要地位。自灵渠开凿以来，众多历史学家、地理学家以及水利专家对其进行了深入的调查研究，并将研究成果记录于各类史籍和学术著作中。例如，西汉时期司马迁的《史记》、东汉班固的《汉书》、北魏郦道元的《水经注》、南宋周去非的《岭外代答》、清代顾祖禹的《读史方舆纪要》中均有对灵渠的详细记载。此外，灵渠保存有30块完整的碑刻，如宋代李师中的《重修灵渠记》、元代黄裳的《灵济庙记》、明代严震直的《通筑兴安渠陡记》、清代范承勋的《重修兴安灵渠碑记》、清代赵慎畛的《重修陡河记》、清代陈凤楼的《重修兴安陡河碑记》等，这些碑刻详细记录了灵渠水利工程历代的修治和运行情况。灵渠岸畔的飞来石、古严关崖壁、乳洞岩崖壁上共有49处石刻崖，这些石刻与守卫管理灵渠的"陡军"后裔及其村落、祠堂、庙宇等共同构成了兴安县重要的文化资源。为了更好地保护和展示这些宝贵的历史文化资料，2018年兴安县开始建设灵渠博物馆，该博物馆采用了泛博物馆理念，将遗产实体与馆内展陈相结合，旨在提升灵渠历史文化和科技价值的系统展示水平。

四 基本经验

景区持续加强生态环境保护，提升灵渠环境质量；积极推动文旅赋能创新，重塑灵渠文化体系；不断优化多元旅游体验，提高景区知名度与影响力。

（一）加强生态环境保护，助力灵渠环境提升

根据《保护世界文化和自然遗产公约》的规定，景区采取"一办八组"的工作机制，以大气、水、固废污染的综合防治为重点，协调环境保护、水利、文化和旅游、住房和城乡建设、自然资源等相关部门，坚持从岸上和水体两方面进行监管，推动灵渠环境的综合整治工作。具体措施包括定期对灵渠水体的水质进行监测，全面推进遗产区域的绿化和水土保持工作，严格控制灵渠核心区及其缓冲区的项目建设。此外，还需不定期地开展针对违章建筑、非法采挖等行为的综合整治工作。自 2022 年《桂林市灵渠保护条例》生效实施以来，相关部门加强了对灵渠河道的巡查，严格按照相关条例，对违规搭建的码头和鱼池等构筑物开展拆除工作，确保了保护区内的建筑符合规定，维护了灵渠的历史文化价值和生态环境。

（二）文旅赋能创新，重塑灵渠文化体系

灵渠景区场景提升项目将秉承文物合理保护与活化利用原则，深入挖掘灵渠文化、秦汉文化等文化资源，通过综合提升景区核心区域的游览配套设施和园林景观，对文化遗产进行保护及系统展示，对各景点进行水景打造，通过展陈提升，使讲古堂、四贤祠、临源阁成为灵渠文化阐释体系的三大极核，打造独具特色的文化旅游品牌，塑造具有鲜明特色的文化旅游目的地。同时，讲古堂将以"灵渠水脉"为核心视觉元素，推出灵渠 VR 船行体验、数字灵渠等文化产品；四贤祠则以层峦叠嶂的山林为背景，强化展示灵渠主体工程，采取多种交互体验形式，让游客深入了解灵渠的故事；临渊阁则以《灵渠长卷》为题材，描绘了灵渠的山水之绮丽和人文古韵之毓秀。游客在这里既能领略山川事物、追溯古今历史、丰富游览体验，又能感受到灵渠在世界古代水利建筑中的重要地位。

（三）丰富旅游体验，提升景区知名度

结合景区实际，开发新的游船游览线路，丰富游客体验，让游客从不同

的角度了解灵渠水利功能以及历史、人文等丰富的内涵。利用重要节日及特殊时间节点，结合灵渠文化特色、兴安传统文化特色，分析游客的旅游心理、消费习惯，策划营销各类文旅活动，延长游客游玩时间，激发游客消费潜能。深度挖掘景区独有的文化，推进文化创意、设计服务与旅游商品的深度融合，丰富灵渠文创产品，满足游客文化体验和消费的需求。以四星级研学实践教育基地、生态环境宣传教育实践基地等品牌建设为契机，通过门票优惠和相关活动体验相结合的方式吸引游客，不断提升景区知名度。

五　发展思路

历经两千多年，灵渠至今仍发挥着航运、灌溉、防洪、供水等作用，水利功能价值还在延续。目前，兴安县正举全县之力助推灵渠申报世界文化遗产。

一是推动遗产保护体系整体性构建。由于灵渠遗址范围大、遗产种类多，因此需要加强顶层设计，提升遗产保护的整体性，构建融合人文与自然、物质与非物质的灵渠遗址整体保护体系。对灵渠本体的保护，优先保护水资源，把保护灵渠遗址与改善生态环境结合起来，以治水带动灵渠两岸绿化和水土保持，实现灵渠整体生态廊道建设。对灵渠沿线水利遗产的保护，需要修复利用沿线古村落、历史遗迹，把保护、发展灵渠遗址与乡村振兴结合起来，展示沿线村落蕴藏的独特历史文化内涵，增强灵渠的吸引力和影响力。

二是推动遗产保护国际化传播。作为世界灌溉遗产，灵渠不仅自身蕴藏着极其丰富的文化内涵，还与古代海上丝绸之路有内在相关性，构成具有世界遗产的宏大文化体系。加强灵渠遗产保护传承、古渠水系治理管护、古渠生态修复等工作，加强灵渠遗址文化内涵挖掘和价值阐释工作，挖掘灵渠在历史中逐步凝练、升华的优秀传统文化，深入阐释灵渠遗址文化内涵，讲好灵渠故事。将灵渠打造为传播中国文化的重要平台，办好灵渠文化主题活动，注重传播内容的创新，讲好、讲活灵渠的历史和当代故事。

　　三是推动遗产保护技术化拓展。文化遗产不仅生动诉说着过去，也深刻影响着当下和未来。数字化技术的介入将使文化遗产实现跨时空的传承与保护，为当代社会发展创造更大的价值。一方面，联合海上丝绸之路沿线博物馆，推出不同主题的线上文物展览，逐步引导公众形成对灵渠文化标识的认知；另一方面，借助全国文化信息资源共享工程、校园网络和远程教育网络，实现灵渠遗产保护与学校教育的有机衔接，让灵渠遗产成为青少年引以为傲的科学精神象征，扩大灵渠文化影响力。

　　四是推动国家 5A 级旅游景区创建。灵渠水利风景区全力投入 5A 级旅游景区创建工作，推动景区规范化、标准化、精细化管理。第一，深入挖掘景区的历史文化资源，通过故事化、场景化的方式，将文化元素融入景区的每一个角落，提升游客的文化体验；第二，通过科学规划游览路线，合理设置休息区、观景台等设施，提高游览效率和舒适度；第三，坚持绿色发展理念，实施严格的环境保护措施，确保景区的自然生态和环境质量，为游客提供清新宜人的旅游环境；第四，加强对景区服务人员的培训，增强其服务意识，提高其专业技能，确保游客在景区内享受到高质量的服务，进一步打响世界文化遗产品牌。

专家点评

　　桂林灵渠与四川都江堰、陕西郑国渠为秦代三大水利工程。灵渠作为综合性的水利工程，具有航运、灌溉、防洪、供水等功能，鲜活地展示着两千余年来水利工程的智慧和传承。习近平总书记说，"要加强文物保护利用和文化遗产保护传承，提高文物研究阐释和展示传播水平，让文物真正活起来，成为加强社会主义精神文明建设的深厚滋养，成为扩大中华文化国际影响力的重要名片"[1]。未来灵渠作为世界灌溉工程遗产，申报世界文化遗产是中华文明连续性、创新性、统一性、包容性的有力见证。

---

① 习近平：《加强文化遗产保护传承　弘扬中华优秀传统文化》，《求是》2024 年第 4 期。

参考文献

唐兆民编《灵渠文献粹编》，中华书局，1982。

澍萌：《话说灵渠》，中央文献出版社，2004。

郑连第：《灵渠工程及其演进》，《广西水利水电》1985年第3期。

李铎玉：《灵渠大事记》，《广西水利水电科技》1986年第3期。

苏倩：《灵渠的保护、利用与申报世界文化遗产对策研究》，硕士学位论文，广西师范大学，2017。

江田祥：《灵渠功能的历史变迁》，《中国社会科学报》2023年4月14日。

四川绵阳市仙海水利风景区发展报告

陈 政 赵 敏 吴 猛 赵 朋*

摘 要： 绵阳市仙海水利风景区依托武都引水工程一期沉抗水库而建，属于水库型水利风景区，2002年被水利部认定为国家水利风景区。景区积极践行新发展理念，按照"生态优先、绿色发展"的原则，"退二进三、优化一产"，持续推进生态与旅游、文化等产业融合协同发展。坚持规划先行，创新性设立"两块牌子，一套班子"的合署办公行政机制，通过"区镇合一"的体制机制创新引领景区高质量发展。在坚持开发与保护并重的基础上，景区实现了生态、经济、社会和文化效益同步提升，已成为促进居民增收、拉动经济增长、推动乡村振兴的新引擎，塑造了"绵阳仙海"水文化品牌。

关键词： 水利风景区 体制创新 产业融合 高质量发展

一 景区概况

仙海水利风景区依托被誉为"第二个都江堰"的武都引水工程骨干囤蓄水库——沉抗水库而建，沉抗水库是以防洪、灌溉为主，兼有城市供水、旅游观光、林果开发、水产养殖等功能的综合水利工程。

---

* 陈政，四川省绵阳市仙海水利风景区党工委书记，研究方向为水利风景区建设管理；赵敏，河海大学博士生导师，研究员，研究方向为水利经济；吴猛，华北水利水电大学硕士研究生，研究方向为水利风景区管理；赵朋，黄河万家寨水利枢纽有限公司工程师，研究方向为水利风景区建设管理。

景区总面积为 75 平方公里，户籍人口为 2.4 万人，辖 7 个村和 4 个社区，是绵阳市唯一以旅游发展为主的园区，是四川省首批国家水利风景区。景区拥有浅丘低山、湖泊、森林等自然资源，负氧离子含量高，生态景观优美，自然环境清新，鸬鹚、白鹭、野生鱼群、银杏等动植物种类丰富，一年内适宜度假时间长达 350 天。以仙海湖为中心的核心区面积为 13.8 平方公里，水域面积为 7 平方公里，纵深视野 3.8 公里，有 46 座半岛，泊岸长超 40 公里，库容为 1.04 亿立方米，水质常年保持在国家Ⅱ类及以上地表水标准（80%为Ⅰ类），形成"山盘桓于绿水之上，水徜徉在青山之间"的天然画卷。

仙海区位独特、交通便利，位于绵阳市区东北，地处九寨沟、黄龙、剑门蜀道、三国旅游热线中心地带，距绵阳机场 16 公里，距成都双流国际机场 168 公里，周边 4 条高速公路（京昆、绵渝—绵九、绵苍、G5 扩容）呈"井"字形包裹仙海，与成绵、绵遂、广绵高速相通，与主体客源市场成都、重庆、西安相连。

景区水、电、气、通信、光缆、排污、环湖路网等基础设施完备，游客中心、迎宾广场、婚庆广场、自行车骑游道、亲水栈道、商业街等服务设施完善，空气质量检测、水质自动监测、水质数据信息处理、污水处理等环保设施健全。景区拥有三国文化、驿站文化、沉香神话传说、民俗文化、水文化等丰富的文化资源，有三千多年历史的由巴蜀通往中原的古驿道——金牛古道从此经过，有云盖寺、观音禅寺等寺庙的佛教文化，有沉香救母的孝道文化，以端午文化艺术展演为代表的传统节日文化已成为仙海特色文旅名片。仙海区已成为绵阳"后花园"和全国知名的休闲旅游度假地区。

二　发展历程

仙海水利风景区的发展可划分为工程发展阶段和景区发展阶段两个阶段。

（一）工程发展阶段

武都引水工程是四川西北地区工农业生产和城市经济发展的重要水源工

程，是具有防洪、供水、发电、旅游以及生态环保和国土资源保护等综合利用功能的大型骨干水利工程，也是川西北地区重要的水源工程，曾被邓小平誉为"第二个都江堰"。武都引水工程分三期建设，其中一期灌区工程于1988年开工，2000年全面建成。位于绵阳市游仙区沉抗镇境内的沉抗水库，则是武都引水工程一期灌区工程的重要节点，建成后已成为绵阳市的著名旅游景点仙海风景区。

（二）景区发展阶段

2002年，仙海风景区被水利部认定为国家水利风景区，成为四川省首个国家水利风景区。绵阳市委、市政府立足景区资源优势，培植新的经济增长区域，同时为更好地发挥绵阳科技城的辐射带动作用，2003年6月批准成立水利经济开发区，开发区党工委、管委会是绵阳市委、市政府的派出机构。同年10月，水利经济开发区更名为绵阳市仙海水利风景区。2008年2月，将绵阳市仙海水利风景区对外统称为绵阳市仙海旅游度假区（简称"仙海区"）。

2010年以来，仙海区先后获得国家4A级旅游景区、全国环境优美乡镇、国家水上（海上）国民休闲运动中心、国家全民户外运动基地、国家桥牌竞赛训练基地、国家体育旅游示范基地、国家级夜间文化和旅游消费集聚区、四川省旅游度假区和四川省生态旅游示范区等荣誉称号。2023年，景区入选《第三批国家水利风景区高质量发展典型案例重点推介名单》。

三　发展成效

仙海区践行"绿水青山就是金山银山"的理念，坚持开发与保护并重的原则，发挥绿色经济的乘数效应，在生态效益、经济效益、社会效益和文化效益方面取得显著成效。

（一）生态效益

优美的生态环境和优良的水质是景区的资源优势。仙海区坚持生态优先、绿色发展的理念，实施环境保护工程，全面开展环境整治，实施库区生态恢复工程，划定生态保护红线，建设生态廊道，保持生物多样性，景区陆地森林覆盖率达90%以上。仙海湖西、北、南侧建设了3座污水处理厂，埋设污水管网50余公里，景区内所有的污水全部通过专门管道进入污水管网，实现规划区域内污水的全收集、全处理。仙海湖水质常年保持在总体Ⅱ类以上，辖区空气质量优良天数常年保持在300天以上。景区所在的沉抗镇在2010年被评为国家生态建设示范区之"全国环境优美乡镇"，形成人与自然和谐共生的良好局面。

（二）经济效益

以旅游业为主的第三产业已成为仙海区经济发展的重要支柱产业。景区从"接待事业型"到"经济产业型"再到"产业支撑型"的转型升级，奠定了其在整个绵阳区域经济发展中的核心地位，形成以消费促进产业升级、服务业拉动经济增长的新格局。居民人均可支配收入和服务业增加值均呈现持续增长趋势。从全年接待游客人数和旅游收入来看，2020年出现低谷，之后持续增加，2023年全年接待游客总人数达241.42万人次，略低于2019年的267万人次；旅游收入达5.6亿元，略高于2019年的5.4亿元。2019~2023年仙海区经济效益分析见图1。

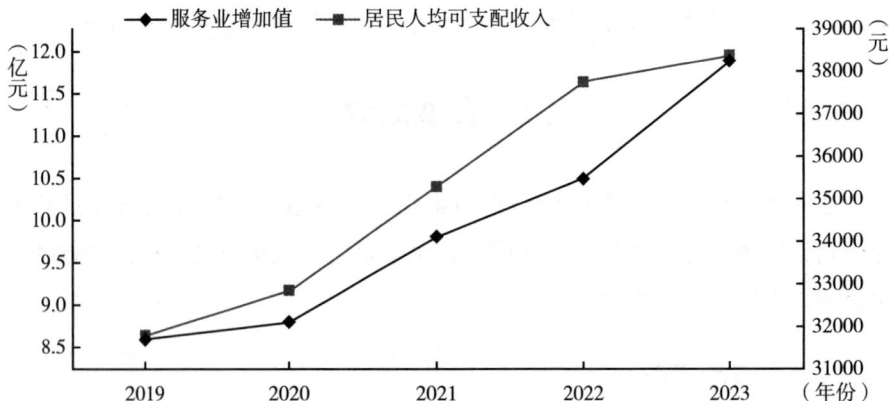

（a）服务业增加值和居民人均可支配收入

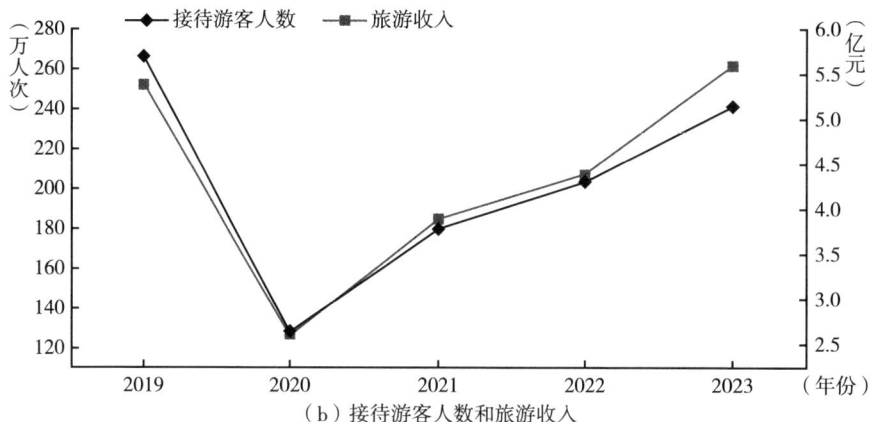

（b）接待游客人数和旅游收入

图 1　2019~2023 年仙海区经济效益分析

资料来源：绵阳市仙海水利风景区提供。

（三）社会效益

仙海湖水库和灌区建成并投入使用后，库区周边交通设施建设明显加强，仙海在全市率先实现村社道路硬化全覆盖，新、老两条 108 国道包围仙海，构成仙海与主城区的两条交通动脉，实现公交村村通，极大地方便了群众出行。景区已建成游客接待中心、水上运动中心、环湖旅游服务站、星级厕所等旅游配套服务设施；对外开放婚庆广场、专用骑游道、景观大道、亲水栈道等景点 20 处；对外营运锦烁、喜来登、铂金海岸、雷耀、龙源会议中心等酒店群，推出仙海龙湾、海珀澜山、香格翠丽等一批低碳生态居住项目。2018 年，第五届全国水利风景区招商引资洽谈会暨河湖旅游产业发展高峰论坛在仙海举行，仙海成为四川省 9 个"河湖公园建设试点"单位之一；2019 年，"壮丽 70 年，奋进中国梦"系列活动之《以琴传情颂祖国》节目登上央视 1 套、央视 13 套等；2020 年，景区获"四川最受网民喜爱的网红打卡地""绵阳十大金牌景区"称号，仙海区、仙海端午龙舟赛分别被评选为"中国体育旅游精品景区""中国体育旅游精品赛事"；2021 年，承办"第 22 届中国桥牌精英赛""2021 年仙海湖杯全国 A 类桥牌俱乐部联赛"等国家级赛事，举办的"我们的节日·端午"省级示范活动被央视新闻频道专题报道；2023 年，打造绵阳仙海原创音乐季、湖畔音乐会和仙海湖生态鱼烹饪技能大赛等一系列文旅活动。

（四）文化效益

景区水利工程文化内涵和文化品位显著提升，现代治水兴水的文化魅力不断展现。以文化旅游为重点发展现代服务业，将水文化与蜀道文化、沉香文化等属地文化融合，推进文化、体育与旅游相融互促。围绕"运动仙海""魅力仙海"，常年推出"月月有节庆"活动，截至 2023 年 12 月底，已举办八届环仙海湖自行车赛、九届绵阳（仙海）端午文化旅游节、七届绵阳市健康活力大赛、三届绵阳市风筝大赛，承办中美滑水对抗赛、全国桥牌女子俱乐部联赛、全国动力冲浪板联赛、全国尾波冲浪公开赛、环仙海湖半程马拉松赛、铁人三项挑战赛等一系列赛事，成为全国桥牌竞赛训练基地、中国书协书法创作基地、四川省体育旅游示范基地、影视拍摄基地、摄影创作基地、科普实验基地。仙海区中心小学被教育部授予中国水学校教育基地，仙海区婚庆广场拥有 2 万平方米的水情教育展示基地。

四　基本经验

仙海区积极践行新发展理念，在体制机制、规划先行、保护开发并重、带动区域经济发展方面积累了宝贵经验。

（一）创新体制机制，推动"景区+政府"一体化管理

注重体制机制的改革创新是景区发展的保障，仙海区实行"区镇合一"体制，"两块牌子、一套班子"，景区党工委、管委会与所属地沉抗镇党委、镇人民政府合署办公，以体制机制一体化创新推动景区水环境保护、水生态修复、水资源利用与经济社会发展有机结合，构建风险可控的水安全体系、

健康完整的水生态体系、清洁优美的水环境体系、高效合理的水节约体系、科学严格的水管理体系、先进特色的水文化体系。

（二）坚持规划先行，高起点引领高质量发展

依托河湖水资源，合理开发景区，注重规划先行，全面统筹河湖水域及其岸线综合利用。围绕水利经济利用，聘请国内外高水平公司担纲策划、编制规划及实施方案，先后完成《仙海区总体规划和控制性详细规划》《河湖公园建设试点实施方案》，将河湖公园建设融入全域旅游发展大格局，在规划指引下，不断完善景区配套基础设施、服务设施，打造运动仙海、生态仙海、文化仙海等特色品牌，大力发展生态旅游，实现新旧经济动能转化。

（三）坚持保护开发并重，走可持续发展之路

仙海区恪守"不让一滴污水流入仙海湖"的承诺，加强仙海湖水质保护，禁止湖内肥水养鱼，建立全湖水质自动化监测系统和水质综合预警信息化管理平台，做到对水体生态环境全天候、全覆盖的实时监控和预警。坚持"退二进三、优化一产"，规范关停、搬迁辖区内所有"环境不友好"企业。严守水资源管理"三条红线"，严格水域岸线分区管理和用途管制，合理划分保护区、保留区、控制利用区和可开发利用区，最大限度地实现岸线资源节约集约利用。落实河湖长制，推行环境污染网格化监管，整合渔政、海事、公安、城管和环保等部门力量，组成联合执法队。

（四）践行绿色发展理念，带动区域经济发展

水利基础设施建设惠及沿线群众，促进周边地区经济发展。围绕"一核两翼、三区协同"战略布局，仙海与游仙、梓潼等签订区域协同融合发展协议，整合优势资源，打造"三国古蜀道文化精品旅游线路""三线记忆·革命激情""乡村旅游环线"等文旅品牌，精品旅游路线带富沿线群众，提高仙海水利风景区的知名度，形成区域文旅融合发展大格局。

五　发展思路

当前仙海区进入由"量"到"质"、由"形"到"势"的重大转变阶段，围绕"12345"发展思路，锚定全面建设水美仙海、活力新城"一个目标"，落实项目攻坚、作风建设"两个抓手"，发展文化旅游、数字经济、大健康"三大产业"，加快"两山"实践创新区、城乡融合示范区、旅游康养集聚区、技能人才孵化区"四区建设"，着力打造生态、活力、数字、健康、幸福"五个仙海"。

一是丰富文旅业态，激活产业动能。聚焦国家级旅游度假区对主题产品、度假产品、酒店设施、餐饮服务和信息化建设等方面的刚性指标要求，强化基础设施建设，招引轻质、精品文旅项目，举办特色文旅活动，深度挖掘沉香文化，打造特色文创IP，进一步提升仙海知名度、美誉度，全面增强仙海旅游承载力。

二是推进产业融合，激发消费潜力。聚焦文体旅产业融合发展新风向，完善各类体育基础设施和公共文化服务，推动水上体育、户外体育等赛事活动蓬勃发展。借助数字赋能，大力发展场景制作、数字视听、数字文创等沉浸式体验数字经济业态，打造"云游仙海"线上平台，开发"智慧仙海景E管"App，实现流量变现、数字管理。

三是拓宽营销渠道，擦亮水利品牌。按照"政府主导、市场运作、媒体联动"原则，不断完善水利风景区市场化营销体系，精准细分市场，融入AI、VR等人工智能和现代传媒视觉技术，拓宽融媒体营销渠道，让景区品牌形象"活"起来，逐步将仙海水利风景区打造成为成渝经济圈甚至全国知名的特色水利品牌。

专家点评

四川绵阳市仙海水利风景区属于水库型景区，地处四川省绵阳市近郊，交通便利，区位优势显著。景区内山水相连，形成一幅山水交融的天然画卷，具有显著的资源优势。2002 年，仙海水利风景区成为四川省首个国家水利风景区。经过二十多年的建设发展，仙海水利风景区先后获多项荣誉称号，已成为成都、德阳、绵阳等城市市民近郊休闲度假所选择的重要目的地之一。

景区践行新发展理念，持续推进生态与旅游、文化等产业融合协同发展；坚持规划先行，创新性设立"两块牌子，一套班子"的合署办公行政机制，通过"区镇合一"的体制机制创新引领景区高质量发展，仙海"以水兴区"的品牌形象日益提升，为同类型地区及其他景区高质量发展提供可借鉴的经验。

参考文献

周波等：《城郊水库型水利风景区生态旅游适宜性及景观格局研究——以四川省仙海国家水利风景区为例》，《中国园林》2023 年第 8 期。

张捷、唐佩佩：《绵阳市仙海国家水利风景区西部地区生态与产业融合协同发展的典型样本》，《国家治理》2020 年第 37 期。

董青等：《体制创新，生态优先，致力于将绿水青山转化为金山银山——四川仙海水利风景区发展经验与启示》，建设生态水利推进绿色发展学术研讨会，南京，2018 年 12 月。

李锦辉：《仙海：高质量推进国家级旅游度假区建设》，《绵阳日报》2023 年 9 月 28 日。

B.15
陕西西安护城河水利风景区发展报告

范永明　季晋晶　贾海涛　张元曦*

摘　要： 西安护城河水利风景区位于陕西省西安市明城墙外侧，依托西安城墙和护城河而建，属于河湖型水利风景区，2018年被水利部认定为国家水利风景区。景区以"守护历史责任，践行文化使命"为宗旨，按照"守护水遗产、保护水环境、创新水管理"的总体思路，保护性展示隋唐时期水工程遗址，对西安护城河实施多次疏浚、开通水源、综合改造等工程，打造集生态景观、休闲娱乐与蓄洪滞洪功能于一体的水文化载体，塑造"西安护城河"水文化品牌；通过整体提升游览环境、智慧服务和夜间景观，形成"水利+文旅""水利+科技"等多业态发展模式，成为水历史与水工程交融、水生态与水文化辉映的典范。

关键词： 水利风景区　水文化品牌　水生态示范区　高质量发展

一　景区概况

西安护城河水利风景区位于陕西省西安市中心，依托西安城墙和护城河而建，与城墙、顺城巷、环城路和环城公园组成"墙、林、路、河、巷"五位一体布局。景区呈"回"字形绕城墙外侧一周，护城河全长14.6公

---

* 范永明，博士，华北水利水电大学讲师，研究方向为园林植物生态与应用；季晋晶，陕西省西安市莲湖区儿童公园工作人员，研究方向为水利风景资源保护与利用；贾海涛，西安城墙景区园林绿化景观有限公司总经理，研究方向为水利风景区管理；张元曦，水利部综合事业局景区规划建设处工程师，研究方向为水利风景区管理。

里，全线设置 8 座拦河坝，形成 9 个梯级水面，河宽 7.2~39 米，水深 0.5~7.2 米，水域面积为 36.2 万平方米，景观水库容为 127.5 万立方米，蓄洪滞洪库容为 144.7 万立方米。高低最大落差为 11.6 米，整体呈东南高、西北低的地势，主要水域水质达到 Ⅱ 类标准。景区供水源为秦岭北麓大峪水库地表水与西安清远中水公司再生水，年引水总量约为 1200 万立方米，再生水使用量占比 60% 以上，实现再生水的综合高效利用。

自 2018 年获评国家水利风景区以来，西安护城河水利风景区先后获得国家 5A 级旅游景区、国家级夜间文旅消费集聚区、陕西省文明旅游示范单位、陕西省平安优秀景区、西安市"最美河湖"、西安市全域治水示范工程一等奖等荣誉。2023 年，西安护城河水利风景区入选《第三批国家水利风景区高质量发展典型案例重点推介名单》。

二　发展历程

西安护城河建成于明朝初期，是城墙外围环城一周的人工防护河，作为阻止军事进攻、固守城防的重要城墙防御工事，距今已有 600 多年的历史。景区的建设发展历程跨越古今，其古时作为城郭防御系统的组成部分，保留至今，在保护的基础上又作为城市水生态的重要一环，以及中华传统文化保护传承弘扬的历史活教材，其发展阶段可划分为古代建城阶段和现代景区发展阶段两个阶段。

（一）古代建城阶段

西安城墙是在唐代长安城皇城的基础上，于明洪武七年到十一年（1374~1378 年）修筑完成的，其修筑过程可分为两个阶段。

第一个阶段是初掘于唐末。西安城的前身是隋唐长安皇城，皇城属于内城，城墙外围并没有修筑护城河。唐长安城只是在外郭城墙外 3 米左右环掘一条宽 9 米、深 4 米的城壕。直至唐末昭宗天祐元年（904 年）三月，佑国军以皇城改筑为新城。此时新城已由从前的内城变为外围城，出于城市防御的需要，始在新城的城墙外环掘一周的护城河，这便是西安护城河的早期工程。这一时期，省府地方官员对护城河防御功能的高度重视，也反映出护城河在巩固城防中所起的重要作用。

第二个阶段是明初的拓掘。明洪武七年（1374 年）正月，明太祖朱元璋命宋国公冯胜往陕西修城池，即西安城墙在原隋唐皇城的基础上向东北两面拓筑，随城墙外移，城周规模扩大，因而延长拓掘了护城河。拓掘后的明代西安护城河，位于城墙外侧 20~60 米，深两丈（约 6.67 米），环城一周，共长 4500 丈（约 15000 米），并将护城河内沿筑高六尺，以增强护城河的防御作战能力。明初除了拓筑西安城外围的护城河，还修筑一道环城一周的护城河。明清至近代，护城河有过多次加深加宽和疏浚，先后疏凿龙首渠、通济渠引河水注入。

（二）现代景区发展阶段

新中国成立后，西安古城墙于 1961 年被列为第一批全国重点文物保护单位，西安市城市规划改变了护城河原有的战争防御功能，使其承担起城区 34.27 平方公里的防洪和雨水调蓄功能，成为城市泄洪干道和雨水调蓄库，其发展可分为综合治理和改造提升两个阶段。

第一阶段，西安市分别于 1983 年、1998 年、2004 年实施三次大规模综合治理。1983 年，西安环城建设委员会成立，并于 20 世纪 90 年代先后两次开展护城河综合治理工程，计划修建环城公园。护城河在经过清淤疏浚后重复光彩。2003 年，西安市委、市政府把护城河改造列入重要议事日程，开始对护城河及环城林带进行总体规划。这一阶段在一定程度上改善了护城河环境，提升了水质，但未能彻底切断污水源。

第二阶段，护城河分别于 2005 年、2013 年、2016 年和 2019 年启动改造提升工程。在河道两侧修建排污暗渠的同时，改建截污箱涵进行防护，最大限度地实现雨污水和景观水的分离，科学、系统地解决护城河及环城林带污水难题。

2005~2006 年，东门至建国门段试验性改造工程探索利用拦水坝提升水面，保留高墙深壕的历史风貌；通过防渗避免对城墙文物本体的影响，确定环城带景观基调。试验段完成了河道防渗、亲水平台改造、拦河坝修建和护坡绿化等项目，形成长 1285 米的景观水域，为之后的综合提升工作奠定了基础。

2013~2014 年，基于旅游经济发展和保护古迹的双重责任，以南门为节点，东至建国门，西至朱雀门，进一步增加这两段护城河工程的蓄洪库容，引入大峪水库水源为护城河补水，高效利用中水，实现水资源最大限度的节约利用。同时通过箱涵拦截实现污水排放，彻底避免雨水与城市污水带来的反复污染，构建生态净化系统和水体及智能化管理系统，从而形成长 2386 米的景观水域。此次工程还包含包括西安城墙永宁门、松园、榴园在内的南门历史文化街区的改造，西安城墙南门作为"文化国门"的地位更加突出。

2016~2017 年，持续开展护城河综合提升改造。朱雀门至西门护城河综合改造工程启动，完成河道治理 6.2 公里，形成长 2463 米的景观水域，环城公园景观升级为 2.0 版。该段提升改造是向西延伸打通全段的关键工程。改造内容包含河道内工程、河道护坡护岸工程、水质处理工程、两岸林带生态景观工程、智能化设施等项目。

2019 年，陕西省、西安市提出以人民为中心，实现全域治水、碧水兴城的三年行动方案，将护城河综合改造工程作为加快建设生态西安的重要工程。在此期间，完成了西门至北门至东门段 8.4 公里河道提升改造，实现雨污水和景观水的分离，护城河水质达到地表水 Ⅳ 类标准。2020 年，西安护城河全线贯通。

三　发展成效

西安护城河紧密结合并利用水工程、水文化特色资源优势，建立"生态治理+智慧管理+优质服务+文化宣传"的组合机制，有效推动水利风景区高质量发展。护城河实现从"臭水沟"到水利风景区的华丽蜕变，广大市民游客更是见证了护城河生态环境逐渐转好、服务质量逐渐提升的变化过程。

（一）生态效益

为实现"优质水资源，健康水生态，宜居水环境"的目标，景区从控源、截污、修复、减排四个维度，统筹推进水环境治理。一是严控水源，加强大峪水库水源地保护，修建引水专线管道35.5公里。二是截污治污，疏堵雨污混合排水口150余处，截留雨污水直排入河。三是修复生态，采取生物、物理、生态等方式对护城河水体进行全面综合治理，定期投放有益菌群，有效抑制藻类滋生，河道设置有大小循环泵站，形成自循环系统，加快水体流速，逐步完善水生态系统。四是节能减排，环城公园绿植覆盖面积达104.5万平方米，栽植水生植物2000平方米，促进温室气体分解转化。护城河主要水域水质达到Ⅱ类标准，水土流失综合治理率达98%以上，林草覆盖率达96%以上，实现景区生态景观风貌优美和谐。

（二）社会效益

景区突出"历史、生态、人文、和谐"整体氛围，延续历史文脉，梳理护城河与环城公园、城墙的空间关系，保护性展示隋唐长安城皇城过水涵洞遗址，整体提升景区游览环境与夜间景观。通过打造"墙林河路巷"和谐统一、主客共享、承载历史的绿色开放空间，不仅让隋唐长安城先进的水利建设与新时代水利风景区优良的生态环境交相辉映，更让西安护城河水利风景区成为陕西省遗址保护展示新样板和内环生态绿廊建设新典范，成为展示中华文化和中华文明的重要窗口。

（三）经济效益

自西安护城河水利风景区全面开放以来，每年吸引1500余万人次参观游览，不仅助力西安城市旅游经济体量增长，更为西安水利旅游品牌传播力、影响力提升做出贡献，同时促进景区自身发展以及科技创新发展，实现双向良性循环，确保水利风景区高质量发展劲头更强更足。

（四）文化效益

景区围绕治水实践，发挥水文化价值引领作用，承担起宣传水情、弘扬水文化和科普水知识的责任使命。在世界水日、世界环境日、全国生态日、博物馆日等重要节点，通过场景展示、文化阐释和举办节庆活动等方式，提供内容丰富、形式多样的水文化产品和服务，不断提升景区文化软实力与社会影响力，加深群众对优秀传统文化和西安城市精神的认知。依托含光门遗址、南门箭楼等博物馆，常年开展水情国情教育和研学活动，每年覆盖青少年超万人次。利用勿幕门、十二烈士就义遗址等反映城市沿革变迁的独特资源，诠释中华优秀传统文化、红色文化时代价值。挖掘提炼护城河治水实践的文化精髓，借助水幕、光影等现代手段，将墙、河互动界面打造成特色鲜明的水文化展示平台，全面展示治水新理念、新成效，引导全社会达成爱水护水共识，景区自建成开放以来，受到各界媒体广泛关注，媒体报道共计2000余次。

四　基本经验

景区积极推动水生态保护与修复，增强其对生态环境的贡献；构建完善的智慧安防体系，全面提升安全防控竞争力；持续优化服务质量，着力提升游客休闲体验感；始终坚持以人民为中心的发展思想，不断增进民生福祉。

（一）注重水生态治理，提升生态贡献力

护城河综合改造工作按照"治、用、保、引、管"思路，通过"控源截污、内源治理、活水循环、清水补给、水质净化、生态修复"等一系列举措，提升水环境质量，建立水生态立体保护和修复体系。通过改扩建截污箱涵、双层河道等方式，减少外源污染，实现雨污水和景观水的有效分离；通过系统化改造，增加护城河北段蓄洪库容，建立从西北库区向两侧逐级阶梯化蓄洪机制。采用退水、预留库容、腾空库容存储的综合方式科学管理入

河雨水,从控源、截污、修复、减排四个方面着手,引入大峪水库和中水提标水源,实施护城河水循环和水体养护。通过"生态浮岛+推流曝气+以鱼抑藻"的水生态治理措施,构建并完善水生态系统,增强护城河水体自净能力,辅以全方位监测,实时掌握水质、微生物结构、底泥污染物迁移变化,确保护城河水质稳定良好。

（二）构建智慧安防体系,提升安全竞争力

景区运用"互联网+大数据"等新技术,打造集文物安全保护、雨情水情报汛、灾害风险预警、景区管理、安全应急、城市防汛等多功能于一体的信息中心,加快构建雨水情监测预报防线,全面提升水旱灾害防御能力,实现人流安全监控、水位实时监测。利用物联网、人工智能等新技术,实现涉水区域智能巡防、自动告警、语音喊话等功能,建立"技防、人防、物防"三位一体的防护机制,筑牢防溺水安全屏障,为景区安全保驾护航。以数字化、智能化赋能水生态治理,设置水质自动监测站,远程动态监测水质,引入无人驾驶清洁船,提升水面运维效率,打造西安首个智能观光游船示范游览项目,开辟水面交互智慧新场景。自主建成护城河水质监测实验室,对护城河采样点开展周期性水质监测,掌握各区段水质情况,为综合改善治理提供重要依据。

（三）提供优质服务,提升休闲体验感

为提升市民游客的休闲体验,西安护城河水利风景区不断完善配套服务设施,加强对景区公共设施的维护和管理。通过引进专业公司实现护城河物业保洁、绿化养护和设施维修的分等级、分区域、专业化、标准化、规范化管理。通过引入"金钥匙"五星级服务理念,将国际五星级酒店管理中的优质服务落实到景区服务细节中,为市民游客提供设施更完备、风景更优美、服务更优质的景区环境。通过上线语音讲解、路线导览、在线预订等功能,进一步提升景区智能化服务水平,助力西安宜居宜游城市的创建。

（四）坚持以人民为中心，增进民生福祉

景区始终坚持以人民为中心的发展思想，不断拓展服务民生的功能。通过优化公共环境、完善便民设施、提升服务水平等方式，为群众提供更多优质休闲、游憩、文化、教育空间，全面升级护城河及环城公园内涵、品质、颜值，形成"一段一特色、一步一风景"的环城绿色生态走廊，增进民生福祉，更好地满足人民日益增长的美好生活需要，持续提高人民群众的安全感、获得感与幸福感。

五　发展思路

未来景区将持续以打造"国际一流、文化旅游、生态环境、保护创新、休闲空间"五位一体的绿色生态景区为使命，助力西安城市品质提升。

一是坚持以人为本，满足多元需求。景区始终坚持以人民为中心的发展思想，将群众满意、游客满意作为衡量一切工作的标尺，不断拓展水利风景区服务民生的功能。通过优化公共环境、完善便民设施、提升服务水平等方式，为群众提供更多优质的休闲、游憩、文化、教育活动空间，更好地满足人民日益增长的优美生态环境需要，持续提高人民群众的幸福感、获得感与安全感。

二是坚持文化为魂，提升城市品质。西安城墙是中国现存历史最悠久、规模最大、保存最完整的古代城垣建筑，是宝贵的文化遗产，承载着西安文脉的延续。景区坚持文物保护优先的原则，创新融合、数字赋能、以文兴旅、以旅促商，实现护城河水利风景区文旅融合的高质量发展在传统文化中的创造性转化和创新性发展，不断赋予西安古今交融、国际化都市形象内涵与能量。

三是坚持创新为要，提升治理效能。景区围绕历史遗迹如何焕发新生命、服务新时代的重大课题，大胆探索，勇于尝试，积极探寻新路径、新模式和新方法，通过推动理念创新、制度创新、标准创新、科技创新，逐步形成政府、社会、市场、群众共建共治共享的新格局，全力打造兼具古韵新风的高品质水利示范样板。

专家点评

西安护城河水利风景区依托西安市护城河建设而成，属于河湖型水利风景区。结合城市建设规划，以"守护历史责任，践行文化使命"为宗旨，按照"守护水遗产、保护水环境、创新水管理"的总体思路，保护性展示隋唐时期水工程遗址，通过对西安护城河实施多次疏浚、开通水源、综合改造等工程，打造集生态景观、休闲娱乐与蓄洪滞洪功能于一体的水文化传承载体，实现从"臭水沟"到碧波荡漾的华丽转变，为生态西安、美丽西安擦亮水名片，打造成西安水文化、水生态示范区。

景区建设过程中，注重实现城市水文化与自然生态的和谐共生。通过加强水生态治理、推进城市水利基础设施建设、强化水资源保护和节约利用等措施，不断提升景区的环境质量和生态价值。景区在水生态保护和修复、智慧安防体系构建方面进行的有益探索和实践，为同类型水利风景区高质量发展提供可借鉴的经验。

参考文献

苑雨薇、靳笤：《基于水质改善功能下的古护城河景观改造分析——以西安护城河为例》，《现代园艺》2015 年第 24 期。

吴左宾：《明清西安城市水系与人居环境营建研究》，博士学位论文，华南理工大学，2013。

张颖、杨豪中、宋霖：《从文化遗产及生态角度谈西安护城河的治理》，《水利与建筑工程学报》2010 年第 4 期。

附录一
国家水利风景区名录

序号	主管部门	景区名称	批次	所在流域
1	水利部(2)	黄河小浪底水利枢纽水利风景区	3	黄河
2		黄河万家寨水利枢纽水利风景区	3	黄河
3	长江水利委员会(3)	丹江口市松涛水利风景区	6	长江
4		丹江口大坝水利风景区	13	长江
5		陆水水库水利风景区	17	长江
6	黄河水利委员会(23)	黄河三门峡大坝水利风景区	2	黄河
7		河南黄河花园口水利风景区	2	黄河
8		济南百里黄河水利风景区	3	黄河
9		山西永济黄河蒲津渡水利风景区	4	黄河
10		开封黄河柳园口水利风景区	4	黄河
11		濮阳黄河水利风景区	5	黄河
12		范县黄河水利风景区	6	黄河
13		潼关县金三角黄河水利风景区	6	黄河
14		河南台前县将军渡黄河水利风景区	7	黄河
15		山东淄博黄河水利风景区	7	黄河
16		河南孟州黄河开仪水利风景区	8	黄河
17		山东滨州黄河水利风景区	9	黄河
18		东阿黄河水利风景区	10	黄河
19		德州黄河水利风景区	10	黄河
20		垦利区黄河口水利风景区	10	黄河
21		山东邹平黄河水利风景区	11	黄河

序号	主管部门	景区名称	批次	所在流域
22	黄河水利委员会(23)	山东菏泽黄河水利风景区	11	黄河
23		甘肃庆阳南小河沟水利风景区	11	黄河
24		河南故县洛宁西子湖水利风景区	11	黄河
25		利津县黄河生态水利风景区	12	黄河
26		洛阳孟津黄河水利风景区	14	黄河
27		长垣黄河水利风景区	17	黄河
28		兰考黄河水利风景区	19	黄河
29	淮河水利委员会(3)	沂河刘家道口枢纽水利风景区	13	淮河
30		骆马湖嶂山水利风景区	16	淮河
31		中运河宿迁枢纽水利风景区	20	淮河
32	海河水利委员会(2)	德州市漳卫南运河水利风景区	4	海河
33		潘家口水利风景区	5	海河
34	松辽水利委员会(2)	兴安盟市察尔森水库水利风景区	5	松辽
35		齐齐哈尔市尼尔基水利风景区	7	松辽
36	太湖流域管理局(1)	吴江区太湖浦江源水利风景区	11	太湖
37	北京市水务局(3)	昌平区十三陵水库水利风景区	1	海河
38		怀柔区青龙峡水利风景区	2	海河
39		门头沟区妙峰山水利风景区	9	海河
40	天津市水务局(2)	北辰区北运河水利风景区	3	海河
41		东丽区东丽湖水利风景区	3	海河
42	河北省水利厅(25)	秦皇岛市桃林口水库水利风景区	2	海河
43		鹿泉市中山湖水利风景区	4	海河
44		秦皇岛市燕塞湖水利风景区	4	海河
45		衡水市衡水湖水利风景区	4	海河
46		平山县沕沕水水利风景区	5	海河
47		武安市京娘湖风景区	5	海河
48		邢台县前南峪生态水利风景区	6	海河
49		邢台县凤凰湖水利风景区	6	海河

续表

序号	主管部门	景区名称	批次	所在流域
50	河北省 水利厅(25)	承德市庙宫水库水利风景区	6	海河
51		邯郸市东武仕水库水利风景区	6	海河
52		迁安市滦河生态防洪水利风景区	7	海河
53		沽源县闪电河水库水利风景区	9	海河
54		丰宁县黄土梁水库水利风景区	10	海河
55		魏县梨乡水城水利风景区	14	海河
56		临漳邺城公园水利风景区	14	海河
57		衡水滏阳河水利风景区	14	海河
58		滦县滦河水利风景区	15	海河
59		邢台七里河水利风景区	15	海河
60		邢台紫金山水利风景区	16	海河
61		保定易水湖水利风景区	16	海河
62		邯郸广府古城水利风景区	17	海河
63		张家口清水河水利风景区	18	海河
64		张家口桑干河水利风景区	19	海河
65		迁西滦水湾水利风景区	20	海河
66		沧州捷地御碑苑水利风景区	21	海河
67	山西省 水利厅(19)	太原市汾河二库水利风景区	2	黄河
68		忻州市汾源水利风景区	2	黄河
69		太原市汾河水利风景区	5	黄河
70		阳泉市翠枫山水利风景区	8	海河
71		平顺县太行水乡水利风景区	8	海河
72		晋城市山里泉自然风光水利风景区	8	黄河
73		吕梁市柳林县昌盛水保示范园水利风景区	8	黄河
74		盂县藏山水利风景区	8	海河
75		朔州市桑干河湿地水利风景区	8	海河
76		宁武县暖泉沟水利风景区	12	黄河
77		汾河水库水利风景区	12	黄河

序号	主管部门	景区名称	批次	所在流域
78	山西省水利厅(19)	沁县北方水城水利风景区	12	海河
79		长子县精卫湖水利风景区	12	海河
80		繁峙县滹源水利风景区	13	海河
81		原平滹沱河水利风景区	14	海河
82		长治漳泽湖水利风景区	14	海河
83		怀仁鹅毛河水利风景区	15	海河
84		运城亳清河水利风景区	18	黄河
85		长治后湾水库水利风景区	18	海河
86	内蒙古自治区水利厅(28)	赤峰市红山湖水利风景区	4	松辽
87		赤峰市宁城县打虎石水利风景区	4	松辽
88		包头市石门水利风景区	4	黄河
89		鄂尔多斯市巴图湾水利风景区	4	黄河
90		黄河三盛公水利风景区	5	黄河
91		赤峰市南山水土保持示范园水利风景区	6	松辽
92		赤峰市达理诺尔水利风景区	6	黄河
93		鄂尔多斯市杭锦旗七星湖沙漠水利风景区	6	黄河
94		赤峰市喀喇沁旗锦山水上公园水利风景区	6	松辽
95		呼和浩特市和林县前夭子水库水利风景区	7	黄河
96		兴安盟科右中旗翰嘎利水库水利风景区	7	松辽
97		鄂尔多斯市沙漠大峡谷水利风景区	7	黄河
98		赤峰市阿鲁科尔沁旗达哈拉湖水利风景区	8	松辽
99		赤峰市巴林左旗沙那水库水利风景区	8	松辽
100		锡林郭勒盟多伦县西山湾水利风景区	8	海河
101		巴彦淖尔市二黄河水利风景区	9	黄河
102		牙克石市凤凰湖水利风景区	9	松辽
103		呼和浩特市白石水利风景区	10	黄河
104		鄂尔多斯市砒砂岩水利风景区	11	黄河
105		额济纳旗东居延海水利风景区	11	黄河

序号	主管部门	景区名称	批次	所在流域
106	内蒙古自治区水利厅(28)	巴彦淖尔德岭山水库水利风景区	14	黄河
107		赤峰德日苏宝冷水库水利风景区	14	松辽
108		乌海市乌海湖水利风景区	16	黄河
109		巴彦淖尔狼山水库水利风景区	15	黄河
110		包头南海湿地水利风景区	17	黄河
111		鄂尔多斯马颤沟神龙寺水利风景区	17	黄河
112		乌兰浩特洮儿河水利风景区	18	松辽
113		巴彦淖尔乌加河水利风景区	18	黄河
114	辽宁省水利厅(12)	本溪县关门山水利风景区	2	松辽
115		抚顺市大伙房水库水利风景区	2	松辽
116		大连市碧流河水利风景区	4	松辽
117		朝阳市大凌河水利风景区	5	松辽
118		汤河水库水利风景区	5	松辽
119		抚顺市关山湖水利风景区	5	松辽
120		沈阳市浑河水利风景区	8	松辽
121		沈阳市蒲河水利风景区	12	松辽
122		喀左龙源湖水利风景区	16	松辽
123		铁岭凡河水利风景区	16	松辽
124		抚顺浑河城区水利风景区	18	松辽
125		兴隆台辽河鼎翔水利风景区	18	松辽
126	吉林省水利厅(32)	长春市新立湖水利风景区	2	松辽
127		集安市鸭绿江水利风景区	2	松辽
128		磐石市黄河水库水利风景区	3	松辽
129		长春市石头口门水库水利风景区	3	松辽
130		通化市桃园湖水利风景区	4	松辽
131		舒兰市亮甲山水利风景区	4	松辽
132		长春市净月潭水库水利风景区	5	松辽
133		东辽县聚龙潭生态度假区	5	松辽

序号	主管部门	景区名称	批次	所在流域
134		松原市查干湖水利风景区	6	松辽
135		梅河口市磨盘湖水利风景区	7	松辽
136		延吉市布尔哈通河水利风景区	8	松辽
137		长白县十五道沟水利风景区	8	松辽
138		松原市龙坑水利风景区	9	松辽
139		吉林市松花江清水绿带水利风景区	9	松辽
140		白城市嫩水韵白水利风景区	11	松辽
141		四平市二龙湖水利风景区	11	松辽
142		沙河水库水利风景区	12	松辽
143		长岭县龙凤湖水利风景区	12	松辽
144		东辽县鹭鹭湖水利风景区	13	松辽
145	吉林省	松原市哈达山水利风景区	13	松辽
146	水利厅(32)	和龙市龙门湖水利风景区	13	松辽
147		和龙图们江流域红旗河水利风景	14	松辽
148		松原沿江水利风景区	15	松辽
149		白城嫩江湾水利风景区	16	松辽
150		大安牛心套保水利风景区	16	松辽
151		永吉星星哨水利风景区	17	松辽
152		通榆向海水利风景区	17	松辽
153		临江鸭绿江水利风景区	17	松辽
154		吉林新安水库水利风景区	18	松辽
155		长春双阳湖水利风景区	18	松辽
156		四平转山湖水利风景区	19	松辽
157		延边龙井海兰江水利风景区	21	松辽
158		安达市红旗泡水库红湖水利风景区	1	松辽
159	黑龙江省	五常市龙凤山水利风景区	3	松辽
160	水利厅(32)	五大连池市山口湖水利风景区	5	松辽
161		甘南县音河水库水利风景区	6	松辽

续表

序号	主管部门	景区名称	批次	所在流域
162		齐齐哈尔市劳动湖水利风景区	6	松辽
163		佳木斯市柳树岛水利风景区	6	松辽
164		鹤岗市鹤立湖水利风景区	7	松辽
165		密山市农垦兴凯湖第二泄洪闸水利风景区	7	松辽
166		哈尔滨市太阳岛水利风景区	8	松辽
167		密山市当壁镇兴凯湖水利风景区	8	松辽
168		哈尔滨市白鱼泡水利风景区	9	松辽
169		黑河市法别拉水利风景区	9	松辽
170		密山市青年水库水利风景区	9	松辽
171		孙吴县二门山水库水利风景区	9	松辽
172		伊春市红星湿地水利风景区	10	松辽
173		伊春市上甘岭水利风景区	10	松辽
174		伊春市卧龙湖水利风景区	10	松辽
175	黑龙江省	伊春市乌伊岭水利风景区	10	松辽
176	水利厅(32)	伊春市新青湿地水利风景区	10	松辽
177		伊春市伊春河水利风景区	10	松辽
178		哈尔滨市西泉眼水利风景区	10	松辽
179		哈尔滨市金河湾水利风景区	13	松辽
180		大庆市黑鱼湖水利风景区	13	松辽
181		鹤岗市清源湖水利风景区	13	松辽
182		兰西县河口水利风景区	13	松辽
183		伊春市滨水新区水利风景区	13	松辽
184		伊春回龙湾水利风景区	15	松辽
185		泰来泰湖水利风景区	15	松辽
186		哈尔滨长寿湖水利风景区	17	松辽
187		呼兰河口水利风景区	17	松辽
188		铁力呼兰河水利风景区	20	松辽
189		虎林乌苏里江水利风景区	21	松辽

序号	主管部门	景区名称	批次	所在流域
190	上海市 水务局(5)	松江区松江生态水利风景区	3	太湖
191		青浦区淀山湖水利风景区	6	太湖
192		奉贤区碧海金沙水利风景区	7	太湖
193		浦东新区滴水湖水利风景区	9	太湖
194		黄浦江徐汇滨江水利风景区	19	太湖
195	江苏省 水利厅(67)	溧阳市天目湖旅游度假水利风景区	1	长江
196		江都区水利枢纽水利风景区	1	淮河
197		徐州市云龙湖水利风景区	2	淮河
198		扬州市瓜洲古渡水利风景区	2	长江
199		淮安市三河闸水利风景区	3	淮河
200		泰州市引江河水利风景区	3	长江
201		苏州市胥口水利风景区	4	太湖
202		淮安市水利枢纽水利风景区	4	淮河
203		淮安市古运河水利风景区	5	淮河
204		盐城市通榆河枢纽水利风景区	5	淮河
205		姜堰区溱湖风景区	5	淮河
206		南京市金牛湖水利风景区	6	长江
207		宜兴市横山水库水利风景区	6	长江
208		无锡市梅梁湖水利风景区	7	太湖
209		泰州市凤凰河水利风景区	7	淮河
210		南京市外秦淮河水利风景区	8	长江
211		宿迁市中运河水利风景区	8	淮河
212		徐州市故黄河水利风景区	9	淮河
213		太仓市金仓湖水利风景区	9	太湖
214		南京市珍珠泉水利风景区	9	长江
215		南京市天生桥河水利风景区	9	长江
216		邳州市艾山九龙水利风景区	10	淮河
217		赣榆区小塔山水库水利风景区	10	淮河

序号	主管部门	景区名称	批次	所在流域
218		淮安市樱花园水利风景区	11	淮河
219		如皋市龙游水利风景区	11	长江
220		无锡市长广溪湿地水利风景区	12	太湖
221		连云港市花果山大圣湖水利风景区	12	淮河
222		宝应县宝应湖湿地水利风景区	12	淮河
223		盐城市大纵湖水利风景区	12	淮河
224		泗阳县泗水河水利风景区	12	淮河
225		盱眙县天泉湖水利风景区	12	淮河
226		淮安市清晏园水利风景区	12	淮河
227		淮安市古淮河水利风景区	12	淮河
228		苏州市旺山水利风景区	13	太湖
229		张家港市环城河水利风景区	13	长江
230		扬州市凤凰岛水利风景区	13	淮河
231	江苏省 水利厅(67)	徐州潘安湖水利风景区	13	淮河
232		徐州市金龙湖水利风景区	13	淮河
233		连云港市海陵湖水利风景区	13	淮河
234		金坛愚池湾水利风景区	14	长江
235		昆山明镜荡水利风景区	14	太湖
236		镇江金山湖水利风景区	14	长江
237		无锡新区梁鸿水利风景区	14	太湖
238		宿迁宿城古黄河水利风景区	14	淮河
239		溧阳南山竹海水利风景区	14	长江
240		阜宁金沙湖水利风景区	15	淮河
241		宿迁六塘河水利风景区	15	淮河
242		徐州丁万河水利风景区	15	淮河
243		江阴芙蓉湖水利风景区	15	长江
244		金湖荷花荡水利风景区	15	淮河
245		扬州古运河水利风景区	16	淮河

序号	主管部门	景区名称	批次	所在流域
246		南京玄武湖水利风景区	16	长江
247		句容赤山湖水利风景区	16	长江
248		宜兴竹海水利风景区	16	长江
249		常州雁荡河水利风景区	16	长江
250		泰州凤城河水利风景区	17	长江
251		宜兴华东百畅水利风景区	17	长江
252		涟水五岛湖水利风景区	17	淮河
253	江苏省	常州青龙潭水利风景区	18	长江
254	水利厅(67)	泰州千垛水利风景区	18	淮河
255		徐州大沙河水利风景区	18	淮河
256		南京滁河(浦口段)水利风景区	19	长江
257		金湖三河湾水利风景区	19	太湖
258		宜兴阳羡湖水利风景区	19	淮河
259		南京浦口区象山湖水利风景区	20	长江
260		武进滆湖(西太湖)水利风景区	20	太湖
261		皂河枢纽水利风景区	21	淮河
262		宁波市宁海县天河生态水利风景区	1	长江
263		海宁市钱江潮韵度假村水利风景区	1	长江
264		奉化市亭下湖水利风景区	1	长江
265		湖州市太湖水利风景区	2	长江
266		湖州市安吉县天赋水利风景区	2	太湖
267	浙江省	慈溪市杭州湾水利风景区	2	长江
268	水利厅(44)	江山市峡里湖水利风景区	3	长江
269		新昌县沃洲湖水利风景区	3	长江
270		绍兴市环城河水利风景区	3	长江
271		江山市月亮湖水利风景区	4	长江
272		余姚市姚江风景区	5	长江
273		天台山龙穿峡水利风景区	5	长江

续表

序号	主管部门	景区名称	批次	所在流域
274		绍兴市浙东古运河绍兴运河园水利风景区	7	长江
275		安吉县江南天池水利风景区	7	太湖
276		上虞区曹娥江城防水利风景区	8	长江
277		台州市玉环县玉环水利风景区	8	长江
278		丽水市南明湖及生态河川水利风景区	9	长江
279		安吉县老石坎水库水利风景区	9	太湖
280		绍兴市曹娥江大闸水利风景区	10	长江
281		天台县琼台仙谷水利风景区	10	长江
282		衢州市乌溪江水利风景区	10	长江
283		富阳区富春江水利风景区	10	长江
284		衢州市信安湖水利风景区	11	长江
285		遂昌县十八里翠水利风景区	12	长江
286		桐庐县富春江水利风景区	13	长江
287	浙江省水利厅(44)	松阳县松阴溪水利风景区	13	长江
288		景宁畲族自治县畲乡绿廊水利风景区	15	长江
289		宁波东钱湖水利风景区	16	长江
290		乐清中雁荡山水利风景区	16	长江
291		永嘉黄檀溪水利风景区	16	长江
292		湖州吴兴太湖溇港水利风景区	17	太湖
293		云和梯田水利风景区	17	长江
294		金华浦阳江水利风景区	17	长江
295		金华浙中大峡谷水利风景区	18	长江
296		衢州马金溪水利风景区	18	长江
297		嘉兴海盐鱼鳞海塘水利风景区	18	长江
298		湖州吴兴西山漾水利风景区	19	太湖
299		缙云好溪水利风景区	19	长江
300		建德新安江—富春江水利风景区	19	长江
301		金华梅溪水利风景区	20	长江

序号	主管部门	景区名称	批次	所在流域
302	浙江省 水利厅（44）	湖州德清洛舍漾水利风景区	20	太湖
303		丽水龙泉瓯江源-龙泉溪水利风景区	20	长江
304		温州平阳鳌江水利风景区	21	长江
305		金华婺城白沙溪水利风景区	21	长江
306	安徽省 水利厅（43）	六安市龙河口（万佛湖）水利风景区	1	长江
307		黄山市太平湖水利风景区	1	长江
308		六安市佛子岭水库水利风景区	3	淮河
309		蚌埠市龙子湖水利风景区	3	淮河
310		金寨县梅山水库水利风景区	4	淮河
311		六安市响洪甸水库水利风景区	4	淮河
312		太湖县花亭湖水利风景区	4	长江
313		蚌埠市淮河蚌埠闸枢纽水利风景区	4	淮河
314		宁国市青龙湾水利风景区	4	长江
315		六安市横排头水利风景区	5	淮河
316		霍邱县水门塘水利风景区	6	淮河
317		宣城市广德县卢湖竹海风景区	7	长江
318		泾县桃花潭水利风景区	8	长江
319		黄山市歙县霸王山摇铃秀水水利风景区	9	新安江
320		凤台县茨淮新河水利风景区	9	淮河
321		霍邱县临淮岗工程水利风景区	9	淮河
322		亳州市白鹭洲水利风景区	9	淮河
323		阜南县王家坝水利风景区	10	淮河
324		淮南市焦岗湖水利风景区	10	淮河
325		郎溪县石佛山天子湖水利风景区	10	长江
326		黄山市石门水利风景区	10	长江
327		芜湖市滨江水利风景区	11	长江
328		六安市淠河水利风景区	11	淮河
329		岳西县天峡水利风景区	12	长江

序号	主管部门	景区名称	批次	所在流域
330		来安县白鹭岛水利风景区	12	长江
331		全椒襄河水利风景区	14	长江
332		岳西大别山彩虹瀑布水利风景区	14	淮河
333		颍上八里河水利风景区	14	淮河
334		肥东岱山湖水利风景区	14	长江
335		合肥滨湖水利风景区	15	长江
336		六安悠然蓝溪水利风景区	15	淮河
337		休宁横江水利风景区	15	新安江
338		池州九华天池水利风景区	15	长江
339	安徽省 水利厅(43)	望江古雷池水利风景区	15	长江
340		黟县宏村·奇墅湖水利风景区	16	新安江
341		宿州新汴河水利风景区	16	淮河
342		芜湖陶辛水韵水利风景区	16	长江
343		池州杏花村水利风景区	16	长江
344		金寨燕子河大峡谷水利风景区	16	淮河
345		肥西三河水利风景区	17	长江
346		南陵大浦水利风景区	17	长江
347		祁门牯牛降水利风景区	17	长江
348		铜陵天井湖水利风景区	18	长江
349		福清市东张水库石竹湖水利风景区	1	太湖
350		仙游县九鲤湖水利风景区	2	太湖
351		南平市延平湖水利风景区	5	太湖
352		永安市桃源洞水利风景区	6	太湖
353	福建省 水利厅(42)	永泰县天门山水利风景区	6	太湖
354		德化县岱仙湖水利风景区	8	太湖
355		尤溪县闽湖水利风景区	9	太湖
356		龙岩市梅花湖水利风景区	9	太湖
357		华安县九龙江水利风景区	11	太湖

序号	主管部门	景区名称	批次	所在流域
358		永定区龙湖水利风景区	11	珠江
359		漳平市九鹏溪水利风景区	12	太湖
360		泉州市山美水库水利风景区	13	太湖
361		漳州开发区南太武新港城水利风景区	13	太湖
362		莆田市木兰陂水利风景区	13	太湖
363		三明市泰宁水利风景区	13	太湖
364		顺昌县华阳山水利风景区	13	太湖
365		武夷山市东湖水利风景区	13	太湖
366		南靖土楼水乡水利风景区	14	太湖
367		邵武云灵山水利风景区	14	太湖
368		宁德东湖水利风景区	14	太湖
369		泉州金鸡拦河闸水利风景区	14	太湖
370		连城冠豸山水利风景区	15	太湖
371	福建省	永春桃溪水利风景区	15	太湖
372	水利厅(42)	邵武天成奇峡水利风景区	15	太湖
373		厦门天竺山水利风景区	15	太湖
374		柘荣青岚湖水利风景区	15	太湖
375		漳平台湾农民创业园水利风景区	15	太湖
376		莆田九龙谷水利风景区	16	太湖
377		武平梁野山云礤溪水利风景区	16	珠江
378		宁德洋中水利风景区	16	太湖
379		永春晋江源水利风景区	16	太湖
380		长汀水土保持科教园水利风景区	17	珠江
381		宁德水韵九都水利风景区	17	太湖
382		霞浦杨家溪水利风景区	17	太湖
383		寿宁西浦水利风景区	18	太湖
384		宁德霍童水利风景区	18	太湖
385		泉州龙门湖水利风景区	18	太湖

序号	主管部门	景区名称	批次	所在流域
386	福建省 水利厅(42)	永春外山云河谷水利风景区	19	太湖
387		南平考亭水利风景区	19	太湖
388		德化银瓶湖水利风景区	20	太湖
389		上杭城区江滨水利风景区	20	珠江
390		长汀羊牯汀江水利风景区	21	珠江
391	江西省 水利厅(50)	宜春市上游湖水利风景区	3	长江
392		景德镇市玉田湖水利风景区	3	长江
393		贵溪市白鹤湖水利风景区	4	长江
394		井冈山市井冈湖水利风景区	4	长江
395		南丰县潭湖水利风景区	4	长江
396		乐平市翠平湖水利风景区	4	长江
397		南城县麻源三谷水利风景区	4	长江
398		泰和县白鹭湖水利风景区	4	长江
399		宜春市飞剑潭水利风景区	4	长江
400		上饶市枫泽湖水利风景区	5	长江
401		赣州市三江水利风景区	5	长江
402		铜鼓县九龙湖水利风景区	6	长江
403		安福县武功湖水利风景区	6	长江
404		景德镇市月亮湖水利风景区	7	长江
405		九江市都昌县张岭水库水利风景区	9	长江
406		萍乡市明月湖水利风景区	9	长江
407		会昌县汉仙湖水利风景区	10	长江
408		南昌市赣抚平原灌区水利风景区	10	长江
409		庐山市庐湖水利风景区	10	长江
410		宜丰县渊明湖水利风景区	11	长江
411		新建区梦山水库水利风景区	11	长江
412		新建区溪霞水库水利风景区	11	长江
413		武宁县武陵岩桃源水利风景区	12	长江

序号	主管部门	景区名称	批次	所在流域
414		九江市庐山西海水利风景区	13	长江
415		万年县群英水库水利风景区	13	长江
416		玉山县三清湖水利风景区	13	长江
417		广丰区铜钹山九仙湖水利风景区	13	长江
418		弋阳龟峰湖水利风景区	14	长江
419		德兴凤凰湖水利风景区	14	长江
420		宁都赣江源水利风景区	14	长江
421		新干黄泥埠水库水利风景区	14	长江
422		吉安螺滩水利风景区	14	长江
423		武宁西海湾水利风景区	15	长江
424		德安江西水保生态科技园水利风景区	15	长江
425		瑞金陈石湖水利风景区	15	长江
426	江西省	南城醉仙湖水利风景区	15	长江
427	水利厅(50)	吉安青原禅溪水利风景区	16	长江
428		弋阳龙门湖水利风景区	16	长江
429		石城琴江水利风景区	17	长江
430		崇义客家梯田水利风景区	17	长江
431		德兴大茅山双溪湖水利风景区	17	长江
432		宜春恒晖水利风景区	18	长江
433		抚州大觉山水利风景区	18	长江
434		吉安峡江水利枢纽水利风景区	18	长江
435		宜黄曹山水利风景区	19	长江
436		新余八马水利风景区	19	长江
437		乐安九瀑峡水利风景区	20	长江
438		泰和槎滩陂水利风景区	20	长江
439		鄱阳湖水文生态科技园水利风景区	21	长江
440		潦河灌区水利风景区	21	长江
441	山东省 水利厅(98)	临沂市沂蒙湖水利风景区	1	淮河

序号	主管部门	景区名称	批次	所在流域
442		东营市天鹅湖水利风景区	2	黄河
443		聊城市江北水城风景区	3	海河
444		诸城市潍河水利风景区	5	淮河
445		泰安市天平湖风景区	5	黄河
446		昌乐县仙月湖风景区	5	淮河
447		东营市清风湖风景区	5	黄河
448		安丘市汶河水利风景区	6	淮河
449		寿光市弥河水利风景区	6	淮河
450		滨州市中海水利风景区	6	海河
451		广饶县孙武湖水利风景区	7	淮河
452		东阿县洛神湖水利风景区	7	海河
453		胶州市三里河公园水利风景区	7	淮河
454		淄博市峨庄水土保持生态水利风景区	7	淮河
455	山东省水利厅(98)	枣庄市抱犊崮龟蛇湖水利风景区	7	淮河
456		海阳市东村河水利风景区	7	淮河
457		潍坊市峡山湖水利风景区	8	淮河
458		昌邑市潍河水利风景区	8	淮河
459		滕州市微山湖湿地红荷水利风景区	8	淮河
460		桓台县马踏湖水利风景区	8	淮河
461		高唐县鱼丘湖水利风景区	8	海河
462		枣庄市岩马湖水利风景区	8	淮河
463		肥城市康王河水利风景区	8	黄河
464		潍坊市白浪河水利风景区	9	淮河
465		枣庄市台儿庄运河水利风景区	9	淮河
466		淄博市太公湖水利风景区	9	淮河
467		沾化区秦口河水利风景区	9	海河
468		临朐县淌水崖水库水利风景区	9	淮河
469		高青县千乘湖水利风景区	9	淮河

序号	主管部门	景区名称	批次	所在流域
470		高密市胶河水利风景区	9	淮河
471		新泰市青云湖水利风景区	9	黄河
472		潍坊市浞河水利风景区	10	淮河
473		文登区抱龙河水利风景区	10	淮河
474		胶州市少海水利风景区	10	淮河
475		莱芜市雪野湖水利风景区	10	淮河
476		泰安市天颐湖水利风景区	10	黄河
477		东平县东平湖水利风景区	10	黄河
478		菏泽市赵王河水利风景区	10	淮河
479		滨州市三河湖水利风景区	10	海河
480		莒南县天马岛水利风景区	10	淮河
481		滨州市小开河灌区水利风景区	10	海河
482		沂源县沂河源水利风景区	10	淮河
483	山东省	淄博市五阳湖水利风景区	11	淮河
484	水利厅(98)	青州市仁河水库水利风景区	11	淮河
485		临朐县沂山东镇湖水利风景区	11	淮河
486		莱阳市五龙河水利风景区	11	淮河
487		乳山市岠嵎湖水利风景区	11	淮河
488		沂南县竹泉水利风景区	11	淮河
489		单县浮龙湖水利风景区	11	淮河
490		惠民县古城河水利风景区	11	海河
491		无棣县黄河岛水利风景区	11	海河
492		龙口市王屋水库水利风景区	12	淮河
493		栖霞市长春湖水利风景区	12	淮河
494		泗水县万紫千红水利风景区	12	淮河
495		乳山市大乳山水利风景区	12	淮河
496		邹平县黛溪河水利风景区	12	淮河
497		招远市金都龙王湖水利风景区	13	淮河

序号	主管部门	景区名称	批次	所在流域
498		沾化区徒骇河思源湖水利风景区	13	海河
499		夏津县黄河故道水利风景区	13	海河
500		博兴县打渔张引黄灌区水利风景区	13	黄河
501		章丘区绣源河水利风景区	13	淮河
502		济南市长清湖水利风景区	13	黄河
503		微山县微山湖水利风景区	13	淮河
504		枣庄市城河水利风景区	13	淮河
505		曲阜沂河水利风景区	14	淮河
506		济宁蓼河水利风景区	14	淮河
507		青州弥河水利风景区	14	淮河
508		单县东沟河绿色生态长廊水利风景区	14	淮河
509		茌平金牛湖水利风景区	14	海河
510		滨州秦皇河水利风景区	14	海河
511	山东省 水利厅(98)	寿光洰淀湖水利风景区	14	淮河
512		烟台芝罘大沽夹河水利风景区	14	淮河
513		禹城大禹文化水利风景区	14	海河
514		巨野洙水河水利风景区	14	淮河
515		烟台牟平沁水河水利风景区	14	淮河
516		滨州韩墩引黄灌区水利风景区	14	黄河
517		临朐弥河水利风景区	15	淮河
518		邹平樱花山水利风景区	15	淮河
519		金乡金水湖水利风景区	15	淮河
520		聊城莲湖水利风景区	15	海河
521		泰安徂徕山汶河水利风景区	15	黄河
522		夏津九龙口湿地水利风景区	15	海河
523		任城南池水利风景区	15	淮河
524		肥城龙山河水利风景区	15	黄河
525		菏泽成武文亭湖水利风景区	15	淮河

序号	主管部门	景区名称	批次	所在流域
526	山东省水利厅(98)	莒南鸡龙河水利风景区	16	淮河
527		金乡羊山湖水利风景区	16	淮河
528		禹城徒骇河水利风景区	16	海河
529		莒县沭河水利风景区	17	淮河
530		青州阳河水利风景区	17	淮河
531		沂水县沂河水利风景区	17	淮河
532		德州大清河水利风景区	18	黄河
533		临沂沂沭河水利风景区	18	淮河
534		沂水雪山彩虹谷水利风景区	19	淮河
535		聊城位山灌区水利风景区	19	黄河
536		郯城县沭河水利风景区	20	淮河
537		济宁兖州泗河水利风景区	21	淮河
538		沂南双泉河水利风景区	21	淮河
539	河南省水利厅(46)	舞钢市石漫滩水库水利风景区	1	淮河
540		信阳市南湾湖水利风景区	1	淮河
541		驻马店市薄山湖水利风景区	1	淮河
542		修武县云台山水利风景区	2	海河
543		平顶山市昭平湖水利风景区	2	淮河
544		焦作市群英湖水利风景区	2	海河
545		焦作市博爱青天河水利风景区	3	黄河
546		灵宝市窄口水库水利风景区	3	黄河
547		林州市红旗渠水利风景区	4	海河
548		驻马店市铜山湖水利风景区	4	长江
549		信阳市香山湖水利风景区	4	淮河
550		商城县鲇鱼山水库水利风景区	4	淮河
551		西峡县石门湖水利风景区	5	长江
552		光山县龙山水库水利风景区	5	淮河
553		白沙水库水利风景区	5	淮河

续表

序号	主管部门	景区名称	批次	所在流域
554		方城县望花湖水利风景区	6	长江
555		安阳市彰武南海水库水利风景区	6	海河
556		卫辉市沧河水利风景区	7	海河
557		驻马店市宿鸭湖水利风景区	7	淮河
558		信阳市光山县泼河水利风景区	7	淮河
559		洛阳市陆浑湖水利风景区	8	黄河
560		漯河市沙澧河水利风景区	9	淮河
561		南阳市龙王沟水利风景区	9	长江
562		信阳市北湖水利风景区	9	淮河
563		商丘市黄河故道湿地水利风景区	10	淮河
564		南阳市鸭河口水库水利风景区	10	长江
565		郑州市黄河生态水利风景区	11	黄河
566		柘城县容湖水利风景区	11	淮河
567	河南省 水利厅(46)	商丘市商丘古城水利风景区	12	淮河
568		驻马店市板桥水库水利风景区	12	淮河
569		禹州市颍河水利风景区	13	淮河
570		武陟嘉应观黄河水利风景区	14	黄河
571		永城沱河日月湖水利风景区	14	淮河
572		淮阳龙湖水利风景区	14	淮河
573		民权黄河故道水利风景区	14	淮河
574		睢县北湖生态水利风景区	15	淮河
575		许昌曹魏故都水利风景区	16	淮河
576		虞城响河水利风景区	16	淮河
577		荥阳古柏渡南水北调穿黄水利风景区	17	黄河
578		林州太行平湖水利风景区	17	海河
579		南乐西湖生态水利风景区	17	海河
580		济源沁龙峡水利风景区	18	黄河
581		许昌鹤鸣湖水利风景区	18	淮河

序号	主管部门	景区名称	批次	所在流域
582	河南省水利厅（46）	郑州龙湖水利风景区	18	淮河
583		汝州北汝河水利风景区	19	淮河
584		安阳汤河水利风景区	21	海河
585	湖北省水利厅（29）	荆门漳河水利风景区	2	长江
586		恩施龙麟宫水利风景区	3	长江
587		京山惠亭湖水利风景区	4	长江
588		襄阳三道河水镜湖水利风景区	5	长江
589		钟祥温峡湖水利风景区	6	长江
590		荆州洈水水利风景区	7	长江
591		武汉市夏家寺水利风景区	7	长江
592		武汉市江滩水利风景区	8	长江
593		孝昌县观音湖水利风景区	9	长江
594		罗田县天堂湖水利风景区	9	长江
595		英山县毕升湖水利风景区	10	长江
596		通山县富水湖水利风景区	11	长江
597		长阳土家族自治县清江水利风景区	12	长江
598		麻城浮桥河水利风景区	14	长江
599		郧西天河水利风景区	15	长江
600		荆州北闸水利风景区	15	长江
601		黄冈白莲河水利风景区	16	长江
602		宜昌百里荒水利风景区	16	长江
603		麻城明山水利风景区	16	长江
604		武汉金银湖水利风景区	17	长江
605		蕲春大同水库水利风景区	17	长江
606		武穴梅川水库水利风景区	17	长江
607		潜江田关岛水利风景区	18	长江
608		宜昌高岚河水利风景区	18	长江
609		十堰太和梅花谷水利风景区	18	长江

序号	主管部门	景区名称	批次	所在流域
610	湖北省水利厅（29）	兴山南阳河水利风景区	19	长江
611		远安回龙湾水利风景区	19	长江
612		潜江兴隆水利风景区	19	长江
613		襄阳引丹渠水利风景区	20	长江
614	湖南省水利厅（43）	张家界市溇江水利风景区	2	长江
615		娄底市水府水利风景区	2	长江
616		怀化市九龙潭大峡谷水利风景区	3	珠江
617		衡阳市衡东洣水水利风景区	4	长江
618		长沙市湘江水利风景区	4	长江
619		攸县酒埠江水利风景区	4	长江
620		益阳市鱼形山水利风景区	5	长江
621		永兴县便江水利风景区	5	长江
622		长沙市千龙湖水利风景区	5	长江
623		湘西土家族苗族自治州大龙洞水利风景区	6	长江
624		双牌县阳明山水利风景区	6	长江
625		怀化市五龙溪水利风景区	7	长江
626		长沙市皂市水利风景区	8	长江
627		衡山县九观湖水利风景区	8	长江
628		凤凰县长潭岗水利风景区	8	长江
629		衡阳县织女湖水利风景区	8	长江
630		长沙市宁乡县黄材水库水利风景区	9	长江
631		新化县紫鹊界水利风景区	9	长江
632		韶山市青年水库水利风景区	9	长江
633		衡阳县斜陂堰水库水利风景区	9	长江
634		花垣县花垣边城水利风景区	10	长江
635		耒阳市蔡伦竹海水利风景区	11	长江
636		澧县王家厂水利风景区	12	长江
637		辰溪县燕子洞水利风景区	12	长江

序号	主管部门	景区名称	批次	所在流域
638	湖南省水利厅（43）	常德市柳叶湖水利风景区	13	长江
639		益阳市皇家湖水利风景区	13	长江
640		江华瑶族自治县潇湘源水利风景区	13	长江
641		湘潭韶山灌区水利风景区	14	长江
642		汉寿清水湖水利风景区	14	长江
643		资兴东江湖水利风景区	15	长江
644		江永千家峒水利风景区	15	长江
645		永兴青山垅-龙潭水利风景区	15	长江
646		蓝山湘江源水利风景区	15	长江
647		望城半岛水利风景区	16	长江
648		汝城热水河水利风景区	16	长江
649		郴州四清湖水利风景区	16	长江
650		涟源杨家滩水利风景区	16	长江
651		芷江侗族自治县和平湖水利风景区	17	长江
652		长沙洋湖湿地水利风景区	17	长江
653		祁阳浯溪水利风景区	17	长江
654		株洲湘江风光带水利风景区	18	长江
655		永州金洞白水河水利风景区	18	长江
656		株洲万丰湖水利风景区	19	长江
657	广东省水利厅（14）	清远市飞来峡水利枢纽水利风景区	1	珠江
658		茂名市玉湖水利风景区	4	珠江
659		茂名市小良水土保持水利风景区	4	珠江
660		惠州市白盆湖水利风景区	5	珠江
661		梅州市洞天湖水利风景区	7	珠江
662		五华县益塘水库水利风景区	9	珠江
663		连州市湟川三峡水利风景区	10	珠江
664		增城区增江画廊水利风景区	11	珠江
665		仁化县丹霞源水利风景区	13	珠江

续表

序号	主管部门	景区名称	批次	所在流域
666	广东省 水利厅(14)	珠海竹洲水乡水利风景区	14	珠江
667		广州白云湖水利风景区	15	珠江
668		湛江鹤地银湖水利风景区	16	珠江
669		广州花都湖水利风景区	16	珠江
670		佛山乐从水利风景区	18	珠江
671	广西壮族 自治区 水利厅(15)	百色市澄碧河水利风景区	2	珠江
672		北海市洪潮江水利风景区	2	珠江
673		南宁市大王滩水利风景区	2	珠江
674		南宁市天雹水库水利风景区	4	珠江
675		德保县鉴河水利风景区	11	珠江
676		鹿寨县月岛湖水利风景区	12	珠江
677		南丹县地下大峡谷水利风景区	13	珠江
678		柳城县融江河谷水利风景区	13	珠江
679		象州县象江水利风景区	13	珠江
680		靖西龙潭鹅泉水利风景区	14	珠江
681		都安澄江水利风景区	16	珠江
682		桂林灵渠水利风景区	17	珠江
683		隆林万峰湖水利风景区	17	珠江
684		广西贵港九凌湖水利风景区	20	珠江
685		永福三江六岸水利风景区	21	珠江
686	海南省 水利厅(5)	儋州市松涛水库水利风景区	2	珠江
687		定安县南丽湖水利风景区	6	珠江
688		琼海合水水库水利风景区	14	珠江
689		保亭毛真水库水利风景区	16	珠江
690		海口美舍河水利风景区	17	珠江
691	重庆市 水利局(15)	大足区龙水湖水利风景区	4	长江
692		江津区清溪沟水利风景区	9	长江
693		璧山区人沟水库水利风景区	9	长江

序号	主管部门	景区名称	批次	所在流域
694		合川区双龙湖水利风景区	9	长江
695		黔江区小南海水利风景区	9	长江
696		武隆区山虎关水库水利风景区	9	长江
697		潼南区从刊水库水利风景区	10	长江
698		石柱县龙河水利风景区	10	长江
699	重庆市水利局(15)	南岸区南滨路水利风景区	11	长江
700		永川区勤俭水库水利风景区	12	长江
701		开州区汉丰湖水利风景区	12	长江
702		璧山璧南河水利风景区	14	长江
703		武隆阳水河水利风景区	15	长江
704		荣昌荣峰河水利风景区	16	长江
705		丰都龙河谷水利风景区	17	长江
706		绵阳市仙海水利风景区	2	长江
707		三台县鲁班湖风景区	5	长江
708		绵阳市安县白水湖风景区	5	长江
709		自贡市双溪湖风景区	5	长江
710		自贡市尖山水利风景区	6	长江
711		盐源县凉山州泸沽湖水利风景区	6	长江
712		巴中市平昌县江口水乡水利风景区	8	长江
713	四川省水利厅(49)	蓬安县大深南海水利风景区	11	长江
714		都江堰水利风景区	13	长江
715		汶川县水墨藏寨水利风景区	13	长江
716		绵阳市涪江六峡水利风景区	13	长江
717		眉山市黑龙滩水利风景区	13	长江
718		隆昌市古宇庙水库水利风景区	13	长江
719		南充市升钟湖水利风景区	13	长江
720		苍溪县白鹭湖水利风景区	13	长江
721		西充县青龙湖水利风景区	13	长江

续表

序号	主管部门	景区名称	批次	所在流域
722		遂宁市琼江源水利风景区	13	长江
723		乐山大渡河金口大峡谷水利风景区	14	长江
724		峨边大小杜鹃池水利风景区	14	长江
725		犍为桫椤湖水利风景区	14	长江
726		蓬安嘉陵第一桑梓水利风景区	14	长江
727		阆中金沙湖水利风景区	14	长江
728		青川青竹江水利风景区	14	长江
729		武胜太极湖水利风景区	14	长江
730		金口河大瓦山五池水利风景区	14	长江
731		大竹百岛湖水利风景区	15	长江
732		开江宝石桥水库水利风景区	15	长江
733		雅安飞仙湖水利风景区	15	长江
734		内江黄鹤湖水利风景区	15	长江
735	四川省水利厅(49)	巴中化湖水利风景区	15	长江
736		广安白云湖水利风景区	15	长江
737		西昌邛海水利风景区	16	长江
738		泸州张坝水利风景区	16	长江
739		壤塘则曲河水利风景区	16	长江
740		南部红岩子湖水利风景区	16	长江
741		广安华蓥山天池湖水利风景区	16	长江
742		雅安陇西河上里古镇水利风景区	17	长江
743		南江玉湖水利风景区	17	长江
744		遂宁观音湖水利风景区	17	长江
745		凉山安宁湖水利风景区	18	长江
746		广安天意谷水利风景区	18	长江
747		巴中柳津湖水利风景区	18	长江
748		米易迷易湖水利风景区	19	长江
749		会理仙人湖水利风景区	19	长江

序号	主管部门	景区名称	批次	所在流域
750	四川省水利厅(49)	通江东郡水乡水利风景区	19	长江
751		洪雅烟雨柳江水利风景区	20	长江
752		剑阁县翠云湖水利风景区	20	长江
753		仪陇柏杨湖水利风景区	20	长江
754		德阳邻姑泉水利风景区	21	长江
755	贵州省水利厅(35)	镇远县舞阳河水利风景区	1	长江
756		毕节市织金恐龙湖水利风景区	1	长江
757		岑巩县龙鳌河水利风景区	2	长江
758		贞丰县三岔河水利风景区	2	珠江
759		黄平县舞阳湖水利风景区	2	长江
760		长顺县杜鹃湖水利风景区	2	珠江
761		毕节市天河水利风景区	3	长江
762		贵阳市松柏山水利风景区	4	长江
763		龙里市生态科技示范园水利风景区	4	长江
764		贵阳市金茫林海水利风景区	7	长江
765		六盘水市明湖水利风景区	11	珠江
766		关岭布依族苗族自治县木城河水利风景区	11	珠江
767		遵义市大板水水利风景区	11	长江
768		贵阳市永乐湖水利风景区	11	长江
769		沿河土家族自治县乌江山峡水利风景区	11	长江
770		罗甸县高原千岛湖水利风景区	11	珠江
771		惠水县涟江水利风景区	12	珠江
772		剑河县仰阿莎湖水利风景区	12	长江
773		铜仁市锦江水利风景区	12	长江
774		施秉县舞阳河水利风景区	13	长江
775		织金县织金关水利风景区	13	长江
776		龙里莲花水利风景区	14	长江
777		锦屏三江水利风景区	15	长江

序号	主管部门	景区名称	批次	所在流域
778	贵州省水利厅(35)	思南乌江水利风景区	15	长江
779		绥阳双门峡水利风景区	15	长江
780		大方奢香九驿水利风景区	15	长江
781		威宁草海水利风景区	16	长江
782		开阳清龙河水利风景区	16	长江
783		凯里清水江水利风景区	17	长江
784		福泉洒金谷水利风景区	17	长江
785		贵定金海雪山水利风景区	17	长江
786		铜仁白岩河水利风景区	18	长江
787		遵义茅台渡水利风景区	18	长江
788		黔南州雍江水利风景区	18	长江
789		黔东南天柱清水江百里画廊水利风景区	21	长江
790	云南省水利厅(24)	曲靖市珠江源水利风景区	2	长江
791		泸西县五者温泉水利风景区	2	珠江
792		普洱市梅子湖水利风景区	3	珠江
793		建水县绵羊冲水利风景区	5	珠江
794		景谷傣族彝族自治县昔木水库水利风景区	5	珠江
795		泸西县阿拉湖水利风景区	5	珠江
796		潞西市孔雀湖水利风景区	5	长江
797		普洱市西盟县勐梭龙潭水利风景区	6	长江
798		保山市北庙湖水利风景区	6	长江
799		洱源县茈碧湖水利风景区	7	珠江
800		泸西县阿庐湖水利风景区	9	珠江
801		丘北县摆龙湖水利风景区	9	珠江
802		普洱市洗马河水利风景区	10	珠江
803		丽江市玉龙县拉市海水利风景区	11	长江
804		文山市君龙湖水利风景区	12	珠江
805		祥云县青海湖水利风景区	13	长江

续表

序号	主管部门	景区名称	批次	所在流域
806	云南省水利厅（24）	宜良九乡明月湖水利风景区	15	长江
807		临沧冰岛水利风景区	15	长江
808		双柏查姆湖水利风景区	17	珠江
809		丘北纳龙湖水利风景区	17	珠江
810		丽江鲤鱼河水利风景区	18	长江
811		大姚蜻蛉湖水利风景区	18	长江
812		楚雄州青山湖水利风景区	18	长江
813		红河弥勒甸溪河水利风景区	21	珠江
814	西藏自治区水利厅（3）	林芝市措木及日湖水利风景区	10	雅鲁藏布江
815		乃东区雅砻河谷水利风景区	13	雅鲁藏布江
816		拉萨市拉萨河水利风景区	16	雅鲁藏布江
817	陕西省水利厅（42）	铜川市锦阳湖水利风景区	2	黄河
818		汉中市石门水利风景区	2	长江
819		渭南市黄河魂水利风景区	3	黄河
820		安康市瀛湖水利风景区	4	长江
821		汉中市南郑区红寺湖水利风景区	4	长江
822		渭南市友谊湖休闲度假山庄	5	黄河
823		西安奥体灞河水利风景区（2023年更名）	5	黄河
824		商洛市丹江公园水利风景区	6	长江
825		汉中市城固县南沙湖水利风景区	7	长江
826		咸阳市郑国渠水利风景区	8	黄河
827		丹凤县龙驹寨水利风景区	9	长江
828		凤县嘉陵江源水利风景区	9	长江
829		宝鸡市千湖水利风景区	10	黄河
830		西安市汉城湖水利风景区	10	黄河
831		宝鸡市渭水之央水利风景区	11	黄河
832		商南县金丝大峡谷水利风景区	11	长江
833		太白县黄柏塬水利风景区	12	长江

序号	主管部门	景区名称	批次	所在流域
834		西安市翠华山水利风景区	12	黄河
835		西安市灞桥湿地水利风景区	12	黄河
836		宜川县黄河壶口水利风景区	13	黄河
837		神木市红碱淖水利风景区	13	黄河
838		户县金龙峡水利风景区	14	黄河
839		太白青峰峡水利风景区	14	黄河
840		合阳洽川水利风景区	14	黄河
841		丹凤桃花谷水利风景区	14	长江
842		柞水乾佑河源水利风景区	14	长江
843		西安世博园水利风景区	14	黄河
844		岐山岐渭水利风景区	14	黄河
845		汉阴凤堰古梯田水利风景区	14	长江
846	陕西省 水利厅(42)	宝鸡太白山水利风景区	15	黄河
847		沣东沣河水利风景区	15	黄河
848		渭南卤阳湖水利风景区	15	黄河
849		眉县霸渭关中文化水利风景区	16	黄河
850		岚皋千层河水利风景区	16	长江
851		米脂高西沟水利风景区	16	黄河
852		延川乾坤湾水利风景区	17	黄河
853		西安渭河生态水利风景区	17	黄河
854		镇坪飞渡峡水利风景区	17	长江
855		安康任河水利风景区	18	长江
856		西安曲江池·大唐芙蓉园水利风景区	18	黄河
857		西安护城河水利风景区	18	黄河
858		佳县白云山水利风景区	21	黄河
859	甘肃省 水利厅(28)	酒泉市金塔县鸳鸯池水库水利风景区	2	黄河
860		武威市凉州天梯山水利风景区	3	黄河
861		平凉市崆峒水库水利风景区	3	黄河

序号	主管部门	景区名称	批次	所在流域
862	甘肃省水利厅(28)	酒泉市赤金峡水利风景区	4	黄河
863		高台县大湖湾水利风景区	4	黄河
864		庄浪县竹林寺水库水利风景区	4	黄河
865		泾川县田家沟水利风景区	4	黄河
866		禹苑水利风景区	5	黄河
867		安西县瓜州苑水利风景区	5	黄河
868		临泽县双泉湖水利风景区	6	黄河
869		张掖市二坝湖水利风景区	6	黄河
870		张掖市平川水库水利风景区	8	黄河
871		陇南市西和县晚霞湖水利风景区	8	黄河
872		山丹县李桥水库水利风景区	9	黄河
873		阿克塞县金山湖水利风景区	9	黄河
874		迭部县白龙江腊子口水利风景区	10	长江
875		临潭县冶力关水利风景区	10	黄河
876		民勤县红崖山水库水利风景区	11	黄河
877		敦煌市党河风情线水利风景区	11	黄河
878		玛曲县黄河首曲水利风景区	12	黄河
879		康县阳坝水利风景区	13	长江
880		卓尼县洮河水利风景区	13	黄河
881		两当云屏河水利风景区	14	长江
882		崇信龙泽湖水利风景区	14	黄河
883		肃南隆畅河风情线水利风景区	16	黄河
884		庆阳市庆阳湖水利风景区	16	黄河
885		景电水利风景区	17	黄河
886		庆阳西峰区清水沟水利风景区	20	黄河
887	青海省水利厅(13)	互助土族自治县南门峡水库水利风景区	5	黄河
888		长岭沟风景区	5	黄河
889		黄南藏族自治州黄河走廊水利风景区	7	黄河

序号	主管部门	景区名称	批次	所在流域
890	青海省水利厅(13)	大通县黑泉水库水利风景区	8	黄河
891		循化县孟达天池水利风景区	8	黄河
892		互助县北山水利风景区	9	黄河
893		久治县年保玉则水利风景区	10	黄河
894		民和县三川黄河水利风景区	10	黄河
895		玛多县黄河源水利风景区	11	黄河
896		囊谦县澜沧江水利风景区	13	澜沧江
897		海西州巴音河水利风景区	13	内陆河
898		乌兰县金子海水利风景区	13	内陆河
899		玉树通天河水利风景区	16	长江
900	宁夏回族自治区水利厅(12)	青铜峡市唐徕闸水利风景区	4	黄河
901		中卫市沙坡头水利风景区	5	黄河
902		银川市典农河水利风景区(2023年更名)	6	黄河
903		石嘴山市星海湖水利风景区	7	黄河
904		灵武市鸭子荡水利风景区	10	黄河
905		石嘴山市沙湖水利风景区	11	黄河
906		中卫市腾格里湿地水利风景区	11	黄河
907		彭阳县茹河水利风景区	12	黄河
908		隆德县清流河水利风景区	13	黄河
909		银川市鸣翠湖水利风景区	13	黄河
910		彭阳阳洼流域水利风景区	16	黄河
911		银川黄河横城水利风景区	17	黄河
912	新疆维吾尔自治区水利厅(13)	拜城县克孜尔水库水利风景区	4	黄河
913		巴音郭楞州西海明珠水利风景区	4	黄河
914		伊犁州喀什河流域龙口水利风景区	5	黄河
915		和田市乌鲁瓦提水利风景区	5	黄河
916		吐鲁番市坎儿井水利风景区	6	黄河
917		塔城市喀浪古尔水利风景区	7	黄河

续表

序号	主管部门	景区名称	批次	所在流域
918	新疆维吾尔自治区水利厅（13）	玛纳斯县石门子水库水利风景区	8	黄河
919		沙湾市千泉湖水利风景区	10	黄河
920		天山天池水利风景区	11	黄河
921		巩留县库尔德宁水利风景区	13	黄河
922		岳普湖县达瓦昆沙漠水利风景区	13	黄河
923		巩留县野核桃沟水利风景区	13	黄河
924		喀什吐曼河水利风景区	18	黄河
925	新疆生产建设兵团水利局（10）	农八师石河子市北湖水利风景区	1	黄河
926		五家渠市青格达湖水利风景区	3	黄河
927		喀什市西海湾水库水利风景区	3	黄河
928		阿拉尔市塔里木多浪湖水利风景区	4	黄河
929		阿克苏市千鸟湖水利风景区	4	黄河
930		奎屯市双湖水利风景区	4	黄河
931		巴音山庄	5	黄河
932		石河子桃源风景区	5	黄河
933		塔里木祥龙湖风景区	5	黄河
934		北屯市福海县布伦托海西海水利风景区	6	黄河

资料来源：水利部公布的历年水利风景区名单。

附录二
省级水利风景区名录

序号	行政隶属/流域	水利风景区名称
1	长江流域(0)	—
2	黄河流域(0)	—
3	淮河流域(0)	—
4	海河流域(0)	—
5	珠江流域(0)	—
6	松江流域(0)	—
7	太湖流域(0)	—
8	北京市(3)	门城湖风景区
9		京西十八潭风景区
10		双龙峡风景区
11	天津市(0)	—
12	河北省(27)	馆陶县公主湖水利风景区
13		肥乡区广安公园水利风景区
14		南宫市南宫湖水利风景区
15		广平县东湖公园水利风景区
16		河北省拒马河涞源湖水利风景区
17		黄篦水库水利风景区
18		沙河市秦王湖水利风景区
19		邢台县九龙峡水利风景区
20		巨鹿县洪溢河生态廊道水利风景区
21		绿岭核桃小镇水利风景区
22		河北邢台鹊山湖水利风景区
23		河北邯郸青塔湖水利风景区
24		河北沧州运河"五季"水利风景区
25		泊头市运河景观带水利风景区

续表

序号	行政隶属/流域	水利风景区名称
26	河北省（27）	河北邢台牛尾河水利风景区
27		河北邢台老漳河水利风景区
28		河北廊坊北运河水利风景区
29		河北廊坊霸州牤牛河水利风景区
30		河北廊坊御龙河水利风景区
31		河北廊坊永定河水利风景区
32		河北廊坊龙河水利风景区
33		河北衡水阜城湖水利风景区
34		河北保定瀑河水利风景区
35		河北保定黄花沟水利风景区
36		河北沧州王希鲁水利风景区
37		河北承德潮河源水利风景区
38		河北承德莲花山谷水利风景区
39	山西省（32）	山西龙门水利风景区
40		禹门口浍河水库水利风景区
41		交城县柏叶口水库水利风景区
42		右玉海子湾水利风景区
43		灵丘唐河水电站（青云湖）水利风景区
44		和川水利风景区
45		阳高县大泉山水利风景区
46		浑源县神溪水利风景区
47		大同市文瀛湖水利风景区
48		大同市御河生态湿地公园
49		大同市册田水库桑干湖水利风景区
50		大同市广灵县水神堂水利风景区
51		宁武县公海水利风景区
52		原平市观上水库水利风景区
53		五台县唐家湾水库水利风景区
54		忻府区双乳湖（双乳山水库）水利风景区
55		祁县九沟水利风景区
56		榆社县云竹湖（云竹水库）水利风景区
57		寿阳蔡庄水库（龙栖湖）水利风景区
58		方山县神龙沟水利风景区
59		文水县世泰湖水利风景区

序号	行政隶属/流域	水利风景区名称
60	山西省（32）	孝义市孝河水利风景区
61		襄汾县七一水库水利风景区
62		侯马市浍河二库（香邑湖）水利风景区
63		武乡太行龙湖（关河水库）水利风景区
64		长子县皇明湖（鲍家河水库）水利风景区
65		屯留县屯绛水库水利风景区
66		晋城市陵川县凤凰欢乐谷水利风景区
67		晋城市阳城县凤栖湖水利风景区
68		晋城市阳城县九女仙湖水利风景区
69		芮城县圣天湖水利风景区
70		运城市大禹渡黄河水利风景区
71	内蒙古自治区（11）	白狼水利风景区
72		宁城钓鱼台水库水利风景区
73		莫力庙水库水利风景区
74		乌不浪水库水利风景区
75		红格尔水库水利风景区
76		杭锦后旗润昇湖水利风景区
77		乌兰察布市商都县不冻河水库水利风景区
78		黄花滩水库水利风景区
79		孟家段水库水利风景区
80		红花湖水利风景区
81		霸王河水利风景区
82	辽宁省（12）	辽河石佛寺水库水利风景区
83		朝阳市燕山湖水利风景区
84		凌海市吴楚庄园水利风景区
85		柴河水库水利风景区
86		长兴岛经济区桃房河水利风景区
87		盘锦辽河湿地水利风景区
88		盘山县绕阳湖水利风景区
89		彰武大清沟水利风景区
90		台安辽河张荒古渡水利风景区
91		辽宁本溪大石湖老边沟水利风景区
92		营口大辽河沿岸水利风景区
93		辽宁本溪大冰沟水利风景区

序号	行政隶属/流域	水利风景区名称
94		安图县两江雪山湖水利风景区
95		磐石市官马水库风水利景区
96		大安市五间房水库风水利景区
97		蛟河市龙凤水库水利风景区
98		集安市三家子水库水利风景区
99		辉南县小椅山湖水利风景区
100		辉南县青顶子水库水利风景区
101		公主岭市二十家子水库水利风景区
102		珲春市龙山湖水利风景区
103		吉林二道水库水利风景区
104		磐石市柳杨水库水利风景区
105		吉林市船营区胖头沟水库水利风景区
106		汪清县满天星水利风景区
107		双阳区黑顶子水库水利风景区
108		杨木水库风景区
109		扶余县拉林水利风景区
110	吉林省（52）	吉林省老龙口水库水利风景区
111		白城市月亮湖水利风景区
112		白山市曲家营水库水利风景区
113		四平市山门水库水利风景区
114		磐石市亚吉水库水利风景区
115		镇赉县哈尔淖水利风景区
116		敦化市小石河水利风景区
117		白城市团结水库水利风景区
118		吉林省杏木水利风景区
119		公主岭市兴隆泉水利风景区
120		公主岭市双青湖水利风景区
121		柳河县一统河水利风景区
122		九台区卡伦湖水利风景区
123		九台区牛头山水库水利风景区
124		九台区柴福林水库水利风景区
125		延吉市五道水库水利风景区
126		延吉市延河水库水利风景区
127		延吉市吉成水库水利风景区

续表

序号	行政隶属/流域	水利风景区名称
128	吉林省(52)	长白山管委会池南区野鸭湖水利风景区
129		四平市下三台水库水利风景区
130		东丰县新城水利风景区
131		长春市伊通河城区中段水利风景区
132		舒兰市细鳞河滨河水利风景区
133		抚松县香水环带水利风景区
134		镇赉环城国家湿地公园(南湖湿地公园)
135		东辽县辽河水库水利风景区
136		抚松新城三江汇水利风景区
137		长春市天定山水利风景区
138		九台区小南河水利风景区
139		伊通满族自治县伊通河水利风景区
140		长春市汽车经济技术开发区西湖水利风景区
141		农安南沟水利风景区
142		桦甸市森林慢谷水利风景区
143		四平市西湖湿地水利风景区
144		梨树南河公园水利风景区
145		靖宇县花园口镇映山红广场水利风景区
146	黑龙江省(20)	宝清七星河湿地水利风景区
147		龙湖水利风景区
148		萝北名山岛水利风景区
149		萝北龙江三峡水利风景区
150		绥棱向阳水库水利风景区
151		杜尔伯特蒙古族自治县连环湖水利风景区
152		杜尔伯特蒙古族自治县克尔台湿地水利风景区
153		威虎山水利风景区
154		哈尔滨狗岛水利风景区
155		伊春汤旺河区汤旺河水利风景区
156		方正双龙水库水利风景区
157		方正双凤水库水利风景区
158		宁安桦树川水库水利风景区
159		桦南向阳湖水利风景区
160		肇东八里湖湿地水利风景区
161		肇东千鹤岛水利风景区

序号	行政隶属/流域	水利风景区名称
162	黑龙江省（20）	天龙湖水利风景区
163		群力水库风景区
164		佳木斯四丰山水利风景区
165		大兴安岭百泉谷水利风景区
166	上海市（1）	上海闵行紫竹水利风景区
167	江苏省（128）	南京市汤泉湖水利风景区
168		南京市蟠龙湖水利风景区
169		溧水县方便水库水利风景区
170		南京市溧水区中山水库水利风景区
171		南京市六合区大泉湖水利风景区
172		南京环山河水库水利风景区
173		南京卧龙水库水利风景区
174		南京溧水老鸦坝水库水利风景区
175		南京栖霞八卦洲（下坝核心区）水利风景区
176		南京市浦口区水墨大埝水利风景区
177		南京市溧水区无想寺水库水利风景区
178		南京市栖霞区周冲水库水利风景区
179		江苏省御水文化水利风景区
180		省秦淮河枢纽水利风景区
181		宜兴市金沙泉水利风景区
182		宜兴市阳山荡水利风景区
183		无锡市惠山区万马白荡水利风景区
184		无锡市锡山区荡口古镇水利风景区
185		无锡市江南古运河水利风景区
186		无锡市宜兴市龙珠水库水利风景区
187		徐州华沂闸水利风景区
188		徐州市贾汪区督公湖水利风景区
189		铜山县吕梁湖水利风景区
190		徐州市贾汪区小南湖水利风景区
191		新沂市马陵山黄巢湖水利风景区
192		沛县沛沿河水利风景区
193		徐州市贾汪区玉龙湾水利风景区
194		徐州市泉山区九里湖水利风景区
195		徐州市贾汪区凤鸣海水利风景区

序号	行政隶属/流域	水利风景区名称
196		徐州市贾汪区凤凰泉水利风景区
197		徐州市邳州银杏湖水利风景区
198		邳州市桃花岛公园水利风景区
199		徐州市铜山区楚河水利风景区
200		睢宁县房湾湿地水利风景区
201		沛县顺堤河昭阳庄园水利风景区
202		徐州市铜山区悬水湖水利风景区
203		新沂市高塘水库水利风景区
204		南水北调解台站水利风景区
205		江苏省沙集水利风景区
206		徐州市睢宁县白塘河水利风景区
207		溧阳市塘马水库水利风景区
208		溧阳市前宋水库水利风景区
209		溧阳市长荡湖水利风景区
210		武进区宋剑湖水利风景区
211		天宁区牟家村水利风景区
212	江苏省(128)	常州市天宁区查家湾水利风景区
213		常州市钟楼区大运河安基水利风景区
214		常州市武进区永安河水利风景区
215		常州市滨江毗陵潮水利风景区
216		常州市武进区春秋淹城遗址水利风景区
217		常州市金坛区上阮水利风景区
218		太仓市凤凰湖水利风景区
219		张家港市凤凰水利风景区
220		常熟市南湖水利风景区
221		常熟市泥仓溇水利风景区
222		苏州市吴中区潜龙渠水利风景区
223		苏州市石湖水利风景区
224		苏州市工业园区东沙湖水利风景区
225		苏州市张家港市张家港湾水利风景区
226		江苏省望虞河常熟枢纽水利风景区
227		昆山巴城湖水利风景区
228		如东县小洋口水利风景区
229		启东市圆陀角水利风景区

续表

序号	行政隶属/流域	水利风景区名称
230		南通市九圩港水利风景区
231		如皋市焦港枢纽水利风景区
232		南通市海门区青龙港水利风景区
233		赣榆县夹谷山水利风景区
234		灌南县五龙口水利风景区
235		灌云县潮河湾水利风景区
236		连云港市宿城水库水利风景区
237		连云港市徐圩新区云湖水利风景区
238		灌南县硕项湖水利风景区
239		连云港渔湾水利风景区
240		连云港市海州区月牙岛水利风景区
241		东海县双龙湖水利风景区
242		连云港市市区盐河水利风景区
243		淮安市洪金灌区水利风景区
244		盱眙县龙泉湖水利风景区
245		淮安市白马湖水利风景区
246	江苏省（128）	淮安市淮阴区葫芦湾水利风景区
247		淮安市清江浦区大口子湖水利风景区
248		淮安市金湖县水上森林水利风景区
249		江苏省二河闸水利风景区
250		江苏省高良涧水利风景区
251		省石港抽水站水利风景区
252		盐城白驹串场河水利风景区
253		盐城市盐都仰徐水利风景区
254		盐城市盐都区大马沟水利风景区
255		盐城市大丰区梅花湾水利风景区
256		东台市黄海海滨水利风景区
257		盐城市射阳县日月岛水利风景区
258		盐城市阜宁县马良湖水利风景区
259		盐城市盐都区小马沟水利风景区
260		江苏省滨海枢纽水利风景区
261		盐城市盐都区蟒蛇河水利风景区
262		宝应县射阳湖水利风景区
263		宝应县北河水利风景区

续表

序号	行政隶属/流域	水利风景区名称
264		高邮市东湖水利风景区
265		扬州市江都区沿运灌区水利风景区
266		扬州市润扬河水利风景区
267		扬州市广陵区夹江生态中心水利风景区
268		扬州市广陵区京杭之心水利风景区
269		扬州市广陵区归江河道水利风景区
270		扬州市仪征市月塘水库水利风景区
271		南水北调宝应站水利风景区
272		丹阳市九曲河枢纽水利风景区
273		镇江市古运河水利风景区
274		镇江市心湖水利风景区
275		句容市茅山湖水利风景区
276		镇江市谏壁抽水站水利风景区
277		镇江市丹徒区御隆河水利风景区
278		句容市北山水库水利风景区
279	江苏省(128)	泰州市秋雪湖水利风景区
280		靖江市明湖水利风景区
281		泰州市海陵区九岛环湖水利风景区
282		兴化市李中水上森林水利风景区
283		兴化市徐马荒水利风景区
284		兴化市沙沟古镇水利风景区
285		泰兴市长江生态廊道水利风景区
286		泰兴市小南湖水利风景区
287		泰兴市马甸水利枢纽水利风景区
288		宿迁市船行灌区水利风景区
289		泗阳县运河印象(运河风光带)水利风景区
290		泗洪县古汴河水利风景区
291		宿迁市泗阳县成子湖水利风景区
292		江苏省泗阳枢纽水利风景区
293		江苏省沭阳闸水利风景区
294		沭阳县沭河水利风景区
295	浙江省(0)	—
296	安徽省(34)	怀宁县观音洞水库水利风景区
297		潜山潜水滨河水利风景区

续表

序号	行政隶属/流域	水利风景区名称
298		潜山红旗水库水利风景区
299		安庆鲍冲湖景区
300		太湖方洲水库景区
301		潜山县长春水库景区
302		怀远县四方湖水利风景区
303		怀洪新河何巷闸水利风景区
304		蚌埠市城市淮河南岸水利风景区
305		石台怪潭景区
306		全椒县碧云湖旅游度假水利风景区
307		明光市跃龙湖旅游休闲度假园
308		滁州市南谯区双洪生态文化园水利风景区
309		明光八岭湖景区
310		临泉县阜临河环城水利风景区
311		临泉县杨桥闸桃花岛水利风景区
312		阜阳沙颍河耿楼枢纽水利风景区
313	安徽省(34)	长丰县龙门寺水利风景区
314		淮北南湖景区
315		凤台县永幸河水利风景区
316		寿县安丰塘水库水利风景区
317		黟县桃花源长廊水利风景区
318		黟县五溪山大峡谷水利风景区
319		祁门倒湖十八湾水利风景区
320		祁门九龙池景区
321		黟县打鼓岭黄姑河景区
322		六安皖西大裂谷风景区
323		六安东石笋景区
324		六安市金安区龙山湖风景区
325		金寨县团山水库水利风景区
326		淠史杭灌区红石嘴水利风景区
327		和县鸡笼山半月湖景区
328		繁昌峨溪河水利风景区
329		泗县石梁河清水湾景区
330	福建省(86)	北溪引水漳州江东水利风景区
331		福建省溪源水库风景区

续表

序号	行政隶属/流域	水利风景区名称
332		永泰县清凉山水利风景区
333		福州晋安区皇帝洞景区
334		厦门杏林湾水库水利风景区
335		福安市武陵溪水利风景区
336		寿宁县小托水库水利风景区
337		柘荣县九龙井水利风景区
338		蕉城区"瀛洲仙池"水利风景区
339		屏南县甘溪水利风景区
340		寿宁县聚宝洋水利风景区
341		蕉城区八都镇白鹭洲水利风景区
342		蕉城区虎贝水利风景区
343		蕉城区金溪水利风景区
344		蕉城区赤溪水利风景区
345		寿宁县斜滩水利风景区
346		寿宁县武曲水利风景区
347		福鼎市赤溪水利风景区
348	福建省(86)	莆田市东圳水库水利风景区
349		涵江区白塘湖水利风景区
350		涵江区大洋乡三层漈水利风景区
351		仙游县仙水洋风景区
352		秀屿区天云洞水利风景区
353		城厢区钟潭水利风景区
354		仙游县菜溪岩水利风景区
355		镇海堤水利风景区
356		仙游县金钟湖水利风景区
357		荔城区江东水利风景区
358		泉港区红星·三青水利风景区
359		惠女水库水利风景区
360		德化县国宝云龙谷水利风景区
361		永春县岵山金溪水利风景区
362		永春县霞陵溪吾峰水利风景区
363		南安市黄巢水利风景区
364		德化县大龙湖水利风景区
365		惠安县科山水利风景区

序号	行政隶属/流域	水利风景区名称
366	福建省(86)	晋江安平桥生态公园景区
367		永春县湖洋溪景区
368		永春县侯龙溪景区
369		常山开发区乌山天池水利风景区
370		东山县马銮湾水利风景区
371		平和县林语花溪水利风景区
372		诏安县金溪流域水利风景区
373		龙海市紫泥甘文海堤水利风景区
374		龙海市龙江颂歌水利风景区
375		华安县新圩水利风景区
376		漳浦县永清溪两帝师景区
377		漳州市长泰区枋洋景区
378		武平县中山河水利风景区
379		永定区永定河西陂段水利风景区
380		永定区湖坑十里南溪水利风景区
381		上杭县旧县河旧县段景区
382		沙县马岩生态园
383		将乐县常上湖水利风景区
384		宁化县水土保持科教示范园水利风景区
385		宁化县桥下水库水利风景区
386		将乐县兰花溪水利风景区
387		尤溪县双鲤湖水利风景区
388		建宁县闽江源水利风景区
389		清流县李家冷泉水利风景区
390		尤溪县侠天下景区
391		浦城县高坊水库水利风景区
392		建瓯市九仙山鸳鸯湖水利风景区
393		光泽县天池水利风景区
394		邵武市瀑布林水利生态风景区
395		顺昌县元坑古镇水利风景区
396		建瓯市北津湖水利风景区
397		顺昌县美丽张墩水利旅游
398		浦城县三江源水利风景区
399		建瓯市洋后水库水利风景区

序号	行政隶属/流域	水利风景区名称
400	福建省(86)	浦城县金梅溪水利风景区
401		政和县镇前鲤鱼溪水利风景区
402		政和县岭腰乐溪水利风景区
403		松溪县万林湖水利风景区
404		顺昌县来布水利风景区
405		建瓯市小松水利风景区
406		政和县洞宫山水利风景区
407		政和县铁山梅龙溪水利风景区
408		武夷山市武夷学院水利风景区
409		松溪县百丈崖水利风景区
410		政和县念山湖水利风景区
411		邵武市千岭湖水利风景区
412		光泽县饶坪溪水利风景区
413		松溪县杨梅溪景区
414		平潭竹屿湖水利风景区
415		平潭六桥湖水利风景区
416	江西省(71)	鄱阳湖模型试验研究基地水利风景区
417		幸福水库水利风景区
418		鼎湖水利风景区
419		青岚湖水利风景区
420		南昌市瑶湾水利风景区
421		龟峰渡水利风景区
422		观音山水利风景区
423		龙头寨水利风景区
424		神龙湖水利风景区
425		石路湖水利风景区
426		港河水利风景区
427		跃进湖水利风景区
428		江西润邦农业生态文化水利风景区
429		乐丰湖水利风景区
430		歌坪水利风景区
431		宜黄县幸福宜水水利风景区
432		东江源水利风景区
433		阳明湖水利风景区

序号	行政隶属/流域	水利风景区名称
434		竹坑水库水利风景区
435		丫山水利风景区
436		桃江源水利风景区
437		寻乌县太湖水库水利风景区
438		寻乌县柯树塘水保生态园水利风景区
439		赣县晓镜公园水利风景区
440		赣县区金钩形水保科技园水利风景区
441		南康区家居小镇水利风景区
442		信丰县五渡港水利风景区
443		龙南市虔心小镇水利风景区
444		兴国县睦埠水利风景区
445		于都县红军小镇水利风景区
446		赣州市蓉江新区龙井水利风景区
447		福华山水利风景区
448		窑湖水利风景区
449		大洋洲水利风景区
450	江西省(71)	狗牯脑水利风景区
451		横山水利风景区
452		双山水利风景区
453		吉安市安福县谷口水库水利风景区
454		永丰县高虎脑水利风景区
455		吉安市安福县车田村水利风景区
456		景德镇浯溪口水利枢纽水利风景区
457		龙源水利风景区
458		林泉水库水利风景区
459		九江市浔阳江水利风景区
460		修水县红旗水库水利风景区
461		九江市修水县石嘴水库水利风景区
462		九江市八赛枢纽水利风景区
463		九江市十里河水利风景区
464		九江永修县龙源峡水利风景区
465		枫林水利风景区
466		莲花县将军水库灌溉工程水利风景区
467		上栗县泉之源水利风景区

续表

序号	行政隶属/流域	水利风景区名称
468	江西省(71)	萍乡市芦溪县窑下村水利风景区
469		大源河水库水利风景区
470		北槎垅水库水利风景区
471		王宅水库水利风景区
472		上饶市婺源县汪口水利风景区
473		龙门口水利风景区
474		西坑水库水利风景区
475		石牛滩水利风景区
476		凯光水利风景区
477		孔目江水利风景区
478		三十把水库水利风景区
479		光华水库水利风景区
480		龙湖水利风景区
481		山外山水利风景区
482		玉龙河水利风景区
483		神山湖水利风景区
484		石溪水库水利风景区
485		丁仙湖水利风景区
486		丰城市紫云山水库水利风景区
487	山东省(141)	山东水利技师学院萌源河水利风景区
488		小清河水利风景区
489		锦云川乐园
490		邢家渡引黄灌区水利风景区
491		白云湖风景区
492		滨河湿地水利风景区
493		澄波湖风景区
494		田山灌区水利风景区
495		汶源水利风景区
496		大冶水库水利风景区
497		玉带湖水利风景区
498		淄河水利风景区
499		摘星山水利风景区
500		白云湖水利风景区
501		红莲湖水利风景区

序号	行政隶属/流域	水利风景区名称
502		天鹅湖湿地水利风景区
503		龙洞湖水利风景区（田庄水库）
504		桃花岛水利风景区
505		铜陵湖水利风景区
506		青龙湖水利风景区
507		淋漓湖水利风景区
508		蟠龙湿地公园
509		黑峪水利风景区
510		龙床水利风景区
511		东湖水利风景区
512		荆河龙泉风景区
513		杨峪水利风景区
514		龙门观水利风景区
515		翼云湖水利风景区
516		辛庄水库水利风景区
517		龙河古镇伏羲平湖水利风景区
518	山东省（141）	龙栖湖水利风景区
519		黄水河河口湿地水利风景区
520		北邢家水库水利风景区
521		鱼鸟河水利风景区
522		逛荡河绿带公园
523		南阳河水利风景区
524		清洋河水利风景区
525		大基山圣水湖水利风景区
526		磁山水利风景区
527		国路夼小流域水利风景区
528		平山河湿地公园水利风景区
529		牟山水库水利风景区
530		泜河水利风景区
531		大源小流域生态园林
532		青墩水库水利风景区
533		石门水库水利风景区
534		墙夼水库水利风景区
535		百泉水利风景区

续表

序号	行政隶属/流域	水利风景区名称
536		五龙湖水利风景区
537		尚庄水库水利风景区
538		青龙湖水利风景区
539		安丘市辉渠镇凌河水利风景区
540		西湖公园
541		荆山水库水利风景区
542		马宋水库水利风景区
543		巨洋湖水利风景区
544		孔子湖水利风景区(尼山水库)
545		九仙山天池水利风景区
546		石门山水利风景区
547		狼舞山水利风景区
548		峄山湖水利风景区
549		西侯幽谷水利风景区
550		泗水县龙湾湖水利风景区
551		贺庄水库水利风景区
552	山东省(141)	龙门山水利风景区
553		泗水滨水利风景区
554		泉林泉群水利风景区
555		圣源湖水利风景区
556		莲花湖湿地水利风景区
557		梁山泊水利风景区
558		金济河千寿湖水利风景区
559		麒麟湖公园水利风景区
560		老赵王河水利风景区
561		十里水乡水利风景区
562		金沙湖水利风景区
563		蓝陵古城水利风景区
564		惠河水利风景区
565		泰山彩石溪水利风景区
566		泰安市王家院水库水利风景区
567		大汶口汶河水利风景区
568		丘明湖水利风景区
569		蓊云山水利风景区

序号	行政隶属/流域	水利风景区名称
570		光明湖水利风景区
571		河滨公园景区
572		复圣公园
573		宁阳县洸府河水利风景区
574		毓福河水利风景区
575		十里河水利风景区
576		华夏城水利风景区
577		五渚河水利风景区
578		日照水库水利风景区
579		大沙洼水利风景区
580		多岛海水利风景区
581		潮白河水利风景区
582		五征松月湖水利风景区(长城岭水库)
583		丽青山水利风景区
584		龙门崮水利风景区
585		武河湿地公园水利风景区
586	山东省(141)	引祊入涑水利风景区
587		跋山水库旅游风景区
588		马连河水利风景区
589		东汶河水利风景区
590		蒙阴县金水河水利风景区
591		东湖湿地水利风景区
592		汶河湿地水利风景区
593		沭河水利风景区
594		苍源河水利风景区
595		马陵山水利风景区
596		唐村水库旅游区
597		浚河水利风景区
598		沂蒙云瀑洞天水利风景区
599		许家崖水库水利风景区
600		东泇河水利风景区
601		南湖水利风景区
602		兰陵湿地水利风景区
603		绣针河水利风景区

序号	行政隶属/流域	水利风景区名称
604	山东省（141）	卧虎山田园水利风景区
605		峿密河水利风景区
606		得月湖生态水利风景区（丁东水库）
607		颜真卿文化水利风景区
608		红坛湖生态水利风景区
609		惠宁湖生态观光园
610		龙湖水库风景区
611		北海公园
612		碧霞湖生态观光园（杨安镇水库）
613		跃马河水利风景区
614		琵琶湾水利风景区
615		三国文化水利风景区
616		徒骇河公园水利风景区
617		运河水利风景区
618		新立河风景区
619		邹平市醴泉水利风景区
620		月河水利风景区
621		翠岛湖水利风景区
622		古城水利风景区
623		宋金河水利风景区
624		四季河滨河湿地
625		八里湾生态水利风景区
626		五里河水利风景区
627		万福河水利风景区
628	河南省（27）	桐柏县淮源水利风景名胜区
629		西峡县鹳河漂流水利风景区
630		内乡县斩龙岗水库
631		洇河水利风景区
632		南召县九龙湖水利风景区
633		南召县辛庄水库水利风景区
634		光山县五岳湖水利风景区
635		遂平县狮象湖水利风景区
636		镇平县九龙湾水利风景区
637		兰营水库水利风景区

续表

序号	行政隶属/流域	水利风景区名称
638		内乡县马山湖风景区
639		唐河县友兰湖水利风景区
640		唐河县倪河水库风景区
641		打磨石岩水库水利风景区
642		燕山水库水利风景区
643		彭李坑水库水利风景区
644		洛阳恐龙谷漂流景区
645		樱桃沟金水源景区
646	河南省(27)	济水源(济渎庙)水利风景区
647		息县龙湖水利风景区
648		汝州黄涧河水利风景区
649		前坪水库水利风景区
650		开封宋都古城水利风景区
651		河南省出山店水库水利风景区
652		范县范水生态水利风景区
653		罗山县石山口水库水利风景区
654		鹤山区七星河水利风景区
655		湖北省仙岛湖风景区
656		湖北省高关水库风景区
657		孝感徐家河水利风景区
658		英山吴家山水利风景区
659		武汉道观河水利风景区
660		钟祥黄坡水库风景区
661		京山刘畈水库风景区
662		京山八字门水库风景区
663	湖北省(62)	荆门石门水库风景区
664		随县大洪山水库(琵琶湖)风景旅游区
665		随县封江水库生态旅游区
666		蕲春鸥鹰岩水库风景旅游区
667		团风牛车河水利风景旅游区
668		京山石龙水库风景旅游区
669		云梦现代化农业科技园生态旅游区
670		当阳百宝寨水利旅游区
671		崇阳青山水库风景旅游区

续表

序号	行政隶属/流域	水利风景区名称
672	湖北省(62)	襄阳熊河水库风景区
673		十堰马家河水库风景区
674		当阳巩河水库风景区
675		宜城莺河一库风景区
676		房县谭家湾水库风景区
677		红安香山湖水利生态旅游区
678		竹山女娲天池水利风景区
679		麻城三河口水库(康王湖)水利风景区
680		麻城碧绿河水库水利风景区
681		麻城将军湖水利风景区
682		麻城虎形地水库水利风景区
683		蕲春花园水库(七星岛)风景区
684		麻城杜鹃湖水利风景区
685		湖北省吴岭水库水利风景区
686		通城东冲水利风景区
687		湖北汉江泽口闸水利风景区
688		郧西天河口水利风景区
689		郧西土门水库水利风景区
690		荆州公安三袁水利风景区
691		湖北汉江遥堤水利风景区
692		十堰汇湾河水利风景区
693		宜昌远安三峡水乡水利风景区
694		襄阳红水河水利风景区
695		兴山古夫河水利风景区
696		荆州太湖港水利风景区
697		通城云溪水库水利风景区
698		武汉青山江滩水利风景区
699		宜昌东风渠灌区水利风景区
700		当阳杨树河水库(关雎河畔)水利风景区
701		枝江玛瑙河故道(曹店)水利风景区
702		老河口登云湖水利风景区
703		武穴荆竹水库水利风景区
704		硚口汉江湾水利风景区
705		竹溪桃花岛(夯土小镇)水利风景区

序号	行政隶属/流域	水利风景区名称
706		房县方家畈水库水利风景区
707		老河口汉江水利风景区
708		老河口杨家山水库水利风景区
709		老河口杨家湾水库水利风景区
710		谷城百花岛水利风景区
711	湖北省(62)	谷城南河小三峡水利风景区
712		监利三闸水利风景区
713		东宝仙居河水库水利风景区
714		五峰柴埠溪大峡谷水利风景区
715		公安江堤水利风景区
716		仙桃大垸子水利风景区
717		白鹭湖水利风景区
718		芙蓉山水利风景区
719		耒阳市关王湖水利风景区
720		地杰山庄水利风景区
721		东阳湖水利风景区
722		渌江瓷城水利风景区
723		白石紫荆湖水利风景区
724		四美湖水利风景区
725		威溪水利风景区
726		魏源湖水利风景区
727		老屋桥水库水利风景区
728	湖南省(52)	洛口山水库水利风景区
729		靳水河县城风光带水利风景区
730		龙木坪水库水利风景区
731		半江-超美水库水利风景区
732		水土保持科技示范园水利风景区
733		燎原水库水利风景区
734		华一水库水利风景区
735		黄盖湖水利风景区
736		蒙泉湖水利风景区
737		花岩溪水利风景区
738		王家湾水利风景区
739		黄龙洞生态广场水利风景区

序号	行政隶属/流域	水利风景区名称
740		梓山湖水利风景区
741		明石谷生态园水利风景区
742		益阳桃花湖水利风景区
743		克上冲水库水利风景区
744		胭脂湖水利风景区
745		马迹塘水利风景区
746		碧螺水库水利风景区
747		资江风光带水利风景区
748		大石水库风景区
749		龙虎洞水库水利风景区
750		高新区水利风景区
751		西河水利风景区
752		九山河板梁水利风景区
753		嘉滨湖水利风景区
754	湖南省（52）	黄沙坪水利风景区
755		观音山水库水利风景区
756		杨洞水库水利风景区
757		高岩湖水利风景区
758		濂溪水利风景区
759		深子湖水利风景区
760		辰溪县罗子山水库水利风景区
761		溆浦县金家洞水利风景区
762		南方葡萄沟水利风景区
763		黄土溪水利风景区
764		刘家坪水利风景区
765		孙水河-仙女寨水利风景区
766		高灯河水利风景区
767		八月湖水利风景区
768		杉木河水利风景区
769		东江水源工程东江取水口水利风景区
770		深圳市光明湖水利风景区
771	广东省（5）	深圳市茅洲河水利风景区
772		深圳市大沙河水利风景区
773		韶关市帽子峰林场凌江水利风景区

续表

序号	行政隶属/流域	水利风景区名称
774	广西壮族自治区(11)	灵山县灵东水利风景区
775		福绵区江口水库梦幻水乡水利风景区
776		广西龙门水都水利风景区
777		贺州翡翠湖水利风景区
778		河池市金城江区六甲水利风景区
779		贵港市龙凤江水利风景区
780		灌阳县"红色沃土·幸福灌江"水利风景区
781		柳州市柳江区邕公塘·晋航水利风景区
782		贺州市钟山县思勤江·荷塘水利风景区
783		广西天等县丽川河水利风景区
784		贵港市港南区郁江南岸水利风景区
785	海南省(1)	琼海市官排水库水利风景区
786	重庆市(0)	—
787	四川省(106)	江油市战旗水库水利风景区
788		秦家碾水库水利风景区
789		昭化区紫云湖水利风景区
790		山青湖水利风景区
791		柏林湖水利风景区
792		剑阁县龙王潭水利风景区
793		威远县船石湖水利风景区
794		犍为县铁山湖水利风景区
795		月咡湖水利风景区
796		太平湖水利风景区
797		仪陇县金松湖水利风景区
798		高坪区磨尔滩水库水利风景区
799		广安区青龙湖水利风景区
800		邻水县铜锣山仙女湖水利风景区
801		岳池县红岩湖水利风景区
802		玉屏湖水利风景区
803		开江县明月水库水利风景区
804		东坡区三苏湖水利风景区
805		望月湖水利风景区
806		屏山县黑凼子水库水利风景区
807		花桥水库水利风景区

续表

序号	行政隶属/流域	水利风景区名称
808		万秀湖水利风景区
809		东湖水利风景区
810		前锋区凉水井水利风景区
811		大竹县龙潭水利风景区
812		纳溪区凤凰湖水利风景区
813		清溪谷水利风景区
814		沐川县竹海水利风景区
815		沐源水利风景区
816		舟坝水利风景区
817		黄丹水利风景区
818		井研县三青台水库水利风景区
819		新农水库水利风景区
820		飞龙湖水利风景区
821		荆龙潭水利风景区
822		回龙水库水利风景区
823		同心桥水利风景区
824	四川省(106)	达川区高湖峡水利风景区
825		宝兴县硗碛湖水利风景区
826		恩阳区万寿湖水利风景区
827		莲花湖水利风景区
828		彭州市湔江水利风景区
829		双流区白河水利风景区
830		泸县玉龙湖水利风景区
831		梓潼县东方红水利风景区
832		梓江水利风景区
833		资中县龙江湖水利风景区
834		石桥沟水利风景区
835		清水谷水利风景区
836		继光水库水利风景区
837		德昌县黑龙潭水利风景区
838		温江区金马湖水利风景区
839		中江县继光湖水利风景区
840		铜板沟水利风景区
841		大高滩水库水利风景区

序号	行政隶属/流域	水利风景区名称
842		九龙湖水利风景区
843		通江县春在湖水利风景区
844		德格县色曲河水利风景区
845		营山县清水湖水利风景区
846		营山县望龙湖水利风景区
847		彭山区龚家堰水利风景区
848		岳池县万家沟水利风景区
849		会理县大海子水利风景区
850		邛崃市平乐水利风景区
851		邛崃市竹溪湖水利风景区
852		仪陇县思德水库水利风景区
853		绵竹市鸳鸯湖水利风景区
854		什邡市雍湖水利风景区
855		朝天区双峡湖水利风景区
856		沱江新画廊水利风景区
857		石棉县安顺场水利风景区
858	四川省（106）	温拖水利风景区
859		大安区青龙湖水利风景区
860		米易县马鞍山水库水利风景区
861		黄土河水利风景区
862		万源市青龙嘴水利风景区
863		荥经县叠翠溪水利风景区
864		雁江区天府花溪水利风景区
865		永安湖水利风景区
866		锦江区东湖水利风景区
867		仁和区大河水利风景区
868		古蔺县八节洞水利风景区
869		旌阳区槐香谷水利风景区
870		罗江区玉京湖水利风景区
871		盐亭县湍江云栖逸境水利风景区
872		射洪市龙凤峡水利风景区
873		蓬溪县赤城湖水利风景区
874		隆昌市望城湖水利风景区
875		东兴区小青龙河水利风景区

序号	行政隶属/流域	水利风景区名称
876	四川省（106）	井研县研溪水利风景区
877		夹江县东风堰水利风景区
878		仪陇县秀水长滩水利风景区
879		顺庆区桂花湖水利风景区
880		南溪区南溪古街桂溪河水利风景区
881		岳池县大力水库水利风景区
882		万源市金山水库水利风景区
883		万源市覃家坝水利风景区
884		荥经县青杠湖水利风景区
885		天全县龙湾湖水利风景区
886		安岳县卧佛水利风景区
887		乐至县观音湖水利风景区
888		小金县达木藏寨水利风景区
889		雅江县天龙湖水利风景区
890		盐边县红格水乡水利风景区
891		古蔺县白沙河水利风景区
892		丹棱县梅湾湖水利风景区
893	贵州省（71）	金沙县胜天水利风景区
894		金沙县西洛河水利风景区
895		威宁县冒水水利风景区
896		威宁县杨湾桥水利风景区
897		威宁县雪山水利风景区
898		大方县大海坝水利风景区
899		大方县小海坝水利风景区
900		六枝阿珠湖水利风景区
901		水城县阿勒河水利风景区
902		贵安新区克酬水利风景区
903		瓮安县朱家山水利风景区
904		瓮安县西门河水利风景区
905		瓮安县千翠湖水利风景区
906		长顺县黄花寨水利风景区
907		长顺县龙潭水利风景区
908		凯里市金泉湖水利风景区
909		凯里市镰刀湾水利风景区

续表

序号	行政隶属/流域	水利风景区名称
910		凯里市巴拉河水利风景区
911		台江烂塘水利风景区
912		黎平县偶洞水利风景区
913		黎平县附廓水库水利风景区
914		黎平县墨门山水库水利风景区
915		黎平县八宝河水库水利风景区
916		黎平县枫树屯水库水利风景区
917		岑巩县思州水利风景区
918		岑巩县将军湖水利风景区
919		锦屏县两岔溪水利风景区
920		锦屏县七星塘水利风景区
921		锦屏县三江镇皇封村水利风景区
922		兴义市马岭河—万峰湖水利风景区
923		兴仁县鲤鱼湖水利风景区
924		兴仁县麻沙河水利风景区
925		遵义汇川区烂田水库水利风景区
926		遵义县雷水堰水利风景区
927	贵州省(71)	湄潭县铜鼓井水库水利风景区
928		湄潭县湄江湖水利风景区
929		余庆县团结湖水利风景区
930		石阡县欧家湾水库水利风景区
931		石阡县山坪水库水利风景区
932		石阡县洋溪水库水利风景区
933		荔波县联山湾水利风景区
934		贵定县云雾湖水利风景区
935		遵义播州区浒洋湖水利风景区
936		遵义汇川区麻沟水利风景区
937		赤水市天岛湖水利风景区
938		湄潭县天城湖水利风景区
939		务川县栗园水利景区
940		印江县碧岑水利风景区
941		思南县龙底江山区现代水利风景区
942		玉屏县道塘水利风景区
943		玉屏县白岩河水利风景区

序号	行政隶属/流域	水利风景区名称
944	贵州省(71)	施秉县江凯河水利风景区
945		台江县翁你河水利风景区
946		台江县姊妹湖水利风景区
947		普安县龙吟水利风景区
948		册亨县者楼河水利风景区
949		都匀市剑江水利风景区
950		都匀市毛尖茶水利风景区
951		独山县两江源水利风景区
952		威宁县乌江源水利风景区
953		播州区鱼塘河水利风景区
954		播州区龙岩湖水利风景区
955		赤水市月亮湖水利风景区
956		大方云龙山水利风景区
957		凤冈县长碛水利风景区
958		仁怀市茅台渡水利风景区
959		紫云自治县五峰街道三岔沟水利风景区
960		福泉市诗画江边水利风景区
961		天柱县清水江百里画廊水利风景区
962		威宁县邓家营水库水利风景区
963		威宁县新华水库水利风景区
964	云南省(11)	昆明市盘龙湖水利风景区
965		楚雄州楚雄市彝龙泉水利风景区
966		楚雄州双柏县哀牢山九天湿地水利风景区
967		楚雄州牟定县庆丰湖水利风景区
968		楚雄州大姚县永丰湖水利风景区
969		楚雄州禄丰县梦幻星宿江水利风景区
970		楚雄州元谋县龙川江凤凰湖水利风景区
971		玉溪市东风湖水利风景区
972		玉溪市新平县磨盘山九湖水利风景区
973		怒江州兰坪县桃树湖水利风景区
974		德宏州大盈江水利风景区
975	西藏自治区(3)	西藏自治区林芝市措木及日湖水利风景区
976		西藏拉萨市拉萨河水利风景区
977		西藏乃东区雅砻河谷水利风景区

续表

序号	行政隶属/流域	水利风景区名称
978		浐河游览区水利风景区
979		栎阳湖水利风景区
980		灞河水利风景区
981		雍城湖水利风景区
982		红河谷水利风景区
983		五曲湾水利风景区
984		六川河水利风景区
985		钓鱼台水利风景区
986		七星河水利风景区
987		羊毛湾水利风景区
988		汃河水利风景区
989		甘泉湖水利风景区
990		侍郎湖水利风景区
991		沈河水利风景区
992		涧峪水库水利风景区
993		西河水利风景区
994	陕西省（48）	大峪河水利风景区
995		林皋湖水利风景区
996		洛河生态园水利风景区
997		万花山水利风景区
998		延河水利风景区
999		龙栖湖水利风景区
1000		金鸡沙水利风景区
1001		红石峡水利风景区
1002		王圪堵水利风景区
1003		鱼儿峁水利风景区
1004		貂蝉故里水利风景区
1005		圁水圣境水利风景区
1006		白云山水利风景区
1007		中国枣源水利风景区
1008		九曲黄河水利风景区
1009		天汉湿地水利风景区
1010		岚河水利风景区
1011		天宝水利风景区

序号	行政隶属/流域	水利风景区名称
1012	陕西省(48)	黄石滩水利风景区
1013		山水太极水利风景区
1014		雁山水利风景区
1015		恒口香山水利风景区
1016		女儿谷水利风景区
1017		京康农业园景区
1018		龙须沟景区
1019		平利县石牛河景区
1020		岚皋县杨家院子景区
1021		西川河水利风景区
1022		现代农业示范园水利风景区
1023		杨凌渭河水利风景区
1024		濂水河水利风景区
1025		千王海游乐园水利风景区
1026	甘肃省(11)	山丹县山丹河水利风景区
1027		庄浪县梯田水利风景区
1028		景泰西部民俗文化生态谷省级水利风景区
1029		积石山县大河家黄河水利风景区
1030		东乡县大夏河水利风景区
1031		西峰区蒲河水利风景区
1032		西峰区张铁沟水利风景区
1033		天水市麦积区颍川河水利风景区
1034		金昌紫金花城水利风景区
1035		引大水利风景区
1036		陇西县桦林水利风景区
1037	青海省(5)	乌兰县都兰河水利风景区
1038		班玛县玛柯河水利风景区
1039		湟中县莲花湖水利风景区
1040		杂多县澜沧江源水利风景区
1041		祁连县八宝河水利风景区
1042	宁夏回族自治区(1)	灵武市长流水水利风景区
1043	新疆维吾尔自治区(0)	—
1044	新疆生产建设兵团(0)	—

资料来源：水利部及各省（区、市）提供。

附录三
国家、部委及地方政府出台的相关政策文件

国家层面				
序号	名称及文号	颁布时间	提出背景(核心内容)	颁布单位
1	《中共中央 国务院关于全面推进美丽中国建设的意见》(国务院公报〔2024年〕第3号)	2023年12月	(六)持续深入打好碧水保卫战。统筹水资源、水环境、水生态治理,深入推进长江、黄河等大江大河和重要湖泊保护治理,优化调整水功能区划及管理制度	中共中央、国务院
2	《国家水网建设规划纲要》	2023年5月	加快构建国家水网,建设现代化高质量水利基础设施网络,统筹解决水资源、水生态、水环境、水灾害问题	中共中央、国务院
3	《关于加强新时代水土保持工作的意见》(国务院公报〔2023年〕第2号)	2023年1月	(六)提升生态系统水土保持功能。把巩固提升森林、草原生态系统质量和稳定性作为水土流失预防保护的重点。以保护农田生态系统为重点,推进高标准农田建设,完善农田灌溉排水体系,因地制宜建设农田防护林,提升土壤保持能力。实施城市更新行动,推进城市水土保持和生态修复,强化山体、山林、水体、湿地保护,保持山水生态的原真性和完整性,推动绿色城市建设	中共中央办公厅、国务院办公厅

部委层面				
序号	名称及文号	颁布时间	提出背景（核心内容）	颁布单位
1	《水利风景区评价规范》(SL/T 300—2023)（水利部 2023 年第 25 号公告）	2023 年 11 月	更加强调水利风景区的水利特色，更加注重水文化的保护传承弘扬，更加凸显水利风景区的社会服务功能，对进一步规范水利风景区认定、复核等工作，推动水利风景区高质量发展、建设幸福河湖具有重要意义	水利部
2	《水利部关于印发〈中小河流治理建设管理办法〉的通知》（水建设〔2023〕215 号）	2023 年 7 月	强调生命至上，以提升防洪减灾能力为目标。以流域为单位，逐流域规划、逐流域治理。尊重流域自然属性，逐流域、河流、项目建档立卡，实现中小河流治理全过程信息化管理	水利部
3	《水利部河长办关于印发〈幸福河湖建设成效评估工作方案（试行）〉的通知》	2023 年 7 月	评估对象为中央水利发展资金安排的幸福河湖建设项目	水利部河长办
4	《水利部河湖管理司关于进一步明确河湖健康评价有关事项的通知》（河湖〔2023〕1 号）	2023 年 7 月	2023 年全面启动、2025 年底前完成第一次全国水利普查名录内河湖健康评价工作，建立河湖健康档案	水利部河湖管理司
5	《水利部　中央精神文明建设办公室　国家发展改革委　教育部　工业和信息化部　住房城乡建设部　农业农村部　广电总局　国管局　共青团中央　中国科协关于加强节水宣传教育的指导意见》（水节约〔2023〕148 号）	2023 年 4 月	三、把握节水宣传教育重点内容。(四)宣传解读节水方针政策。(五)广泛普及节水理念知识。(六)推介展示节水工艺技术。(七)宣传报道节水经验成效。四、丰富节水宣传教育方式。(八)夯实主流媒体宣传阵地。(九)构建融媒体宣传矩阵。(十)抓好精准化现场宣传教育。(十一)打造节水宣传教育品牌活动。(十二)拓展节水宣传教育载体	水利部等 11 部门

续表

		部委层面		
序号	名称及文号	颁布时间	提出背景（核心内容）	颁布单位
6	《水利部办公厅关于加强山区河道管理的通知》（办河湖〔2023〕140号）	2023年4月	六、整治碍洪问题。省级水行政主管部门组织开展妨碍河道行洪突出问题排查整治，对河道管理范围内违法违规的建筑物，阻碍行洪的片林和高秆作物、围堤套堤、桥梁道路、设施大棚，油气、电力、通信、供排水等穿堤管道缆线，以及塘坝、堰坝等，全面深入排查，逐项明确整改措施，确保河道行洪通畅	水利部办公厅
7	《水利部办公厅关于印发2023年河湖管理工作要点的通知》（办河湖〔2023〕33号）	2023年2月	6. 有序推进幸福河湖建设。指导推动国家水利风景区高质量发展	水利部办公厅
		地方政府层面		
序号	名称及文号	颁布时间	提出背景（核心内容）	颁布单位
1	《江苏省财政厅 江苏省水利厅关于印发〈江苏省水利发展资金管理办法〉的通知》（苏财规〔2023〕13号）	2023年12月	第三章资金支持范围。第八条水利发展资金支出范围包括：（三）水利工程维修养护。用于水情教育及水利风景区等水文化载体建设等。第四章资金分配与管理。水情教育及水利风景区等水文化载体建设等实行"以奖代补"	江苏省财政厅、江苏省水利厅
2	《河北省水利厅关于印发〈河北省水利风景区管理办法〉的通知》（冀水河湖〔2023〕29号）	2023年11月	明确了水利风景区规划与建设、申报与认定、运行管理、监督管理等方面的具体要求	河北省水利厅
3	《中共安徽省委办公厅 安徽省人民政府办公厅印发〈关于开展绿美江淮行动的意见〉的通知》（皖办发〔2023〕32号）	2023年11月	明确要求建设皖美绿水青山，持续推进水利风景区建设	中共安徽省委办公厅、安徽省人民政府办公厅
4	《江西省水利厅关于提前下达2024年省级水利专项资金计划及任务的通知》（赣水规计字〔2023〕10号）	2023年10月	幸福河湖建设列入省级水利专项资金计划	江西省水利厅

地方政府层面				
序号	名称及文号	颁布时间	提出背景(核心内容)	颁布单位
5	《陕西省水利厅　陕西省财政厅关于印发〈2024年中央和省级水利发展资金项目申报指南〉的通知》(陕水规计发〔2023〕49号)	2023年10月	水利风景区设施设备维修养护列入省级水利发展资金项目,根据设施设备状况确定维修养护标准,分档予以补助,单个景区原则上10万~50万元	陕西省财政厅、陕西省水利厅
6	《辽宁省人民政府办公厅关于印发〈辽宁省支持文旅产业高质量发展若干政策措施〉的通知》(辽政办发〔2023〕10号)	2023年9月	明确省发改、农业、交通、自然资源、生态环境、水利、住建、林草等相关部门在安排预算资金支出时,向文旅融合项目倾斜	辽宁省人民政府办公厅
7	《省河湖长制办公室关于印发〈贵州省美丽幸福河湖建设行动实施方案〉的通知》(黔河湖长办〔2023〕11号)	2023年9月	(五)加强水文化建设。依托水利工程设施、水利风景区,结合人文历史、民族风情、自然资源禀赋、科普教育等,开展水情教育基地、节水科普基地、河湖长制基地等水文化特色宣教载体建设,合理展示河湖文化,彰显美丽幸福河湖文化魅力,讲好新时代河湖治理贵州故事。适度建设亲水便民利民设施。科学建设公园、广场、亲水步道、栈桥、平台等适度亲水空间	贵州省河湖长制办公室
8	《浙江省全域建设幸福河湖行动计划(2023—2027年)》(2023年第1号总河长令)	2023年8月	将水利风景区建设纳入本省2023年1号总河长令,着力构建"八带百廊千明珠万里道"全域幸福河湖网,指导各地积极发挥水利风景区集群化管理优势创新作用,营造功能综合、亲水便捷的水利风景区	浙江省水利厅
9	《江苏省水利厅关于印发〈江苏省水利风景区建设与管理办法〉的通知》(苏水规〔2023〕3号)	2023年8月	省级水利风景区建设与管理应当以推动新阶段水利高质量发展为主题,以维护河湖健康生命为主线,加大精品培育,突出示范引领,科学保护与合理利用水利风景资源,传承弘扬水文化,服务幸福河湖、美丽江苏建设	江苏省水利厅

地方政府层面				
序号	名称及文号	颁布时间	提出背景(核心内容)	颁布单位
10	《新疆维吾尔自治区水利厅关于印发〈自治区级水利风景区申报及评审办法〉的通知》(新水规〔2023〕6号)	2023年8月	规范区级水利风景区申报和评审工作,为促进全区水利风景区高质量发展,发挥水利风景资源的社会经济价值,科学保护和综合利用水利风景资源,促进生态文明建设和美丽新疆建设奠定基础	新疆维吾尔自治区水利厅
11	《广东省河长办关于印发〈广东省水经济试点建设工作方案〉的通知》(粤河长办〔2023〕37号)	2023年8月	把水利风景区作为绿美广东建设的重要节点和探索水生态产品价值实现的重要载体	广东省水利厅河长制办公室
12	《福建省河长制办公室关于印发〈2023年度河湖长制考核工作方案〉的通知》(闽河办〔2023〕14号)	2023年6月	将水利风景区创建与高质量发展纳入河湖长制工作考核评分	福建省水利厅
13	《福建省文化和旅游厅关于印发〈福建省县域文旅经济工作正向激励实施方案(试行)〉的通知》(闽文旅产业〔2023〕9号)	2023年6月	将水利风景区创建工作纳入实施方案中"促进县域文旅经济"正向激励考核评价指标,激励各地积极争创高质量水利风景区	中共福建省委办公厅、福建省人民政府办公厅
14	《江西省河长办公室关于印发〈2023年河湖长制工作考核细则〉的通知》(赣河办字〔2023〕12号)	2023年6月	将水利风景区建设列入加分项:获得国家水利风景区称号的加0.5分,省级水利风景区加0.2分	江西省河长办公室
15	《江西省河长办公室关于印发2023年度河湖长制工作要点和考核方案的通知》(赣河办字〔2023〕9号)	2023年6月	将水利风景区建设列入2023年度河湖长制工作考核项目(综合),分值1分。维护安澜,改善生态,深入推进幸福河湖建设。强化水文化传承。因地制宜开展水情教育基地、水利风景区、河长制主题公园等建设	江西省河长办公室

地方政府层面				
序号	名称及文号	颁布时间	提出背景（核心内容）	颁布单位
16	《广东省全面推行河长制工作领导小组关于印发〈广东省2023年实施河湖长制工作要点〉的通知》（粤河长组〔2023〕3号）	2023年5月	大力推进水利风景区建设。完善水利风景区建设管理制度，完成水利风景区总体规划编制和相关的技术文件配套；采取"水利风景区+水经济"的发展模式，推动各地加大水利风景区建设力度，力争2023年度评定不少于5家省级水利风景区；督促列入2023年度复核计划的3个国家水利风景区高质量完成复核工作	广东省全面推行河长制工作领导小组
17	《省河湖长制办公室关于印发〈贵州省河湖长制2023年度工作实施方案〉的通知》（黔河湖长办〔2023〕4号）	2023年4月	将推进水利风景区建设发展纳入中小河流竞争立项内容，对采用生态堤、充分展示水文化、促进水利旅游、有传统村落或革命老区保护对象的综合效益好的项目优先安排实施，对成功申报国家级和省级水利风景区的市县，予以加分	贵州省河湖长制办公室
18	《湖北省水利厅关于印发2023年工作要点的通知》（鄂水利发〔2023〕2号）	2023年4月	2023年全省水利工作会议上提出"要创建一批高质量的水利风景区"，并将"加快水利风景区建设"列入《湖北省水利厅2023年工作要点》	湖北省水利厅

资料来源：水利部及各省（区、市）提供。

附录四

2023年全国水利风景区年度工作摘要

序号	区域	工作开展情况与成效
1	长江委	1. 制度建设。组织修编安全生产等多项管理制度和应急预案,不断完善制度体系,规范日常管理,提高管理水平和防范风险能力。 2. 规划建设。推动完善景区规划实施,汉江集团,陆管局分别编制完成《汉江水文化示范工程建设总体规划设计方案》《陆水枢纽景观提升规划》。 3. 监管管理。督促各景区遵守安全生产管理制度,落实安全生产责任;开展旅游观光车、消防、电气等重点领域专项安全检查及电梯困人等预案演练,提高应急能力;开展重大事故隐患排查整治,全年安全生产形势持续稳定向好。 4. 融合与创新发展。一是推动水文化研学活动"出圈",做好"世界水日·中国水周"关爱山川河流·守护国之重器"等活动。二是探索水利文化融合发展新途径,开发文创产品,研学、红培课件,丰富水情教育,爱国主义教育,水利科普等特色产品。三是融入区域发展,陆水库景区联系当地水利和文旅部门,开展基础设施建设,完成《丹江口生态文化旅游区创建国家5A级景区景观质量评价报告》编制工作。 5. 品牌宣传。一是开展品牌创建。开展"爱国主义教育基地""全国科普教育基地"等品牌建设,丹江口大坝工程被水利部评为第四届水工程与水文化有机融合案例。二是开展水情教育科普旅游活动。通过现场观摩、交流讲座等方式,向公众开展教育,引导公众了解"三峡试验坝""丹江口水利枢纽"等生产建设历程,推进景区提质增效,感悟水利工程的文化与历史底蕴。 6. 能力建设。聚焦景区文化挖掘,安全生产等内容,推进景区提质增效。丹江口大坝景区完成四次创业雕塑群,"一路北上"文化墙、电站道路汉水文化长廊,"治水蓝图"水情教育和水法规教育走廊等建设,陆水库景区落实安全防控措施,完善覆盖区域游览区的视频监控系统。

266

续表

序号	区域	工作开展情况与成效
2	黄河委	1. 规划建设。结合 2023 年景区复核工作，加强景区建设项目管理，对规划内无法实施的项目，及时做好规划调整工作，做好建设项目与工程管理有效衔接。 2. 监督管理。开展黄河流域景区专项排查工作，对景区建设管理、景区功能发挥及安全隐患及安全隐患情况进行全面排查，共排查问题 5 项，已全部整改。开展景区重大事故隐患排查工作，黄河委 23 家景区通过自查，发现一般事故隐患 23 项，各级景区监管单位在抽查中发现一般事故隐患 35 项，完成整改。 3. 融合与创新发展。坚持把"党建＋黄河文化"引领作为推动景区提质升级的"红色引擎"，统筹建设集党建、治黄、法治、地方特色等元素于一体的综合性黄河文化研学实践基地。细化"河长＋"工作机制，推进河湖"清四乱"，形成规范化、常态化、规范化推进黄河流域生态保护和高质量发展的合力。联合"公检法司"，强化黄河生态巡回法庭履职能，为推动景区高质量发展提供司法服务和保障。 4. 品牌宣传。一是打造品牌 IP。黄河三门峡大坝景区打造以传承中流砥柱精神为核心的"万里黄河第一坝"的生态文化 IP；兰考景区打造"要把黄河的事情办好""让黄河成为造福人民的幸福河"的红色 IP 和"黄河最后一道弯"的文化 IP。二是丰富文旅活动体验，注重活动感召力。各景区同党政机关、社会公众、青少年学生等定期举办形式多样的"沿黄"赛事活动，如"沿着黄河去普法"直播活动、"走黄河"主题研学活动、"看黄河读黄河诵黄河"公益活动等。三是做强黄河品牌。开发"黄河号子""共产党治黄故事"等精品研学课程，在重大节日借入黄河诵黄河特色民俗表演、民乐展演，黄河大合唱等活动。 5. 能力建设。加强黄河文化宣传人才队伍建设，讲好黄河故事，普及黄河知识，培养优秀黄河文化讲解员。黄河文化宣传网络化、智能化技术手段，加强景区信息化建设，利用视频监控、无人机、远程会商系统"三个全覆盖"等数字化，加强对景区的动态监管。

续表

序号	区域	工作开展情况与成效
3	淮河委	1. 制度建设。编制完成《推动直管河湖水利风景区高质量发展实施方案》《安全保护工作制度》《中运河宿迁枢纽水利风景区水资源及环境保护规章制度》等制度，以及《沂河刘家道口枢纽水利风景区突发事件应急预案》《骆马湖嶂山水利风景区突发公共事件应急预案》等应急预案。 2. 规划建设。一是强化规划引领。组织编制完成《沂沭泗河水利风景区总体规划》，明确直管河湖水利风景区高质量发展方向。二是推进规划实施。建成沂河水利展馆，沂蒙文化艺术中心、水文化主题广场，宣传沂沭河流域治水历史和治水文化，进一步提升景区文化内涵；运粮河公园、雪枫公园、运河湾半岛公园等景观已运营，为周边居民提供集通行、游憩、娱乐于一体的休闲绿地。 3. 监督管理。组织淮河委5个部门单位成立复核工作组，完成沂河刘家道口枢纽水利风景区复核工作。聚焦岁末年初等关键节点，组织完成3批直管河湖水利风景区安全生产风险、重大事故隐患排查整治，推动12个排查发现的问题完成整治，并建立问题台账。 4. 融合与创新发展。沂河刘家道口枢纽水利风景区管理单位依托河长制平台，持续推进景区得洪调度管理，推动沂河违建燃气管道整改方案报批，建立网箱清理常态化机制。中运河宿迁枢纽水利风景区成立和地方管理单位联合管理的景区管理委员会，累计投入人3.2亿元用于水域岸线生态修复、水文化弘扬、服务设施配套等。 5. 品牌宣传。一是加强媒介宣传。中运河宿迁枢纽水利风景区专题网站、同宿迁市电视台达成合作意向，宣传报道景区开展的公益活动、重大项目进展等情况。二是开展宣传活动。沂河刘家道口枢纽水利风景区依托沂河水利展馆，接待各类参观、学习、检查人员；中运河宿迁枢纽水利风景区创造融入河湖生态健康理念的"安安""澜澜"吉祥物，开展2023年宿迁市马拉松比赛。 6. 能力建设。一是加强人员培训。首次举办淮河流域水利风景区建设与管理培训班。二是推动信息化建设。在沂沭泗数字孪生系统"一张图"中明确河湖国家水利风景区建设、管理范围等内容，推动数字孪生系统与水利风景区建设管理平台对接互联。

续表

序号	区域	工作开展情况与成效
4	海河委	1. 制度建设。落实漳卫南运河湖长制联席会议机制,组织沿河十市市级河长办召开 2023 年漳卫南运河湖长制联席会,完善上下游、左右岸协同工作机制,漳卫南运河水利风景区面貌有提升。修订完善《潘家口、大黑汀水库库区管护巡查管理办法》,进一步优化巡查管护工作体系;制定《潘家口水库突发水污染应急处置预案》,有效预防和应对景区突发水污染事件,提升应急响应业务能力水平。 2. 规划建设。按照《漳卫南运河水利风景区发展规划(2021—2025 年)》《漳卫局"十四五"发展规划》相关内容,挖掘景区节点工程文化底蕴,推动直管河湖纳入地方规划建设;漳卫河文化带建设稳步发展。按照《潘家口水利风景区规划》相关内容,先后完成污水处理厂周边环境整治 东坝头设施改造等 10 余个项目;组织编制《大黑汀管理区土地利用规划》,持续推动大黑汀水库管理区空间布局及结构优化,升级改造防护栏杆和安全警示保障能力。 3. 监督管理。持续加强直管河库景区的监督管理。督促局属各单位严格规范管辖范围内的相关建设活动,严禁出现未批先建、批建不符等违法违规行为;重点开展岔河锦绣川景区、减河湿地公园等河段涉树障清理整治,确保景区在行洪安全的前提下规范运行。开展 2023 年潘家口水利风景区复核,推动向景区实整改;督促景区管理机构开展制度、预案修订工作;协调地方人民政府推动潘大水库管理范围内违规建筑物、鱼塘和各类箱(筏)渔网拆除、清理,常态化管理库面漂浮物,加强景区岸线空间管控和水事活动管理。 4. 融合与创新发展。指导沿河地区开展大运河文化遗产保护传承,河道生态保护修复等水利风景区建设相关工作。引滦局强化落实"河湖管理+水行政执法"联合工作机制和"治水+检察"协作机制,联合地方政府开展"燕赵山海·公益检察"护航美丽河北建设专项行动;与宽城县人民政府协同加强景区及周边区域联防联治工作,推进景区"四乱"问题清理。 5. 品牌宣传。漳卫南运河局配合德州市召开 2023 年大运河国家文化公园(德州)、德州运河马拉松"德州运河马拉松""德州市运河自行车比赛"等赛事;馆陶县卫运河、故城县卫运河(南运河)、东光县漳卫新河被评为河北省首批幸福河湖。引滦局结合景区整体规划建设引滦入津通水 40 周年系列纪念活动,打造引滦局史馆、文化教育官长廊、实景智慧沙盘、普法教育基地、滦水公园(水情教育基地)等文化教育场所。

续表

序号	区域	工作开展情况与成效
4	海河委	6. 能力建设。潘家口水利风景区依托引滦板纽工程信息化建设,先后建立水雨情遥测系统、水质自动监测站和潘家大水库无人机智能巡检系统,构建空地一体、全面精准、智慧高效的库区水生态、水环境监管体系,不断提升潘家口水利风景区管理智能化、数字化水平
5	松辽委	1. 制度建设。指导委管水利风景区结合实际,修订完善景区管理制度,进一步强化各类应急预案制定。尼尔基水库管理局设专职岗位,均成立安全生产领导小组,严格落实规章制度要求,进一步加强安全生产、项目管理,确保景区建设管理稳步发展。 2. 规划建设。指导委管水利风景区落实《松辽流域重要河道岸线保护与利用规划》《松花江、辽河重要河段河道采砂管理规划(2021—2025年)》等水利规划和《尼尔基纳文湖风景区总体发展策划规划(2020—2034)》《察尔森水库风景区旅游发展总体规划和控制性详细规划(2021—2035年)》《察尔森水库国家水利风景区中长期发展规划(2016年—2025年)》等景区发展规划。 3. 监督管理。指导委管水利风景区做好国家水利风景区复核准备工作,加大景区建设项目日和安全生产监督检查力度,督促指导景区强化管理、落实安全隐患排查,编制应急预案,全年未发生安全生产事故,督促景区做好日常养护及绿化美化、保持景区优美环境。 4. 融合与创新发展。利用河湖长制平台,强化景区巡查,强化景区发展增强沟通协作,推动解决侵占库区各类问题;指导委管水利景区文旅部门业内先进单位及旅游投资公司等就高质量发展谋划思路,推出一系列新的旅游产品研究有新突破。 5. 品牌宣传。指导委管景区谋划旅游活动,借助各种节日及网络平台对景区进行宣传,打造冰雪旅游新名片。察尔森水库拍摄宣传片、邀请网红达人拍摄攻略视频,协办科右前旗旅游推介会、兴安盟察尔森湖雪渔猎文化节、"远方不遥远"自驾达人论坛、全域旅游管理水平和服务质量明显提升旅游发展"等活动,打造水利研学基地。 6. 能力建设。指导委管景区开展景区基础设施完善建设、旅游管理人才培训等工作,持续强化能力建设。察尔森水库建成游客服务中心、智能停车场以及售票管理系统、景区大数据视频采集系统等信息化管理平台;尼尔基公司加大对景区管理人员的培训和监督力度,景区管理水平和服务质量提升

270

续表

序号	区域	工作开展情况与成效
6	大湖局	1. 制度建设。建立健全《太湖浦江源国家水利风景区安全制度》《太湖浦江源国家水利风景区游客安全须知》《太湖浦江源国家水利风景区安全事故应急预案》等制度和预案，完善景区管理机制，确保风景区的资源环境安全。 2. 规划建设。太湖局根据《太湖流域内水利风景区建设发展规划（2016—2025）》《太湖局水文化建设规划纲要（2021—2030年）》等文件，指导流域内水利风景区建设管理工作。景区总投资近20亿元，完成总体规划方案的85%。 3. 监督管理。太湖局完成景区复核工作，把对景区的规范整治和监督管理作为工作的可持续发展。定期对风景区资源环境、游客管理等方面进行监督检查，实现景区的可持续发展。 4. 品牌宣传。组织开展"瑞兔送福，营闹元宵""粽"香飞都等七都传统节日惠民活动，举办吴村烟市开街暨吴娄孙宅开馆仪式，承办各类文化研讨会，利用微信公众号、小红书、短视频平台等主流媒体加强宣传，共推文160篇，累计阅读量近101万次，发布视频80个，播放量逾300万次。 5. 融合与创新发展。景区在突出水利资源优势特色的同时，融入太湖鱼文化、漊港文化、国学文化等。通过社会学研学与漊港文化体验功能联动，探索新的管理模式，吸引社会资本参与景区的建设和运营，提高管理效率和服务水平，使水利风景成为构建幸福河湖的重要支撑。
7	北京	1. 制度建设。围绕"推进水利工程运行管理标准化，加强水利工程运行监管，推进河湖空间开放共享"三个方面，继续完善水利工程运行管理制度体系，编制《水闸工程运行管理办法》《小水电站报废等报废管理办法》《堤防工程运行管理规程》，以标准推引水利工程运行管理科学化、规范化，为水利风景区的高质量发展打好制度基础。

续表

序号	区域	工作开展情况与成效
7	北京	2. 监督管理。继续加强水利工程运行维护管理，加强水库水闸工程运行监管，推进水库水闸除险加固和运行管护。 3. 融合与创新发展。继续坚持以人民为中心的发展理念，推动开展"水+体育""水+文旅"等涉水活动，推进水利工程开放共享；联合体育部门筹备全国"行走大运河"全民健身健步走活动，第十四届北京自行车西安环西自行车文化节、首届环京自行车中国挑战赛，2023年北京自行车联赛（通州站），2023年京津冀龙舟邀请赛、第二届北京桨板公开赛（通州站、朝阳站）、高碑店龙舟表演赛等水上体育赛事活动，为市民提供更多运动休闲滨水空间。
8	天津	1. 制度建设。加强北运河水利风景区管理工作，成立海河管理所与海河管理所党支部，全力维护河道水工程、水资源、水环境安全，打击涉河水事违法行为。重新编制《北运河水利风景区应急管理预案》《海河所所重大活动、节假日期间环境应急保障方案》《2023年河道防汛抢险预案》，加强景区管理的规范性。 2. 规划建设。编制《天津市水利风景区建设发展规划（2016—2025年）》，按照规划每年对安装的风景区标牌、安全标识、防护设施进行维护。2023年，在存在人员落水等安全隐患的位置安装防护栏，并设置安全警示标志，防止安全事故发生。为沿河居民提供了安全可靠的河道环境。依托《天津市北运河水利风景区建设发展规划》，在专项维修工程项目安排上进行适当倾斜，建立专项工程项目库，利用好北运河日常堤防维修、管养维修资金，合理安排维修养护项目，适时开展堤防维护、水环境保护、管理设施维护、病虫害防治等工作。 3. 监督管理。市水务局全年通过工程管理考核形式对水利风景区的管理工作进行监督检查，2023年已解决北运河周边防汛堤坡种植、夏季堤防内帐篷搭建、倒伏树木清整等问题。景区管理单位已进行复核自查，将对照存在的问题及整改情况及管理责任。东丽湖景区发挥"河湖长+河长办+河湖管护队伍"机制优势，实行动态化巡查和常态化保洁，对帐篷管控、游船码头等文旅项目加强湖岸巡检，满足群众亲水需求，紧盯东丽湖水质情况，聘请第三方检测机构定期开展水质检测，全力守护好一湖碧水清波。

续表

序号	区域	工作开展情况与成效
8	天津	4. 融合与创新发展。日常管理工作中,深化河(湖)长制管理效果,建立四级河长考核责任体系,考核内容涉及相关行政区划内的河道水面环境、沿线设施维修养护情况、护坡杂草清理情况及河湖岸线管理等;日常落实河(湖)长制考核,主动对接各区河长办,主动牵头重点工作,走访被考核属地各区,确保河道水环境整洁。 5. 品牌宣传。2023年,组织开展"悠悠运河""关爱大运河""等安全保护宣传活动,与天津音乐学院人文学院党总支共同开展环境清整志愿服务活动。1月、2月,河道冰冻期间建立安全隐患点位台账,在重点部位张贴《安全提示告知书》,提醒群众远离冰面,杜绝意外事故发生;4月、9月,宣传堤岸树木防火等安全知识,增强市民保护运河的意识;7月、8月联合水行政执法、街道、公安等部门功阻、制止游泳、跳水、钓鱼等危险涉水活动行为,坚决杜绝溺水事件发生
9	河北	1. 制度建设。制定出台《河北省水利风景区管理办法》《河北省水利风景区监督管理体系、建立水利风景区复核工作方案》,建立水利风景区纳入河湖长制考核。指导水利风景区管理机构进一步明确省级水利风景区管理和运营主体责任边界,建立健全责任体系,完善管理制度和安全应急预案,落实安全保障措施和管理责任。完善激励约束机制,严把人口关,开展水利风景区复核、重点抽查和专项检查,强化事中事后监管。 2. 监督管理。加强负面清单审查,严守入门关,确保新认定景区符合高质量发展要求。制定《河北省水利风景区复核工作方案》(冀水河湖〔2023〕6号),按照不低于20%的比例组织开展年度复核,五年内完成复核全覆盖。对七里河、前南峪、滏阳河、滦河国家水利风景区进行现场检查,对邢台南宫湖水利风景区进行抽查,对于复核发现的问题及时督促整改。 3. 品牌宣传。加大对精品景区的宣传推广力度,联合《河北水利》杂志,每期在杂志封面推荐一个精品景区。 4. 能力建设。4月在邯郸武安市京娘湖景区召开全省水利风景区建设与管理培训班,全省各市水利部门和景区单位共计120余名代表参会。通过培训,各地加深对水利政策的理解,开拓工作思路,为推动河北省水利风景区高质量发展提供保障

续表

序号	区域	工作开展情况与成效
10	山西	1. 监管管理。一是完成山西省国家水利风景区复核工作。对3家国家水利风景区开展复核,下达复核整改通知单,并限期制定上报整改方案,明确整改措施和时限,及时上报备案,全部整改完毕。编制《关于开展山西省黄河流域水利风景区专项排查工作的安排》,对山西省黄河流域涉及的25家水利风景区(其中国家水利风景区8家,省级水利风景区17家)开展排查,上报专项排查工作报告。三是推进水利风景区开展隐患排查整治专项工作。完成全省51家水利风景区重大事故隐患排查整治工作,及时下发整改通知书,督促整改。四是黄河流域国家水利风景区范围内河湖"四乱"疑似问题图斑核查工作。对山西省部分国家水利风景区存在的疑似问题图斑进行核查,通过与属地单位沟通、景区实地核查,明确问题情况,上报报告和佐证材料。 2. 融合与创新发展。开展《推动文化旅游业高质量发展工作方案》中的工作任务的部署的工作。结合水利风景区工作职能为省发改委提供《推动文化旅游业高质量发展工作方案》中的最新工作动态,并按月上报相关材料,根据省发改委《释放旅游消费潜力推动旅游业高质量发展的若干措施》任务分解表,提出具体工作措施。对照省发改委《释放旅游消费潜力推动旅游业高质量发展的若干措施》任务分解表,提出具体工作措施,整理《山西省旅游普查方案》中涉及的水利风景区相关介绍、图片、视频等详细资料
11	内蒙古	监督管理。一是对列入2023年复核计划的6家国家水利风景区和10家自治区级水利风景区进行现场摸排、核查、复核等工作,针对发现的问题建立台账及时督促整改,完成国家水利风景区和自治区级水利风景区复核报告书。二是组织对巴彦淖尔市狼山水利风景区等5家黄河流域国家水利风景区所依托的河湖或水利工程范围内河湖"四乱"疑似问题图斑进行现场核查,督促整改并及时反馈上报核查情况;集中对自治区黄河流域国家水利风景区的四至范围用数据信息、影响水利工程设施安全运行以及河湖"四乱"等突出问题,是否存在违反中央有关文件精神在缺水地区以建设水利风景区的名义开展人工挖湖造景情况和在景区认定后是否存在新增人工湖、新增违规建筑物等情况结合遥感解译、数据比对进行现场摸排,提出处置措施建议。三是根据《水利部办公厅关于组织开展自纠和警示建设水利安全生产风险隐患专项整治工作的通知》要求,组织所辖水利风景区单位开展自查自纠和警示、组织专项检查,完成专项整治任务

续表

序号	区域	工作开展情况与成效
12	辽宁	1. 制度建设。印发《辽宁省人民政府办公厅关于印发辽宁省支持文旅产业高质量发展若干政策措施的通知》（辽政办发〔2023〕10号），明确省发改、农业、交通、自然资源、生态环境、水利、住建、林草等相关部门在安排预算资金支出时，向文旅融合项目倾斜。辽宁省水利厅印发《关于进一步强化水利风景区内安全管理工作的通知》（辽水河湖函〔2023〕30号），进一步明确水利部门在水利风景区建设管理中对新兴行业、领域的安全生产监管职责。 2. 规划建设。编制印发《辽宁省河湖健康评价及河湖健康档案建立工作方案》《辽宁省幸福河湖建设三年行动方案》，重点推动以朝阳大凌河、喀左龙源湖、燕山湖为支撑的大、小凌河风光带和以关门山、大石湖老边沟、本溪大冰沟为代表的本溪水利风景区集群建设，在数量和品质上实现"双突破"。 3. 监督管理。推进国家水利风景区复核工作，完成碧流河水库等3家国家水利风景区复核工作并推进问题整改；按照水利部及省安委会要求，推动水利风景区安全管理制度落实，24家省级以上水利风景区全年无事故。 4. 融合与创新发展。为鼓励引导各地创建水利风景区，辽宁省水利厅党组决定在"河湖长制+"的总体框架下，将水利风景区创建工作列为"大禹杯（河湖长制）"竞赛考评体系中分项，在年度考核中为本溪市、营口市及喀左县加分，有效调动地方政府创建水利风景区和高质量发展典型案例的积极性。 5. 品牌宣传。各景区不断加大品牌宣传推广力度，国庆期间，关门山、大石湖老边沟水利风景区日均接待游客超2万人次。 6. 能力建设。各级水行政主管部门日常检查、认定、复核过程中，指导景区修订应急预案，并结合季节特点针对山洪、人员拥堵等情况开展突发情况演练，以各级水行政主管部门管水库为主体，加强水利风景区管理人员队伍建设，结合数字流域建设，不断提高水利风景区建设管理信息化水平

续表

序号	区域	工作开展情况与成效
13	吉林	1. 制度建设。吉林省水利厅不断健全完善管理体制机制，完善省水利风景区建设与管理领导小组，将水利风景区建设与管理领导小组成员单位，强化技术支持利保障。将水利科学研究院纳入领导小组，将水利风景区纳入规划，推进水利风景区建设。 2. 规划建设。借《吉林万里绿水长廊建设规划（2021—2035年）》修编之机，将水利风景区纳入规划，推进水利风景区建设。 3. 监督管理。一是开展国家水利风景区复核，景区质量有所提升。长春市净月潭水库水利风景区、吉林市松花江清水绿带水利风景区，景区管理水平有所提升。二是借势开展省级水利风景区复核，管理较规范。舒兰市亮甲山水库水利风景区等7家景区建设水平有所提升。吉林市船营区胖头山沟水库、磐石市官马水库、白山市曲家营水库、前郭县查干东湖（库里渔场）。对黑顶子水库、吉林市丰满区二道水库、吉林市延河水库，延吉市成水库等9家省级水利风景区进行复核，撤销前郭县查干东湖（省级水利风景区）。延吉市五道水库。三是开展安全隐患排查，景区安全有保障。2023年先后两次对水利风景区安全隐患进行排查，特别是两次水利风景区安全工作进行检查排查。 4. 融合与创新发展。一是持续将水利风景区工作纳入河长制考核分项，被认定为国家水利风景区加10分，被认定为省级水利风景区加5分，发挥"考核指挥棒"作用，强力推动水利风景区建设与管理。二是将水利风景区与绿水长廊建设融合发展。将水利风景区作为绿水长廊、幸福河湖湖建设的样板工程，推动水利风景区提档升级，建设更多的水利风景区。 5. 品牌宣传。一是积极借助部景区办平台搞好宣传。2023年6月，在景区办组织召开的水利风景区宣传座谈会上做典型经验交流。二是立足自身实际搞好宣传。例如，四平转山湖景区开展"冰雪冬季捕鱼季活动"；镇赉北方渔岛哈尔淖景区注重满族文化，伊通县伊通河景区注重叶赫文化首，重现辽金渔猎文化，被新华社誉为"中国第一红网"；永吉星星哨景区冬季开展"赏利驾驶体验活动"；临江鸭绿江景区举办市民文化节"花开临江"赏花节活动；查干湖景区"冬捕渔猎文化"活动连续多年在央视直播，有鲜明的地域特色。 6. 能力建设。利用省市河长制培训之机，加强对水利风景区管理人员的培训，提升水利风景区人才队伍素质。

续表

序号	区域	工作开展情况与成效
14	黑龙江	1. 规划建设。省水利厅修订《黑龙江水利风景区发展规划》；将冬季景区管理纳入《黑龙江省河道管理条例》。完成的黑龙江省水利风景区。风景区建设"十四五"规划明确了具体的目标任务和建设内容。 2. 监督管理。一是全面提升创建与管理标准。对全省水利风景区开展复核工作，申请撤销达不到标准的国家、省级水利风景区。二是关注水利风景区安全管理。持续开展核对全省河湖流域湖泊基本情况，核对、调整河湖属性 1407 处，夯实全省河湖管理底数基础；纵深推进河湖"清四乱"常态化规范化，利用"互联网+"、卫星遥感、地理信息等技术手段，覆盖全省水普内河湖管理范围，采集疑似图斑 2.5 万余个，结合水利部下发的河湖遥感图斑核查，组织、指导各地梳理确定整改问题，切实提高河道行洪能力。 3. 融合与创新发展。省水利厅将国家、省级水利风景区创建纳入河长制年度重点工作，建立激励机制；结合河湖"清四乱"、河湖岸线建设项目与活动整治等工作，以维护河湖健康生命为主线，统筹做好水利风景区发展和河长制工作的有效衔接，推进风景区的建设与管理质量提质升档。结合亚冬会工作开展情况，对全省水利风景区建设与管理工作提出要求，做好黑龙江乌苏里江水利风景区"冰雪游"潜力，让群众共享幸福河湖的冰雪乐趣。 4. 品牌宣传。持续开展水利风景区宣传工作，结合黑龙江省"能力作风建设年"工作开展情况，发放能力作风建设年活动简报、河湖长制简报，在省水利厅微信公众号、省河湖长制微信公众号，《黑龙江日报》龙头新闻 App 中，做好铁力呼兰河水利风景区高质量发展案例和黑龙江省水利风景区宣传。调研哈尔滨市冬季水利风景区管理情况，挖掘冬季水利风景区"服务员"。
15	上海	1. 制度建设。临港新片区管委会按照《临港新片区河道、农桥养护管理考核办法》要求，推进滴水湖水利风景区河湖管理养护工作。松江生态景区健全雨污分流长效管理机制，压实街镇主体责任。徐汇滨江景区新（修）编 12 条制度标准，压实景区管理责任，健全景区管理体制机制。推进上海闵行浦江郊野竹水利风景区申报上海市水利风景区。

续表

序号	区域	工作开展情况与成效
15	上海	2. 规划建设。一是将水利风景区建设纳入"深入推进爱国主义思想文化工作高质量发展三年行动计划"。二是淀山湖景区完成水利项目河道蓝线调整专项规划编制。三是各景区落实规划内容。碧海金沙景区完成停车场智能化改造，票务系统完成升级，建设奉贤区首家"油墩港河谷"；滴水湖北岛等工程，松江生态景区启动蓝城绿环主贯通道路生态岸建设，推进"油墩港河谷"松江段建设；徐汇滨江景区持续拓展开放空间和景观道路向南延伸；淀山湖景区启动实施元荡生态岸线整治，推进淀山湖堤防达标及生态修复。 3. 监督管理。组织各景区开展重大事故隐患排查整治，推进河湖"清四乱"规范化常态化，督促相关问题整改。完成松江生态风景区复核工作，松江区水务局根据复核意见，进一步厘清景区安全运行管理职责，加强水科普设施平台建设，完善景区标识标牌。 4. 融合与创新发展。依托河湖长制平台，持续开展镇以上河湖水质监测，组织全市村级河道水质普查监测，开展水质易反复水体排查整治和超标断面水质溯源分析，推动本市和景区范围内河湖水质持续提升。碧海金沙景区加强与旅行社和酒店的合作，开拓客源市场。滴水湖水利风景区设置新能源观光公交、智能网联公交及智慧道路测试示范线。淀山湖景区将景区内青浦特色农业资源向长三角地区进行大力推介。 5. 品牌宣传。通过上海水务海洋微信公众号，在上海十佳水文化景点评选、上海水利发展动态经验展示等专题中宣传推广水利风景。组织开展上海水文化遗址、遗产、遗迹和现有水文化场资源调查，形成《上海水文化名录》，收录全市首批水文化点位71个。松江生态景区在微信公众号开设水文化宣传专栏，深入挖掘和梳理浦江之首、人民河、泖泾塘等水历史、水文化、水故事。徐汇滨江景区通过官方微信公众号、小程序、官方网站等平台全面介绍景区历史、规划理念、产业布局、滨水文化、日常活动等情况。碧海金沙景区创建奉贤区首家景区。 6. 能力建设。滴水湖水利风景区开展滴水湖核心片区水质与生态安全保障建设全覆盖，加快"松江河长"App迭代升级。徐汇滨江景区依托"智慧水岸"党群服务站。松江区水务局落实河长巡河制综合信息系统建设安全管理信息平台，实现景区已贯通的8.4公里沿江公共区域3D数字地图建设及资产数据库覆盖

续表

序号	区域	工作开展情况与成效
16	江苏	1. 制度建设。一是强化组织推动。调整省水利风景区建设与管理领导小组，强化组织领导，加强协调推动。召开全省水利风景区建设与管理工作会议，系统部署全年工作任务。制定年度水利风景区工作要点，督促各地紧抓重点，推进水利风景区高质量发展。在全国率先出台规范性文件《江苏省水利风景区建设与管理办法》。紧抓《江苏省水利发展资金管理办法》修订契机，将水利风景区纳入管理奖补资金。二是完善制度体系。将水利风景区文化载体建设纳入规划，从制度上落实水利风景区建设与管理奖补资金。 2. 规划建设。将水利风景区建设纳入《长江国家文化公园（江苏段）建设保护规划》等，推动水利风景区实现水旅建设深度融合。 3. 监督管理。一是加强安全管理。按照《江苏省水利风景区突发事件综合应急预案编制指南（试行）》的要求，推动建立健全景区应急预案体系，提高预防和处置突发事件的能力。组织开展全省水利风景区安全风险隐患排查整治工作，要求及早发现并消除安全隐患。加强水利风景区内重点设施设备安全，提出水利风景区重点设施设备隐患排查、重点设施设备检查及早消暑期水利风景区重点消暑期水利风景区重点设施数情况。进一步加强暑期水利风景区的资源分区防溺水工作，要求各地压实各地压实各地压实责任，保障人民群众生命安全。二是开展资源管理。摸查全省186家水利风景区的资源分布开发利用情况，强化水利工程科技，水生态环境、水文化科普等三大景资源类型。在此基础上，遴选3家以上区位条件较好、资源较集中的优质水利风景区进行重点分析，研究不同类型景差异化利用的实践路径。选取玄武湖玻璃栈道等重点设施、引导推动景区优势资源转化为服务产品，开发水生态主题创意研学课程，举办"玄武湖水生态探秘"主题活动。三是推进复核验收。完成国家水利风景区评估。区复核评价，江阴市芙蓉湖、宿迁市丁万河、徐州市六塘河等9家景区成功通过水利部复核，完成年度水利风景区建设管理重点评估报告。 4. 品牌宣传。一是加强主题推介。发挥省水利风景区协会平台作用，联合省广播电视总台合举办"碧水绕苏，醉美水韵"亲水徒步走活动，将传统节日文化与现代健身运动相结合，全省13个设区市有关水利风景区联动开展活动，吸引上万名游客打卡。二是做好线上宣传。依托省水利风景区协会微信公众号平台，结合节气，节庆开展水利遗产宣传推介活动，推出"五一趣玩水利风景区""跟着美文去旅行"等专题策划。该平台累计推送图文82篇，总阅读量超10000次，成为公众了解水景区、水文化、水利遗产的重要窗口。持续拓展"云上水景"平台服务功能，上线部分重点景区预约界面，进一步加强应用宣传推广，集中展示水文化魅力。

续表

序号	区域	工作开展情况与成效
16	江苏	5. 能力建设。培育人才队伍,举办全省水利风景区建设与管理培训班,组织参加水利部培训班1期,受训学员达300余人次。
17	浙江	1. 制度建设。省水利厅调整浙江省水利风景区建设与管理领导小组成员,开展省级水利风景区建设与管理工作,为规范浙江省级水利风景区规划与建设、申报与评定、运行管理、监督管理工作提供组织保障。 2. 规划建设。将水利风景区建设纳入《浙江省全域建设幸福河湖行动计划(2023—2027年)》(2023年第1号总河长令),指导各地积极发挥水利风景区集群化管理优势创新作用,营造功能综合、亲水便捷的水利风景区。 3. 监督管理。一是组织复核。对9家国家水利风景区开展复核,及时完成复核报告及整改方案,顺利通过复核。二是隐患排查。在开展水利风景区重大事故隐患专项排查整治行动的过程中提出,要求结合年度复核、水利安全检查等工作,组织辖区内水利风景区及相关单位对照医疗急救站点、安全警示标识等6方面,认真开展自查自纠和督导检查。 4. 品牌宣传。一是省水利厅景区办联合浙江水利水电学院于2022年底前向全国公开征集水美中国相关文章,编制"水美中国"系列文章;同时借助"同一条钱塘江"微信公众号向全国宣传"水美中国看浙里"系列报道,进一步提升水利风景区的知名度。二是杭州市富阳富春江水利风景区北支江水上运动中心见证杭州亚运会;亚残运会火炬传递桐庐富春江水利风景区开放。三是活动开展。宁波东钱湖水利风景区持续深化文旅融合,围绕"文化钱湖"发展定位,举办"钱湖过大年""钱湖春来了""东钱湖迎亚运文旅消费季"等116场主题活动,推动景区旅游多元发展;缙云溪好溪景区举办2023年缙云仙都女子半程马拉松,进一步提升缙云山水影响力;乐清市中雁景区举办2023年艺术博物馆,通过展览、讲座、研讨等艺术惠民活动丰富景区文化内涵。

续表

序号	区域	工作开展情况与成效
17	浙江	5. 融合与创新发展。一是探索水利资源设施及路径，开展水利风景区水旅融合发展的途径，开展水利风景区水旅游产业融合发展的途径，开展水利风景区生态产品价值（GEP）核算试点研究。二是探索实践"绿水青山"转化为"金山银山"的路径。信安湖国家水利风景区开发水上乐园，利用水岸景区开发水上乐园，户外自助烧烤，休闲养生茶楼等旅游项目；国庆假期开化县两山集团与雪坑乡下淤村联合成立水岸公司，利用水岸景区开发水上乐园，户外自助烧烤，休闲养生茶楼等旅游项目；国庆假期开化县两山集团与下淤村联合成立水岸公司，每天接待游客近3万人次。同时开展了马金溪国家水利风景区生态产品价值核算研究工作
18	安徽	1. 制度建设。安徽省高度重视水利风景区建设和管理工作，省委办公厅、省政府办公厅《关于开展绿美江淮行动的意见》明确提出，建设皖美绿水青山，持续推进水利风景区建设。 2. 规划建设。全省已有6家国家、2家省级水利风景区编制或修编总体（建设）规划。安徽省林业和水利部门联合发文，鼓励各地积极申报国家水利风景区。以丰福河湖建设为契机，指导各地水利管理机构结合当地"十四五"水利发展规划、风景区所在河道和湖泊岸线保护与利用规划、水资源保护规划等，开展水利风景区高质量发展，谋划水利风景区建设规划等，开展水利风景区基础设施、生态和文化建设。 3. 监督管理。一是景区复核工作。安徽省林业和水利部门联合部署开展水利风景区复核工作，淮河蚌埠闸枢纽水利风景区等8家国家水利风景区全部通过复核。二是安全生产。安徽省林业和水利部门联合印发《关于做好岁末年初水利风景区安全生产风险隐患排查整治工作的通知》，指导各单位认真做好水利风景区安全生产工作。安徽省林业局按照《加强全省自然保护地、水利风景区等桥吊桥类设施项目安全管理》的规定，对做好各级水利风景区安全生产工作提出具体要求。三是安全排查。做好水利风景区所在河湖的"四乱"和妨碍河道行洪整治工作，保护河湖生态健康

281

续表

序号	区域	工作开展情况与成效
19	福建	1. 制度建设。制定完善《省级水利风景区评审工作制度》《水利风景区现场考评工作制度》《水利风景区专家库管理制度》等，建立健全水利风景区专家库。印发《水利风景区综合应急预案编制指导范本》，指导景区安全生产工作。编制《省级水利风景区申报PPT制作指导》，开展省级水利风景区申报PPT替代申报视频工作试点。 2. 监督管理。拟利用3年时间，完成全省5年以上的水利风景区复核工作；印发《福建省级水利风景区复核工作方案》，通过专家现场评审共完成40家景区复核。一是启动省级水利风景区复核。拟利用3年时间，完成全省5年以上的水利风景区复核工作；印发《福建省级水利风景区复核工作方案》，通过专家现场评审共完成40家景区复核，最终撤销5家省级水利风景区。二是组织安全检查。开展水利风景区涉游玻璃栈道类项目安全管理情况大排查工作，加强春节、五一等重大节假日景区安全生产工作，在台风期间安排专人值班值守，确保景区安全运行。 3. 融合与创新发展。一是强化考核激励。将水利风景区创建与高质量发展纳入河湖长制工作考核，将水利风景区创建工作纳入《福建省促进县域文旅经济评价指标》正向激励考核评价指标，激励各地积极争创高质量水利风景区。二是强化资金激励。对2022年度新认定的2家国家水利风景区和4家省级水利风景区下拨奖补资金，提高地市申报水利风景区的积极性。三是强化融合发展。落实2023年全省文旅经济发展大会部署任务部署推进，推动水利风景区融入全省文旅经济发展大局。四是强化景区储备。通过建立国家水利风景区、省级水利风景区项目库，加强预审指导，提升景区数量与质量。五是强化调查研究。开展"贯彻新发展理念，构建新发展格局，推动我省水利风景区高质量发展"专题调研，进一步提升景区建设水平。 4. 品牌宣传。一是加强网络宣传。组织拍摄制作1部反映全省水利风景区发展特色、建设成效的宣传片和15部设区市水利风景区宣传短视频及若干专题短视频。同时，启动《福建省水利风景区画册》制作，进一步展现福建省水利风景区良好的发展面貌。二是组织开展福建河湖文化遗产Logo征集活动，从200件征集作品中选出了7件入围作品，1件最佳作品。

续表

序号	区域	工作开展情况与成效
19	福建	5. 能力建设。5月在德化县举办全省水利风景区建设与管理培训班，共80余名分管领导或业务骨干参加培训。同时组织5位业务人员参加全国水利风景区培训班，进一步提升水利风景区业务骨干的能力和水平
20	江西	1. 制度建设。将水利风景区建设纳入河湖长制考核加分项形成常态，将传承红色基因水利风景区纳入国家水利风景区和省级水利风景区的工程管理单位合计子以130万元的奖励。 2. 监督管理。印发《江西省国家水利风景区复核工作方案》，指导景区单位开展线下自查，编写自查报告书等前期工作，邀请部景区办专家作为第一复核组现场把关，按照各复核专家组的意见，督促各水利风景区报送整改方案并按时完成整改任务。 3. 品牌宣传。江西省峡江水利枢纽国家水利风景区获评国家水利风景区高质量发展标杆景区，厅景区办与峡江水利局、峡江县文旅局相关工作人员赴北京参加主题为"水美中国，景惠民生"的第二届国家水利风景区高质量发展典型案例媒体推介活动，并领取"国家水利风景区高质量发展十大典型案例"奖牌。 4. 融合与创新发展。实施省、市、县（区）景区数据汇聚和一体化管理，完成水利风景区申报、复核、年报填写等管理工作；厅景区办筹措资金80万元，基于智慧水利支撑平台构建水利风景区建设管理服务平台，该平台已正式运行
21	山东	1. 制度建设。为进一步规范省级水利风景区认定与动态管理等工作程序，起草《山东省省级水利风景区认定与监督管理办法》。山东省水利厅成立以厅党组书记、厅长为组长的水文化工作领导小组。 2. 规划建设。在《山东省水文化建设规划纲要（2023—2025）》中提出，制定"十一五"水文化建设目标，提出"六水共治"发展思路，专设"提升水利风景区文化内涵"章节。 3. 监督管理。2023年完成20家国家水利风景区复核工作，向景区所在地方政府、市水利局以及水利风景区管理单位下达整改通知书7份；取消国家水利风景区1家，取消省级水利风景区4家；多次组织开展黄河流域水利风景区专项检查。

续表

序号	区域	工作开展情况与成效
21	山东	4. 品牌宣传。泰安市天颐湖水利风景区不断探索水利风景区建设带动共同富裕的高质量发展路子，为周边 5 个乡镇提供 500 余个就业岗位，挖掘"艰苦奋斗、团结互助、不怕困难、勇于担当"的胜利渠精神，打造文旅研学基地，接待研学游游客 7 万余人次。临沂市始终坚持水利风景区品牌打造，推出的"水利风情园（村、镇）"已评审公布 6 批，共 167 家
22	河南	1. 制度建设。草拟《河南省水利风景区管理办法实施细则》《关于推动水利风景区高质量发展的指导意见》。 2. 规划建设。省景区办根据河南水利发展现状，组织人员对全省水利风景区和水生态、水文化建设情况进行摸底，为制定"十五五"全省水利风景区发展规划进行前期研究。安排部分规划已到期和规划不符合水利风景区管理要求的单位，先期做好景区规划编制调研工作，以尽快编制完善《水利风景区建设规划》。 3. 监督管理。一是风景区复核工作。对 2001～2003 年经水利部评定的河南省所属石漫滩水库等 8 家国家水利风景区进行复核。二是安全管理。省景区办根据有关安全生产要求，在全省水利风景区开展水利重大事故隐患排查整治专项行动。在春节、五一、十一假期旅游高峰来临前，及时下发加强假日游安全管理的通知，提示各级水利风景区强化安全管理。三是安全抽查。组织人员赴厅属陆浑水库、前坪水库及汝阳恐龙谷漂流水利风景区进行安全抽查。 4. 融合与创新发展。举办《河南省幸福河湖建设实施方案》，推动各地将水利风景区建设纳入幸福河湖考核机制，其中南阳、信阳等市将水利风景区列入当地幸福河湖评选加分项，许昌、漯河、驻马店等市将水利风景区建设指标融入本市幸福河湖评选机制。会同省文化和旅游厅将水利和旅游文化旅游资源普查项目。 5. 品牌宣传。举办 2023 水美中国"红旗渠杯"水利风景水文化创意设计大赛，新华网、央广网、《中国日报》、中国网、中青网、《中国水利报》等几十家媒体对赛事进行报道。自 2022 年 7 月起，举办全省水利风景区建设管理成果巡回展览活动，先后在郑州郑东新区龙湖、许昌曹魏故都、漯河沙澧河、舞钢石漫滩、林州红旗渠等十多处景区进行巡展。

续表

序号	区域	工作开展情况与成效
22	河南	6. 能力建设。为规范全省各级水利风景区标识系统建设，申报《河南水利风景区标识导向系统设计指南》地方标准。
23	湖北	1. 制度建设。一是高度重视，精心安排部署。将"加快水利风景区建设"列入湖北省水利厅2023年工作要点。二是落实制度标准，明确管理职责。省推进政府职能转变和"放管服"改革协调小组办公室将"国家水利风景区审核转报"和"省级水利风景区评定"列入湖北省政务服务事项基本目录。全省17个市州水利和湖泊局均明确水利风景区工作分管领导和职能科室。 2. 监督管理。一是抓好景区复核，推动提质增效。连续第三年开展全省水利风景区年度核查工作，组织"两级"水利风景区做好年度自查。组织专家对6家国家水利风景区进行现场复核。二是强化安全检查，维护景区稳定。印发五一、国庆、汛期水利重大事故隐患排查整治、岁末年初安全生产风险隐患专项整治工作。全管理通知，以及暑期学生防溺水提醒函。 3. 品牌宣传。连续第6年发布《湖北省水利风景区发展报告》（蓝皮书），与湖北广播电视台联合开展"水美荆楚·幸福河湖"水利风景区广播宣传活动4期，湖北水利风景区微信公众号全年推送信息超200条。 4. 能力建设。一是举办2023年全省水利风景区建设与管理培训班。二是开展学术交流，研讨发展方向。换届选举第二届水利风景区专业委员会组成人员，连续第二届举办全省水利学会水利风景区高质量发展学术研讨会。
24	湖南	1. 制度建设。一是高度重视。2023年省委书记在《湖南日报》擦亮水利风景区"金字招牌"大有可为"（《内参》）上做出批示"要用好社会资本，用好国有企业特许经营的政策；厅党组书记、厅长批示要求研究水利风景区工作，并提出要将"两个用好"指示精神运用到全面盘活水利资产相关工作中；分管副厅长牵连水利风景区工作，明确下一步工作思路和要求。二是完善体制机制。结合河湖长制实施，连续4年把水利风景区工作纳入河湖长制考核内容，考核暗访、考核将水利风景区工作纳入河湖长制工作考核范围。如株洲市把水利风景区工作纳入河湖长制工作考核范围。

续表

序号	区域	工作开展情况与成效
24	湖南	2. 规划建设。将水利风景区工作统一纳入《湖南省"十四五"水安全保障规划》。 3. 监督管理。一是完成景区复核工作。在复核 8 家国家水利风景区的基础上，还对 10 家省级水利风景区进行抽查复核，形成复核报告书，制定问题整改清单，明确整改要求撤销娄底市雷锋山一四方湖 1 家省级水利风景区。二是加强安全生产管理。结合河湖长制、河湖巡查等工作，强化对辖区内水利风景区的日常监督检查，连续 4 年配合省文化和旅游厅开展全省景区旅游市场秩序开展安全生产督查，对涉水安全隐患进行大排查，确保人民生命财产安全。 4. 品牌宣传。通过《湖南日报》、湖南水利微信公众号、部景办官方网站等多种渠道积极宣传大会为契机，在《湖南日报》"湖湘自然历"栏目推出 15 期水利风景区专刊介绍，湖南水利风景区第三届旅游发展大会为契机，通过一系列的宣传活动，不断提升湖南省景区影响力和知名度。 5. 能力建设。举办 2023 年度全省水利风景区建设与管理培训班，培训人员实现 14 个市州，94 家景区单位全覆盖。
25	广东	1. 制度建设。积极组织编制省级水利风景区管理办法，根据水利部《水利风景区管理办法》要求，在充分调研、深入研究的基础上，结合广东实际，于 2024 年上半年出台《广东省水利风景区管理办法》。 2. 规划建设。一是积极推动广东省水利风景区高质量发展。二是提前谋划水利风景区发展总体规划编制工作，明确未来一个时期水利风景区发展建设工作的目标任务。实现路径，推动广东省水利风景区风光带（集群）建设，立足相关地市水利工程集约格局和独特的带状水文化，探索发挥水利风景区集群效应。 3. 监督管理。一是开展国家水利风景区复核工作。完成白盆珠、湟川三峡、飞来峡 3 家国家水利风景区现场复核。二是推动完善省市场监督体系，健全景区旅游咨询、投诉和受理等机制。所有景区拉网式开展安全专项排查整治。

续表

序号	区域	工作开展情况与成效
25	广东	4. 融合与创新发展。一是在严守生态红线、安全底线的前提下,探索以水利风景区为载体,部署开展水经济试点工作,提出收集筛选各地自然禀赋良好、人文资源丰富的"水利风景区+水经济"意向试点 10 个,通过"试点先行、示范带动",实现水利风景区可持续发展。二是支持资金筹措、运行管理、生态保护等方面形成可复制、可推广的经验做法,探索"广东模式",省发展改革委、工业和信息化厅、生态环境厅等多个省直部门,各地级以上市河长办、水利部河湖保护中心,水利风景区运管单位等共 120 余人参"把脉"广东省水利风景区建设,商讨可复制、可推广的"水利风景区+水经济"模式。 2023 年 11 月,省河长办组织召开广东省水经济暨水利风景区工作座谈会,水利风景区作为水经济新业态新发展,水利风景区建设作为水经济发展路径的先行棋,被各级媒体广泛宣传报道。 5. 品牌宣传。组织中央、省级、行业媒体多次大规模聚焦报道广东绿色水经济新业态新发展,水利风景区建设作为水经济发展路径的先行棋,被各级媒体广泛宣传报道
26	广西	1. 制度建设。自治区水利厅根据工作需要和人员变动情况,及时调整水利风景区建设与管理工作领导小组成员,进一步完善组织机构,充实技术力量,加强对水利风景区工作的组织领导和人员保障。 2. 监督管理。完成 4 家国家级水利风景区的复核工作并印发复核报告及整改通知,进一步强化水利风景区安全生产监督管理,开展水利风景区重大事故隐患排查整治工作,重点排查水利风景区内玻璃栈道等项目和浮桥吊桥浮码头桥类设施项目。 3. 融合与创新发展。一是强化顶层设计。将水利风景区创建纳入《广西创建国家全域旅游示范省(区)工作方案》《广西打造桂林世界级旅游城市工作要点》《广西文化和旅游振兴战略贡献水利力量。二是培育"水利+文旅""文旅+产业融合发展新业态。广西兴安县推动灵渠秦风风国田园综合体等产业融合新业态。广西融水苗族乡村振兴规划》,将水利风景资源开发利用纳入《广西"文旅"产业发展新业态。广西美乡村建设试点项目,支持长征国家文化公园广西建设,初步实现"文水共融,山水相融"的桂北水乡美景;广西结合水美乡村美乡村建设试点项目,支持长征国家文化公园广西建设:大藤峡建设国内一流的河谷生态风景区,涵盖现代水电、爱国主义教育、生态示范、科普展示培训和旅游休闲度假。

续表

序号	区域	工作开展情况与成效
26	广西	4. 品牌宣传。组织完成《八桂大地水利景区美》宣传片的摄制工作,对广西 26 家水利风景区和优质水利风景资源进行精心介绍。 5. 其他工作。完成"广西水利风景区高质量发展"课题调研,并将调研成果通过组稿《广西水利风景区高质量发展存在短板需引起关注》的政务信息报送自治区党委、自治区政府,得到重视
27	海南	1. 制度建设。省水务厅提出 2023～2025 年重点推进的水利风景区建设任务,对明确水务部门监管职责、多元化投融资机制、强化宣传打造海南水利风景区品牌等方面提出制度性安排。 2. 规划建设。修编完成《海南省水利风景区发展规划(2016—2025)》,组织开展《松涛湖(松涛水库)水利风景区高质量发展规划》编制工作。根据《海南省水利风景区发展规划(2016—2025)》,对全省内具有一定规模的 240 家(不含 5 家已获批的国家水利风景区)水利风景资源点现状情况进行评价。初步概括为"一带、两带、多点。""一带":以红岭水利枢纽工程、牛路岭板块为重点,打造万泉河流域水利风景区风光带。"两带":以海口市美舍河水利风景区(省级水利风景区)、沙美内海-琼海世界热带水果之窗、万泉河等为下游河段,合水水库(国家水利风景区)、管排水库(省级水利风景区)、五源河、芙蓉河、迈雅河、道孟河、新旧沟、蛇桥等为重点,打造海口市水利风景区集群;以三亚市三亚河、福万水库、藤桥河、龙江河、大隆水库等为重点,打造三亚市水利风景区集群。"多点":推进松涛水库、定安南丽湖、保亭毛真水库等已建水利风景区高质量发展;对迈湾、天角潭等在建重大水利工程提出水利风景区建设要求,推动儋州市水土保持科技示范园、屯昌木色湖等打造水利风景区
28	四川	1. 制度建设。审议通过《四川省水利风景区管理办法》,启动《四川省河湖公园评价规范》地方标准的修订工作,创新提出景评级机制,打通景区管理"出口关",实行动态管理,推动景区从数量和规模增长向质量和效益提升转变。

续表

序号	区域	工作开展情况与成效
		2. 监督管理。一是压实监管责任。按照景区安全工作要点,对全省175家水利风景区逐一细化管理机构主体责任、部门监管责任,把安全责任落实到"最小工作单位"。二是抓紧专项整治。在汛期、成都大运会、岁末年初等关键时段,先后开展3次全省景区安全隐患大排查,全省水利风景区未发生一起重大安全事故。同时,按照水利部统一部署,开展专项排查,已排查121处特种设施和4处玻璃栈道的安全隐患,对排查发现的安全问题做到立即立行立改。三是把把严"入口关"。从严开展国家水利风景区和省级水利风景区(河湖公园)申报。2023年9家景区入选国家水利风景区(河湖公园),最终入选6家。四是做细复核工作。对存在河湖"四乱"问题的景区坚决不予通过,复核发现的14个问题全部完成整改;启动省级水利风景区复核,完成四川省2013年认定的第一批18家省级水利风景区的复核。
		4. 融合与创新发展。一是充分利用河湖长制平台。将水利风景区日常运行管理和创建纳入河湖长制考核,将水利风景区创建工作纳入《四川省幸福河湖建设总体工作方案(暂行)》,明确到2025年、2035年两个阶段的建设目标。二是积极探索生态产品价值转换。仙海水利风景区着力打造集水景观光、休闲度假、科普教育于一体的生态价值转换模式,年接待游客241万人次,实现旅游总收入5.6亿元。三是强化景区建设与旅游融合。水利风景区建设成为四川省乡村旅游发展的重要承载元素,融入嘉陵江风景道建设、天府旅游名县建设。2023年,全省水利风景区接待游客4000万人次,实现旅游收入超75亿元。
28	四川	5. 品牌宣传。一是持续擦亮水利风景区品牌。依托《四川日报》川观新闻、川观新闻网站、新媒体等,以景区为单位,推出系列报道,不断增强"水润天府,自在四川"影响力;都江堰水利风景区以独特的水文化魅力和世界水利工程遗产的历史价值,亮相第18届世界水资源大会,并成为两部委首位推介的景区,先后在全国水利风景区宣传工作会上做经验交流发言。二是创新打造水美新村品牌。发挥水利风景区带动作用,探索"1+N"(1个景区、N个周边村)发展模式,打造"河畅水清、绿景美功能健全,人水和谐"水美新村3358个,助力建设宜居宜业和美乡村。

序号	区域	工作开展情况与成效
28	四川	6.能力建设。一是强化业务培训。举办水利风景区建设与管理培训班,全省各市(州)共计104人参加培训。二是组建完善专家库。2023年10月,首次面向社会公开征集水利风景区专家,组建涵盖水工程、水景观、水文化、水生态、旅游发展等领域共计106人的专家库
29	贵州	1.监督管理。一是开展国家水利风景区复核工作。完成龙里生态科技示范园、惠水涟江水利风景区、遵义大板水利风景区、绥阳双门峡天河水利风景区、毕节天河水利风景区5家国家水利风景区现场复核,景区涉水区域的房屋安全防护隐患排查,完成复核情况报告。二是加强水利风景区安全管理。分别组织开展水利风景区涉水区域的房屋安全防护隐患排查,景区对本年初水年末初年度整治和岁末年初水利风景区安全生产风险隐患专项整治工作。重点针对易发生溺水事故的涉水区域,木质结构连片村等重点区域,索道、缆车等特种设备以及突发事件应急预案进行排查。联合省教育厅、省公安厅组织开展护河及防溺水安全教育活动。 2.品牌宣传。一是开展"宪法宣传周"普法活动。在全省各水利风景区开展"宪法宣传周"普法活动,张贴宣传标语75幅,举办讲座11次,发放传单7000余份,参与体验万余人。二是全年通过"水美贵州"微信公众号发表宣传文稿3篇。三是协助水利部在贵阳召开全国水利风景区宣传工作会议。 3.融合发展与创新发展。利用河湖长制平台,推动水利风景区高质量发展。将贵州省河湖长制2023年度工作考核制工作考核方案》《2023年度工作实施方案》,推动水利风景区高质量发展。将新建一批水利风景区,推进水利风景区建设发展纳入,将推进水利旅游,促进水利风景区高质量发展。充分展示水文化,促进水利旅游。有传统村落或革命老区保护对象的综合效益好的项目,予以加分
30	云南	1.制度建设。2023年6月,水利风景区管理职责划入省水利厅,具体工作由省水利厅(湖长)制工作处承担。按照《云南省水利厅关于做好2023年度省级水利风景区申报工作的通知》要求,全面组织开展省级水利风景区的评定工作。

续表

序号	区域	工作开展情况与成效
30	云南	2. 监督管理。6月印发《云南省水利厅关于开展水利风景区重大事故隐患排查整治专项行动的通知》，要求各州（市）水利（水务）局开展水利风景区年度检查工作，排查过程中未发现景区存在重大安全隐患。 3. 品牌宣传。省水利厅迅速在各级媒体对入选第二十一批国家水利风景区名单的云南红河弥勒甸溪河水利风景区进行宣传，将甸溪河水利风景区为云南省美丽河湖幸福河湖建设样板，在全省范围内推广学习。将甸溪河保护治理经验作为河湖长制成效典型亮点上报水利部河湖管理司，发挥水利风景区集群宣传载体作用
31	西藏	1. 制度建设。拉萨河水利风景区先后制定《闸站管理制度》《绿化维护养护管理制度》《保洁长效制度》，林芝市措木及日水利风景区制定《措木及日景区巡查、检查管理办法》等制度。确定各部位安全第一责任人和直接责任人，对景区进行不定期巡查、检查，确保安全工作扎实到位。 2. 规划建设。拉萨河水利风景区组织开展多项水利风景区相关规划的编制与实施工作，将水利风景区建设纳入相关规划。进一步完善拉萨河水利风景区的总体布局，积极开展水利风景区集群（风光带）的建设工作。林芝市措木及日水利风景区控制性详细规划《措木及日景区修建性详细规划》《措木及日景区修建性详细规划》。 3. 监督管理。一是景区复核。开展水利风景区复核工作。开展水利风景区岁末年初安全生产检查。二是开展安全生产大检查和隐患排查治理。多次召开安全专题会议，针对汛期、恶劣天气等重点时段，及时下发文件；集中开展安全生产全面大检查，重点检查地质灾害隐患、电线电路、游道浮石、消防、旅游厕所及人员密集场所等，确保及时发现隐患并认真整改。 4. 融合与创新发展。2023年利用河湖长制平台，开展清理整治专项行动，实现文化旅游产业与生态的融合发展，开发设计出符合市场动向的产品和项目，实现产业效益提升。

续表

序号	区域	工作开展情况与成效
31	西藏	5. 品牌宣传。讲好西藏水文化故事，按"一（河）湖一策"制定实施方案，同时充分利用网络平台（智游宝、携程等），开展风景水利化建设宣传工作，塑造讲好河湖故事的示范标杆，结合"世界水日·中国水周""世界旅游日"等宣传节点，宣传水利风景区。
32	陕西	1. 制度建设。2023年，全面落实2022年出台的《陕西省水利风景区管理办法》，举办《陕西省水利风景区管理办法》解读专题培训，编印《水利风景区有关文件资料汇编》。 2. 监督管理。一是复核工作。依据《陕西省水利风景区复核工作方案》，对14家国家水利风景区和7家省级水利风景区开展复核。二是专项排查工作。对全省61家黄河流域水利风景区侵占河湖岸线问题进行摸排，形成专项排查报告；联合省渭河生态保护中心，现场核查4家黄河流域国家水利风景区范围内河湖"四乱""疑似问题图斑"。三是安全管理工作。下发一系列水利风景区安全管理工作通知，要求各市（区）全面开展水利风景区检查工作并提交安全检查报告；组织对10个市（区）水利风景区安全管理隐患排查工作进行检查，同时抽查21家水利风景区。四是专项排查工作。对涉浮桥吊桥类设施的17家景区、涉玻璃栈道项目的4家景区加强有关项目的安全管理。 3. 融合与创新发展。将水利风景区建设与管理工作纳入河长制工作，省区办对全省水利风景区进行考核，综合打分、排名。结合2023年工作实际，研究修订陕西省水利风景区工作考核指标及赋分表。省区办为省政协发挥资源优势打造万亿级旅游产业专题调研提供材料，完成《陕西省水利风景区融合发展报告》。 4. 品牌宣传。一是征集并发布陕西水利风景区徽标。陕西水利风景区徽标在全国水利风景区宣传工作会议上正式发布。二是出版《水美三秦·陕西省水利风景区集锦》画册。三是参加2023年全国水利风景区宣传工作座谈会并做交流发言。四是利用媒体平台加强宣传。 5. 能力建设。陕西省连续第9年举办办全省水利风景区建设管理培训班。各市水利（水务）局景区管理部门负责人及业务骨干、部分景区单位负责人共80名代表参加培训。

续表

序号	区域	工作开展情况与成效
32	陕西	6. 其他工作。一是组织开展专题调研。针对突出矛盾和高质量发展要求开展调研，形成《关于水源地水利风景区如何发展的调研报告》和《陕西省水利风景区高质量发展情况调研报告》。二是配合《渭河志》编纂工作，梳理流域内水利风景区资源和发展情况。
33	甘肃	1. 监督管理。2023年，组织专家对7个市（州）和4家厅属单位管辖的16家水利风景区开展复核工作，张掖市大野口水库水利风景区退出国家水利风景区；组织开展黄河流域9家国家水利风景区安全隐患专项排查，以及全省29家水利风景区重大事故隐患排查。 2. 融合与创新发展。利用河长制湖长制平台，推行水利风景区发展建设内有水利风景区作为美丽幸福河湖创建评价体系的加分项。 3. 品牌宣传。通过注册甘肃省水利风景区商标，刊印《水美陇原》宣传画册等形式，加强水利风景区宣传。 4. 能力建设。搭建人才智库，邀请省内外专家学者60余人，为甘肃省水利风景区管理提供规划设计、评审、咨询等技术服务。
34	青海	1. 制度建设。持续将水利风景区建设管理工作纳入全面推行河长制湖长制工作范畴。 2. 规划建设。将水利风景区建设纳入《青海省"十四五"水安全保障规划》，推动水利风景区与民族文化、水文化、文旅融合发展。按照《青海省水利风景区发展总体规划(2016—2030)》，推动生态环境治理保护、河湖管护和水利工程建设管理统一。按照"一大国家公园，两大发展带，三大城市综合服务区，四大发展片区，33个国家水利风景区，17个省级水利风景区"的建设发展总体思路，组织各地申报国家及省级水利风景区。 3. 监督管理。组织13家国家水利风景区管理机构对景区四至范围是否明确、管理范围是否划定等情况开展自查，对3家国家水利风景区风景区开展省级复核。组织黄河流域11家水利风景区对河湖"四乱"、违规建设等问题开展专项排查。组织18家水利风景区围绕景区内建道、缆车、大型游乐设施、观光电梯、玻璃栈道、浮桥吊桥等设施运行、安全防护设施设置，应急预案编制等方面，开展安全风险隐患排查。

293

续表

序号	区域	工作开展情况与成效
34	青海	4. 融合与创新发展。探索将水利风景区定性为健康河湖、幸福河湖，协调相关单位从政策、项目、资金、管理等方面支持水利风景区建设，通过建设展览馆，设立长廊、展示墙等多种形式，挖掘水历史、水安全、水文化、水文明、水景观的丰富内涵，展示美丽河湖、文明景区形象，弘扬治水精神和优秀水文化。 5. 品牌宣传。结合"世界水日·中国水周"，环青海湖国际公路自行车赛、青洽会、黄河文化旅游带等活动，彰显水利风景区魅力。
35	宁夏	1. 规划建设。以保护传承黄河水文化为目标，将水利风景区建设纳入《宁夏回族自治区水安全保障"十四五"规划》及《宁夏回族自治区河湖管理保护"十四五"规划》，明确水利风景区发展方向。 2. 监督管理。印发《自治区水利厅关于做好2023年国家水利风景区复核工作的通知》，计划用4年时间完成12家国家水利风景区复核工作，2023年已完成银川典农河水利风景区、中卫沙坡头水利风景区等3家水利风景区复核工作。对全区12家国家水利风景区和1家自治区级水利风景区内的客运索道、缆车、大型游乐设施、观光电梯等特种设备及玻璃栈道、浮桥吊桥等设施进行安全检查。 3. 融合与创新发展。利用河湖长制工作平台，加强水利风景区融合发展。完善河长办工作规则，优化联合办公机制，将水利风景区建设纳入自治区2023年河湖长制考核指标体系，倒逼各地落实水利风景区建设管理责任。 4. 品牌宣传。将水利风景区宣传纳入自治区人水利宣传工作，以"世界水日·中国水周"等活动为载体，营造主题化、集中化宣传声势。沙湖、鸣翠湖、渝河等水利风景区通过微信公众号、抖音、快手、今日头条等平台发布品牌宣传文章及视频，沙湖美景频上央视"大美中国""中国新闻直播间"等栏目。

续表

序号	区域	工作开展情况与成效
36	新疆	1. 制度建设。印发《关于印发〈自治区级水利风景区申报及评审办法〉的通知》（新水规〔2023〕6号）。指导阿勒泰地区、博州、克州等地成立景区管理机构，明确水利风景区管理主体；督促天山天池、和田乌鲁瓦提等景区制定《风景区资源环境管理办法》《天池景区水污染防治工作方案》《水上安全事故应急救助预案》《旅游突发公共事件应急预案》《水上安全事故现场处置方案》等制度，强化景区水资源保护，提高景区安全防范意识和安全防范能力。 2. 规划建设。阿勒泰地区编制完成《新疆阿勒泰额河额伯渡水利风景区规划》，积极推进自治区级水利风景区建设。伊犁州巩留县完成《巩留县全域旅游发展规划》《巩留县库尔德宁旅游风景区总体规划》《巩留县库尔德宁创国家5A级景区总体规划》，形成以总体规划为龙头、集专项规划、控制性规划于一体的旅游产业发展规划体系。 3. 监督管理。一是组织专家对天山天池等3家国家水利风景区进行现场复核。二是组织各地、州、市以水库、河道、水电站、水利风景区安全隐患排查和安全培训；喀浪古尔景区对水库周边14公里的闸阀进行修补，加装警示标志，保证景区安全。 4. 品牌宣传。天山天池拍摄《讲好天山天池自然生态故事——天山天池的形成》公益微视频，增加视频监控设施。石门子水库景区明确水库管理责任人，严格执行水库汛限水位，加大水库安全调度，保障沿线和下游蓄景区水和生态安全（供水安全防洪等）；库尔德宁景区制定完善景区应急预案，消防预案，常态化开展景区安全隐患排查和安全培训。通过微信绿水映初心、美丽新疆丝路行——印象天山天池、新疆新闻广播联合全国多家省级广播电视台融媒体直播《青山绿水映初心》，抖音号等媒体进行宣传；新疆乌鲁木齐广播电视台开展乌鲁木齐提景区五期建设，浏览量达276万次。 5. 能力建设。乌鲁木齐提景区实施智慧景区五期建设，借助云计算、大数据，完成由"一平台、两中心"到"一中心、三平台"的升级改造，实现全面可视化指挥调度，全覆盖智能监测水利大数据分析一体化展示以及火情、汛情、森林病虫害等状况动态监测服务。天山天池景区开展乌鲁木齐提景区数字化建设，以水利枢纽工程标准化、规范化建设实现景区数字化管理服务。

295

续表

序号	区域	工作开展情况与成效
37	新疆生产建设兵团	1. 制度建设。发挥师市水利局行业主管部门作用,压实景区管理机构责任。 2. 规划建设。将水利风景区建设纳入《新疆生产建设兵团"十四五"文化和旅游发展规划》。 3. 监督管理。利用河湖长巡河巡湖,以水库为重点的监督检查等方式,发现解决突出问题,提升景区监管能力。 4. 融合与创新发展。将水利风景区纳入兵团河湖长制体制机制,为水利风景区建设与管理提供基础保障。将水利风景区产业发展规划,将水利风景区纳入《兵团文化旅游产业链发展提升方案》,从产业布局、基础设施建设、文化旅游产品供给、文旅融合发展等方面,讲好美丽幸福河湖故事,推动水利风景区发展。 5. 品牌宣传。以融媒体方式,讲好美丽幸福河湖,营造全社会关爱河湖、珍惜河湖、保护河湖的氛围。2023年工作计划纳入兵团河湖长制工作要点。

资料来源:水利风景区动态监管平台。

附录五
国家水利风景区高质量发展典型案例
及第三批重点推介名单

2023 年国家水利风景区高质量发展典型案例名单

序号	隶属	景区名称
1	水利部	黄河小浪底水利枢纽水利风景区
2	黄河水利委员会	济南百里黄河水利风景区
3		长垣黄河水利风景区
4	淮河水利委员会	中运河宿迁枢纽水利风景区
5	山西省水利厅	太原汾河水利风景区
6	辽宁省水利厅	喀左龙源湖水利风景区
7	吉林省水利厅	松原查干湖水利风景区
8	黑龙江省水利厅	铁力呼兰河水利风景区
9	江苏省水利厅	淮安水利枢纽水利风景区
10		无锡梅梁湖水利风景区
11	浙江省水利厅	上虞曹娥江城防水利风景区
12		衢州马金溪水利风景区
13	福建省水利厅	德化岱仙湖水利风景区
14		南平考亭水利风景区
15	山东省水利厅	泰安天颐湖水利风景区
16	河南省水利厅	舞钢石漫滩水库水利风景区
17	湖南省水利厅	长沙湘江水利风景区
18	广东省水利厅	增城增江画廊水利风景区
19	广西壮族自治区水利厅	桂林灵渠水利风景区
20	四川省水利厅	会理仙人湖水利风景区
21	贵州省水利厅	锦屏三江水利风景区

续表

序号	隶属	景区名称
22	陕西省水利厅	西安护城河水利风景区
23	甘肃省水利厅	庆阳西峰清水沟水利风景区
第三批国家水利风景区高质量发展典型案例重点推介名单		
序号	隶属	景区名称
1	黄委	济南百里黄河水利风景区
2	水利部	黄河小浪底水利枢纽水利风景区
3	江苏	南京玄武湖水利风景区（2022年典型案例）
4	浙江	衢州马金溪水利风景区
5	山东	泰安天颐湖水利风景区
6	湖南	长沙湘江水利风景区
7	广东	增城增江画廊水利风景区
8	广西	桂林灵渠水利风景区
9	四川	绵阳市仙海水利风景区（2021年典型案例）
10	陕西	西安护城河水利风景区

资料来源：水利部提供的《2023年国家水利风景区高质量发展典型案例名单》及《第三批国家水利风景区发展典型案例重点推介名单》。

附录六
"水美中国精彩瞬间"水利风景区摄影大赛获奖名单

奖项	标题	作者单位
一等奖 （3个）	《醉美都江堰》	万忠海
	《退耕还河天鹅舞》	朝阳市河长制办公室
	《丹山碧水·魅力锦江》	韶关市河长办
二等奖 （5个）	《秀美河湖　生态四平》	四平市河长制办公室
	《御龙河的变迁》	廊坊市安次区水利局
	《静赏兰考黄河生态美》	雷傲森、赵双剑
	《秋色迷人》	淮安市水利局
	《山水画廊新安江》	肖俊秋
三等奖 （10个）	《水美中国》	通榆县河长制办公室
	《夜·枢纽》	江苏省灌溉总渠管理处
	《一湾之水，两岸青山》	朝阳市河长制办公室
	《国家水利风景区——大板水》	遵义市河长制办公室
	《生命之源》	史鸿文
	《千古灵渠》	兴安县河长制办公室
	《一库碧水清如许　半江山水半江云》	十堰市丹江口市融媒体中心、丹江口市河湖长制办公室
	《清水一湾舞白鹤，风光两岸映桃源》	泉州永春县河长办
	《霞映引江》	江苏省泰州引江河管理处
	《青羊湖畔小山村》	肖俊秋
优秀奖 （60个）	《幸福富水湖》	咸宁市河湖长制办公室
	《夜色里运河文化长廊》	贺敬华
	《古堰之韵》	陈和勇
	《云雾缭绕宛如仙境　俯瞰醉梦东昌湖》	朱让

奖项	标题	作者单位
优秀奖 （60个）	《水城泰州》	江苏省泰州引江河管理处
	《大美玄武湖》	江苏省秦淮河水利工程管理处
	《大美黄河壶口》	陕西黄河壶口文化旅游发展有限责任公司
	《小浪底黄河三峡》	董建盛
	《神龟湾》	临江市河长制办公室
	《壮美石门、穿越石门》	陕西省水利信息教育中心
	《东风堰千佛岩景区》	夹江县河长制办公室
	《茂名名湖水利风景区》	茂名市河长办
	《皖北水乡八里河》	颍上县水利局
	《天池秀绿水—九华天池国家水利风景区》	安徽省池州市河长制办公室
	《广安区白云湖国家水利风景区》	广安市水务局
	《佛子岭水库》	河海大学
	《泰安泰山天颐湖国家水利风景区》	山东泰山天颐湖旅游开发有限公司
	《飞云之下》	刘建
	《春天的诗》	淮安市水利局
	《晋江东溪源，奇秀大峡谷》	泉州永春县河长办
	《湖南人民的骄傲——韶山灌区》	湖南省洞庭湖水利事务中心
	《永定龙湖》	龙岩市河长制办公室、龙岩市水利局
	《映彩》	豫西黄河河务局孟津黄河河务局
	《洒埠仙境、渔火照天红》	株洲市河长制工作委员会办公室
	《麻城浮桥河水利风景区风光》	麻城市河湖长办公室
	《古淮河秋韵》	淮安市水利局
	《别样诡水、诡水风姿》	荆州市诡水工程管理局
	《醉美水镜湖》	襄阳市三道河水电工程管理局
	《水上长城洪泽湖大堤》	贺敬华
	《水清家"圆"》	张家港市全面深化河长制改革工作领导小组办公室
	《四季如画的中央公园》	许昌市河长制办公室
	《云龙湖畔迎朝阳》	徐州市水务局
	《徐州市贾汪区潘安湖》	徐州市水务局
	《运河晨曦》	江苏省宿迁市水利局
	《清渠上河图》	福建省泉州市河长制办公室
	《枢纽秋色》	江苏省江都水利工程管理处
	《河如玉带绕山城》	郁昊林、刘艳侠、相征

奖项	标题	作者单位
优秀奖 (60个)	《绿映水村酒旗风》	陕西省水利信息宣传教育中心
	《太白山国家水利风景区》	陕西省水利信息宣传教育中心
	《水土》	蔡海鸥
	《凤舞沫水》	衡阳市水利局
	《龙门有鱼》	福建省泉州市河长制办公室
	《水镜天光》	张家港市水务局
	《青峰峡》	陕西省水利信息宣传教育中心
	《泸州张坝国家水利风景区》	泸州市河长制办公室
	《霞映古黄河》	江苏省宿迁市水利局
	《魅力芙蓉湖组图》	江阴市月城镇政府
	《武汉江滩水利风景区掠影》	武汉市河湖长制工作领导小组办公室
	《戏荷》	廊坊市安次区水利局
	《天光云影》	东阿县老干部活动中心
	《天堑变通途》	东阿县老干部活动中心
	《"醉"美黄河》	杜长青
	《秋染天泉湖》	淮安市水利局
	《四季五岛湖》	淮安市水利局
	《瀛湖水利风景区》	陕西省水利信息宣传教育中心
	《幸福七里河 水美新泉城》	邢台市七里河建设管理中心(邢台市七里河水利风景区)
	《水美中国 精彩瞬间——二黄河》	内蒙古河套灌区水利发展中心总干渠分中心
	《武平仙女湖》	龙岩市河长制办公室龙岩市水利局
	《张掖水利风景区摄影作品视频展播》	张掖市水务局
	《三年看变化、水美王家坝》	阜南县全面推行河长制办公室
优秀组织奖 (10个)	湖北省河湖长制办公室、湖北省水利经济管理办公室	
	江苏省河道管理局(江苏省水利厅景区办)	
	河北省水利厅建设与管理处(河北省水利厅景区办)	
	广东省河长办	
	湖南省洞庭湖水利事务中心(湖南省水利厅景区办)	
	福建省河湖长制办公室、福建省闽江流域中心	
	四川省农村水利中心(四川省水利厅景区办)	
	陕西省水利厅	
	山东省聊城市水利局	
	甘肃省张掖市水务局	

资料来源:水利部提供的"水美中国精彩瞬间"水利风景区摄影大赛获奖名单。

Abstract

Development Report of Water Park in China (2024) is divided into general report, special reports, development reports of typical provincial and municipal regions and scenic spots. The general report reflects the overall development status and prospects of the national water parks in 2023 from the aspects of basic situation and management conditions, development achievements and experience, and development trends and suggestions. The special reports focus on the latest standards and development frontiers, providing guidance and ideas for the creation and innovative development of water parks. The development reports of typical provinces and scenic area focus on typical provinces such as Hubei and Sichuan, as well as the top ten benchmark scenic areas in 2023, providing valuable references for various provinces and scenic areas.

The general report takes policy documents, statistical data, public information, and research materials related to the construction and development of China's water parks in 2023 as the research subjects. It summarizes the changes in the number and scale, type and structure, and spatial layout of water conservancy scenic areas, as well as the key work carried out by water conservancy departments at all levels in system construction, planning implementation, supervision and management, communication and publicity, talent training, and platform construction. Through comprehensive data analysis, it examines the development achievements of water conservancy scenic areas in ecological, economic, social, and cultural aspects. The report also summarizes the development experiences accumulated by water conservancy departments at all levels in adapting to the high-quality development requirements of the new era of water conservancy. This includes enhancing the construction efficiency of scenic areas, ensuring longterm maintenance of scenic areas, building a new matrix for brand promotion, exploring new ideas for the inheritance of water culture in scenic areas, promoting green transformation and development, and exploring solutions to prominent development issues. Based on the analysis of the development situation such as the continuous expansion of water conservancy construction investment and scale, the comprehensive promotion of the construction of a beautiful China, the construction of the national water network, the recovery and expansion of consumption, and the promotion of the implementation of the national cultural digital strategy, the report proposes that the development of water parks in the new stage should respond to national strategies, improve the development layout of scenic areas, enhance the development momentum of scenic areas, deepen the connotation of scenic area construction, and unleash the potential of the water conservancy industry to serve society, allowing the broad masses of the people to share the latest achievements of high-quality development in water conservancy.

The special reports focus on the "Specification for Evaluation of Water Parks," analyzing the inheritance, development, and adaptation of water conservancy scenic area construction and development to the new focus of high-quality development in the new era. The reports elaborate on the innovative concepts, implementation paths, and key issues that promote the high-quality development of water conservancy scenic areas. Focusing on the realization of ecological product value in water parks, the reports sort out the practices of typical water parks in realizing the value of ecological products, analyze the current situation and outstanding issues, and put forward suggestions for promoting the realization of ecological product value in water parks.

The development reports of typical provincies and scenic areas summarize the typical practices, effects, and experiences in the construction and management of Hubei Province, Sichuan Province, the Yellow River Xiaolangdi Conservancy Hub Water Park, the Yellow River Commission Jinan Baili Yellow River Scenic Area, the Nanjing Xuanwu Lake Water Park, the Zhejiang Quzhou Majinxi Water Conservancy Scenic Area, the Shandong Tai'an Tianyi Lake Water Park, the Hunan Changsha Xiangjiang Water Park, the Guangdong Zengcheng Zengjiang Gallery Water Park, the Guilin Lingqu Canal Water Park in Guangxi, the Xianhai

Water Park in Mianyang, Sichuan, and the Xi'an City Moat Water Park in Shaanxi. These areas serve as beneficial references for the development of water conservancy scenic areas in various provinces and regions.

Keywords: Water Parks; High-quality Development; Brand Building; Beautiful China

Contents

Ⅰ General Report

Abstract: The year 2023 marks the beginning of the comprehensive implementation of the spirit of the 20th National Congress of the Communist Party of China and is a crucial year for carrying out the "14th Five-Year Plan." This report, starting from the perspective of national strategy and industry needs, analyzes the current status of the development of water parks in 2023. It summarizes the main work carried out by water conservancy departments at all levels in terms of system construction, planning implementation, supervision and management, and communication and publicity. It also reviews the development achievements made in ecological, economic, social, and cultural aspects, as well as the development experiences in enhancing the construction efficiency of scenic areas, ensuring long-term maintenance of scenic areas, building a new matrix for brand promotion, exploring new ideas for the inheritance of water culture in scenic areas, promoting green transformation and development, and exploring solutions to prominent development issues. In light of the development trends such as the continuous expansion of water conservancy construction investment and scale, the comprehensive promotion of the construction of Beautiful China, the national water network construction, the recovery and expansion of consumption, and the promotion of the implementation of the national cultural digital strategy, the report proposes that the development of water parks in the new stage should respond to national strategies. It should rely on the advantages of water conservancy resources, give play to the comprehensive service functions of the water conservancy industry, promote the accelerated development of scenic areas, clarify the development path of scenic areas, improve the development layout, enhance the development momentum, and deepen the connotation of construction. This will effectively maintain the healthy life of rivers and lakes, help build happy rivers and lakes, and allow the broad masses of the people to share the latest achievements of high-quality development in water conservancy.

Keywords: Water Parks; High-quality Development; Brand Building; Happy Rivers and Lakes

Ⅱ Special Reports

B.2 Interpretation of the Specification for Evaluation of Water Park (SL/T 300−2023)

Yin Shuhua, Dong Qing and Han Lingjie / 036

Abstract: The Ministry of Water Resources revised and issued the "Specification for Evaluation of Water Park" (SL/T 300−2023) in 2023, in order to adapt to the high-quality development of the new era of water conservancy and to comprehensively promote the construction and development of water parks. This report introduces the background of the revision of the specification, analyzes the adaptation relationship between the construction and development of water parks and the new focus of high-quality development in the new era. It introduces the key issues that need to be resolved in the construction and development of water parks in the new stage, elaborates on the breakthroughs in improving the quality of construction and development of water parks, and provides technical support for the high-quality development of water parks in the new stage.

Keywords: Water Park; Specification for Evaluation; High-quality Development

B.3 Practical Exploration of Ecological Product Value Realisation
in Water Parks

Zheng Guonan, Jin Tianlin, Zhao Bin,
Li Changzhi and Dong Qing / 050

Abstract: Water park is an important window and platform for realizing the ecological product value of water conservancy departments. Based on the background of the realization of the ecological value of water parks in China, the report, through field research, surveys, and discussions, explores the practices related to the realization of ecological product value in typical water parks. It analyzes the current status and issues in the realization of ecological product value in these Parks, focusing on aspects such as ecological product supply, measurement methods, and industrial development paths. The report also offers recommendations for achieving the ecological product value of water parks, including improving pilot projects and addressing key issues.

Keywords: Water Parks; Ecological Product Value; Ecological Industry

Ⅲ Development Reports of Typical Provinces and Scenic Areas

B.4 Report on the Development of Water Parks
in Hubei Province *Yang Wei, You Xiang and Yu Xiaodi* / 063

Abstract: Hubei Province has an extensive network of waterways, dense distribution of rivers and lakes, and numerous water conservancy projects, which have created a wealth of water parks. The province has deeply implemented the concept that "green water and green mountains are mountains of gold and silver". It has actively created national and provincial water parks, promoting high-quality development of these areas, and has successfully established 29 national water parks and 62 provincial ones. During their development, the ecological benefits of water parks have become increasingly significant, social benefits have steadily improved, and economic benefits have continuously strengthened. However, there are still deficiencies in aspects such as management mechanisms, planning guidance, and the exploration of water culture. Faced with new situations and opportunities, Hubei Province will promote the high-quality development of water parks in conjunction with basin management; promote comprehensive development of water parks in conjunction with joint creation; and promote integrated development of water parks in conjunction with rural revitalization.

Keywords: Water Parks; High-quality Development; Hubei Province

B.5 Report on the Development of Water Parks
in Sichuan Province

Li Peng, Han Lingjie, Qiu Ying, Hu Wentao, Liu Rui,
Liu Xianghai, Xia Jing and Yu Hanyu / 081

Abstract: Sichuan is located at the intersection of the two great river basin civilizations of the Yangtze and Yellow Rivers, with a well-developed water system and numerous rivers and lakes. The unique resource conditions have provided a fundamental guarantee for the development of water parks. For a long time, especially since the 19th National Congress of the Communist Party of China, Sichuan Province has deeply implemented the development concept that "green waters and lush mountains are as valuable as mountains of gold and silver." It has promoted the high-quality development of water parks, having successfully established 49 national water parks and 126 provincial water parks (river and lake parks). Significant achievements have been made in the development of scale and types, the creation of diversified incentive measures, the active shaping of publicity hot spots, and the exploration of ecological compensation mechanisms, as well as the steady trial and creation of river and lake parks. In the future, the focus will be on giving priority to ecological protection, highlighting cultural characteristics, and adhering to the integration of water and tourism. This will involve strengthening policy support and guidance, promoting the construction of infrastructure, and planning work.

Keywords: Water Parks; River and Lake Park; High-quality Development; Sichuan Province

B.6 Report on the Development of the Yellow River Xiaolangdi
Water Conservancy Hub Water Park, Ministry of
Water Resources

Zhang Zhitong, Sun Xingguo, Yin Yongshuang,
Wei Yanzhao, Chen Lin and Li Lingjun / 100

Abstract: The Xiaolangdi Water Conservancy Hub Water Park of the Yellow River, relying on the Xiaolangdi Water Hub, is located at the border between Luoyang and Jiyuan in Henan Province. It was recognized as a national water park by the Ministry of Water Resources in 2003 and belongs to the reservoir-type water park. The scenic area is composed of a group of hydraulic construction structures, retired engineering equipment, cultural exhibition halls, commemorative sculptures, miniature Yellow Rivers, and other landscape elements, integrating water conservancy functions, ecological conservation, cultural heritage, and research and education. In recent years, the scenic area has been based on the ecological protection and high-quality development strategy of the Yellow River basin, focusing on the two themes of Yellow River culture and integrated innovation, and has created a development model of "water conservancy and rural revitalization and scientific research and study". It has held high the banner of patriotism, protected, inherited, and promoted the culture of the Yellow River. It has achieved significant effects in maintaining the healthy life of rivers and lakes, inheriting and promoting water culture, and helping rural revitalization. It has shaped the "Xiaolangdi Yellow River" water culture brand and has created a happy and joyful picture of "clear water and green banks, inheriting history, and benefiting the people's livelihood". It has become a pioneer and model in the construction of ecological civilization.

Keywords: Water Parks; Ecological Priority; Convergence and Innovation; Cultural Empowerment; High-quality Development

B.7　Report on the Development of the Yellow River Commission Jinan Bai li Yellow River Scenic Area

Song Haijing, Liu Qi, Zhang Yuanxi and Zhang Min / 108

Abstract: The Jinan Baili Yellow River Scenic Area, located in the northern urban area of Jinan City, is a natural river and lake type water park built relying on the Yellow River standardization levee project. Since being recognized as a national water park by the Ministry of Water Resources in 2003, the scenic area has actively responded to national and urban development strategies. It has created a layout of one levee, two museums, and four districts, promoted the construction of the Yellow River ecological corridor, and facilitated the integrated development of the river and land. A long-term mechanism for multi-department co-governance has been established to protect the ecology as a lasting effort. The area has developed the Jinan Yellow River cultural IP, creating a new model for the integration of heritage and education. It has explored the coordinated development of "water conservancy +" multiple formats to fully leverage the comprehensive benefits of the scenic area. The Jinan Baili Yellow River Scenic Area has given full play to its window advantages, focusing on the dual improvement of cultural connotation and ecological protection. It has shaped a vivid practice of harmonious coexistence between people and water, integration of culture and tourism, and convergence of river and land, becoming a model of high-quality development for water parks along the Yellow River.

Keywords: Water Parks; Natural Rivers and Lakes; High-quality Development; River-land Integration

B.8 Report on the Development of Xuanwu Lake Water Park, Nanjing, Jiangsu

Lu Man, Xie Mingkun, Shao Jiarui and Zhang Lei / 117

Abstract: The Xuanwu Lake Water Park in Nanjing is located in Xuanwu District, Nanjing City, Jiangsu Province, and is built upon the Xuanwu Lake and the Wumiao Sluice, which are part of an urban river and lake type water park. Recognized as a national water park by the Ministry of Water Resources in 2016, the scenic area focuses on ecological environment enhancement, cultural history exploration and display, and the multifaceted development of "water conservancy+tourism". It has successfully explored and implemented an ecological compensation mechanism. Through continuous water ecological environment rectification and restoration, a variety of water-related activities, and in-depth social media promotion, the scenic area has gained prominence in terms of popularity, water culture dissemination, and scientific popularization effect. It has achieved good ecological and social benefits, widely favored and praised by citizens, and has shaped the "Nanjing Xuanwu Lake" water culture brand, becoming a model of high-quality development for national water parks.

Keywords: Water Parks; Ecological Restoration; Cultural Heritage; Intelligent Innovation

B.9 Report on the Development of Majinxi Water Conservancy Scenic Area, Quzhou, Zhejiang, China

Jin Wei, Song Xin, Chen Dong and Liu Zhipeng / 126

Abstract: The Quzhou Majinxi Water Park, located in Quzhou City, Zhejiang Province, was developed based on the comprehensive management project of the Majinxi River and is a natural river and lake type water park. It was recognized as a national water park by the Ministry of Water Resources in 2018. The scenic area focuses on ecological environment enhancement, cultural heritage exploration and display, and the multifaceted development of "water conservancy+tourism". It has successfully explored and implemented an ecological compensation mechanism. Through continuous water ecological environment rectification and restoration, a variety of water-related activities, and in-depth social media promotion, the scenic area has gained prominence in terms of popularity, water culture dissemination, and scientific popularization effect. It has achieved good ecological and social benefits, widely favored and praised by citizens, and has shaped the "Quzhou Majinxi" water culture brand, becoming a model of high-quality development for national water parks.

Keywords: Water Parks; Comprehensive Management Project; Rural Revitalization; Happy River and Lake; High-quality Development

B.10 Report on the Development of Tianyi Lake Water Park, Tai'an City, Shandong Province

Wang Hongyan, Han Yanlong, Liu Xiaoqiong, Zhao Faquan,
Sun Qiqing, Zheng Liming and Lu Zhichao / 135

Abstract: Tianyi Lake Water Park is located in the territory of Manzhuang Town, Daiyue District, Tai'an City, based on the Shengli Reservoir, which belongs to the reservoir-type water park. Tanyi Lake Water Park integrates "tourism, vacation, science popularization, leisure, entertainment and sports", and was assessed as a national water park by the Ministry of Water Resources in 2010. Tianyi Lake Water Park takes the spirit of "hard work, unity and mutual help, not afraid of difficulties, and courageous" as the soul of the Victory Drainage Channel, focuses on green development, actively creates ecological tours and study tours, passes on and carries forward the excellent water culture, and shapes the "Tai'an Tianyi Lake" water culture brand; takes "water conservancy+rural revitalization+ecological restoration" as the pulse, continuously protects water ecology, and comprehensively improves the water environment. Water culture brand; "water conservancy+rural revitalization+ecological restoration" for the pulse, continuous protection of water ecology, comprehensively enhance the water environment. Tianyi Lake Water Park is a vivid practice of the theory of "two mountains" to create diversified businesses, drive the employment of neighboring people and share the fruits of high-quality development of water conservancy.

Keywords: Water Parks; Rural Revitalization; Integration of Culture and Tourism; High-quality Development

B.11 Development Report on the Xiangjiang Water Park Changsha, Hunan Province

Jiang Kaiyuan, Huang Shiying, Wang Xinmiao and Zhao Yanyang / 144

Abstract: The Xiangjiang Water Park is located in the center of Changsha City, which is an urban river and lake water park relying on the flood control projects on both sides of the Xiangjiang. Since 2004, Xiangjiang Water Park has been recognized as a national water park by the Ministry of Water Resources, focusing on the organic integration of the natural and humanistic scenery of mountains, water, continents, and cities with the grand flood control project, it has become a comprehensive and open scenic area integrating recreation, sightseeing, and entertainment. The water park relies on the project to adopt the construction mode of "multi-layer rising landscape in the embankment and stepped down river outside the embankment" to explore the development idea of open urban landscape construction along the river; The development of water park emphasizes scientific planning and governance, integrates governance and construction, and promotes the new form of symbiosis and prosperity of Xiangjiang River and the city; continuously optimizes the management and service level, and explores the development of public open scenic area management system with the characteristics of the regional scenic zone. The Xiangjiang Water Park is a vivid example of integrating urban development and ecological civilization, a riverfront open space with harmony between people and water, and a benchmark of urban river and lake-type national water park.

Keywords: Water Parks; Urban Landscape Construction; High-quality Development

B.12 Report on the Development of Zengjiang Gallery Water Park in Zengcheng District, Guangdong Province

Lu Suying, Yu Xiaodi, Liao Mengjun and Lu Zhichao / 156

Abstract: Zengjiang Gallery Water Park is located in Zengcheng District, Guangzhou City, relying on the Zengjiang waters and related water conservancy facilities into the construction of urban river and lake water park. Since it was recognised as a national water park in 2011, the scenic area has been striving to promote the high-quality construction of Wanli Bidao, leading the modernisation of flood control and drainage management capacity, taking into account the functions of ecology, safety, culture, landscape and economy, creating an ecological corridor with "clear water and green banks, fish flying in the shallow bottom, abundant water and grass, and flocks of egrets", and shaping the "Zengjiang Gallery" water culture brand. It has made positive progress in improving the quality

Contents ↖⟩

and efficiency of development, tapping into the advantages of water culture, sharing common governance and coordinating the construction of waterfront public spaces. Zengjiang Gallery Water Park is closely integrated with the construction of Wanli Bidao, to promote the high-quality development of Zengjiang Gallery Scenic Area, and the development idea of setting the city by water, the land by water, the people by water, and the production by water, which has become a model of urban development and ecological civilisation construction.

Keywords: Water Parks; Water Culture Brand; High-quality Development

B.13 Report on the Development of Lingqu Water Park in Guilin, Guangxi

Wu Yunfei, Liu Zhipeng, Wan Yunjiang,

Li Mengnan and Yang Xiaomeng / 165

Abstract: The Guilin Lingqu Water Park in Guangxi is built around the Lingqu Canal and is a type of irrigation-based water park. It was recognized as a national water park by the Ministry of Water Resources in 2017. The Lingqu Canal connects the Xiang River and the Li River, linking the Yangtze River and the Pearl River systems. It is one of the three famous water conservancy projects from the Qin Dynasty. The Lingqu Canal has undergone renovations and developments through the Qin, Han, Tang, Song, Yuan, Ming, and Qing dynasties, forming a comprehensive multi-functional water conservancy engineering system that integrates channels, dams, sluices, water intakes, and bridges. It serves various functions, including navigation, irrigation, flood control, and water supply. The water park continues to strengthen ecological environmental protection and improve the environmental quality of the Lingqu Canal. It actively promotes innovation in cultural and tourism integration, reshaping the cultural system of the Canal, while continuously optimizing diverse tourism experiences and enhancing the area's reputation. The Lingqu Canal will actively apply for World Cultural

315

Heritage status to showcase the wisdom of ancient Chinese water conservancy engineering to the world.

Keywords: Water Parks; Ancient Waterworks; World Heritage Centre; High-quality Development

B.14　Report on the Development of Xianhai Water Park in Mianyang City, Sichuan, China

Chen Zheng, Zhao Min, Wu Meng and Zhao Peng / 177

Abstract: The Xianhai Water Park in Mianyang City, built on the basis of Wuyin Phase I Sinking Resistance Reservoir, belongs to the reservoir-type water park, and was recognised by the Ministry of Water Resources as a national water park in 2002. The water park actively practice the new development concept, in accordance with the "ecological priority, green development" principle, retreat two into three, optimize the first production, and continue to promote the ecological and tourism, culture and other industrial integration and synergistic development. Adhere to the planning first, the innovative establishment of "two plates, a set of team" co-location of administrative mechanisms, through the "township" of the institutional mechanism innovation to lead the scenic area of high-quality development. Adhere to the development and protection of equal importance on the basis of the scenic area to achieve social, economic, ecological and cultural benefits synchronous enhancement, has become a new engine to promote residents to increase income, stimulate economic growth, promote rural revitalization, shaping the "Mianyang Xianhai" water culture brand.

Keywords: Water Parks; Institutional Innovation; Industrial Integration; High-quality Development

B.15 Report on the Development of the Moat Water

Park in Xi'an, Shaanxi Province

Fan Yongming, Ji Jinxiao, Jia Haitao and Zhang Yuanxi / 186

Abstract: The Xi'an City Moat Water Park is located outside the Ming Dynasty City Wall in Xi'an, Shanxi Province. It is built around the Xi'an City Wall and the City Moat, and is classified as a river-lake type water park. In 2018, it was recognized by the Ministry of Water Resources as a national water park. The park is guided by the mission of "protecting historical responsibility and fulfilling cultural mission". Following the general strategy of "protecting water heritage, preserving water environment, and innovating water management", it showcases the water engineering relics from the Sui and Tang Dynasties in a protective manner. Multiple projects, including dredging the Xi'an City Moat, opening water sources, and comprehensive renovation, have been implemented. The park has been developed as a water culture hub that integrates ecological landscapes, leisure, entertainment, and flood retention functions. It aims to create the "Xi'an City Moat" water culture brand. By enhancing the overall visitor experience, providing smart services, and improving the nighttime landscape, the Park has formed a multi-industry development model, combining "water conservancy + cultural tourism" and "water conservancy + technology." It has become a model where water history and engineering blend with water ecology and culture.

Keywords: Water Parks; Water Culture Brand; Ecohydrology Demonstration Zone; High-quality Development

社会科学文献出版社

皮 书

智库成果出版与传播平台

❖ 皮书定义 ❖

皮书是对中国与世界发展状况和热点问题进行年度监测,以专业的角度、专家的视野和实证研究方法,针对某一领域或区域现状与发展态势展开分析和预测,具备前沿性、原创性、实证性、连续性、时效性等特点的公开出版物,由一系列权威研究报告组成。

❖ 皮书作者 ❖

皮书系列报告作者以国内外一流研究机构、知名高校等重点智库的研究人员为主,多为相关领域一流专家学者,他们的观点代表了当下学界对中国与世界的现实和未来最高水平的解读与分析。

❖ 皮书荣誉 ❖

皮书作为中国社会科学院基础理论研究与应用对策研究融合发展的代表性成果,不仅是哲学社会科学工作者服务中国特色社会主义现代化建设的重要成果,更是助力中国特色新型智库建设、构建中国特色哲学社会科学"三大体系"的重要平台。皮书系列先后被列入"十二五""十三五""十四五"时期国家重点出版物出版专项规划项目;自2013年起,重点皮书被列入中国社会科学院国家哲学社会科学创新工程项目。

皮书网

（网址：www.pishu.cn）

发布皮书研创资讯，传播皮书精彩内容
引领皮书出版潮流，打造皮书服务平台

栏目设置

◆ 关于皮书

何谓皮书、皮书分类、皮书大事记、
皮书荣誉、皮书出版第一人、皮书编辑部

◆ 最新资讯

通知公告、新闻动态、媒体聚焦、
网站专题、视频直播、下载专区

◆ 皮书研创

皮书规范、皮书出版、
皮书研究、研创团队

◆ 皮书评奖评价

指标体系、皮书评价、皮书评奖

所获荣誉

◆ 2008 年、2011 年、2014 年，皮书网均
在全国新闻出版业网站荣誉评选中获得
"最具商业价值网站"称号；

◆ 2012 年，获得"出版业网站百强"称号。

网库合一

2014 年，皮书网与皮书数据库端口合
一，实现资源共享，搭建智库成果融合创
新平台。

皮书网

"皮书说"
微信公众号

S 基本子库
UB DATABASE

中国社会发展数据库（下设 12 个专题子库）

紧扣人口、政治、外交、法律、教育、医疗卫生、资源环境等 12 个社会发展领域的前沿和热点，全面整合专业著作、智库报告、学术资讯、调研数据等类型资源，帮助用户追踪中国社会发展动态、研究社会发展战略与政策、了解社会热点问题、分析社会发展趋势。

中国经济发展数据库（下设 12 专题子库）

内容涵盖宏观经济、产业经济、工业经济、农业经济、财政金融、房地产经济、城市经济、商业贸易等 12 个重点经济领域，为把握经济运行态势、洞察经济发展规律、研判经济发展趋势、进行经济调控决策提供参考和依据。

中国行业发展数据库（下设 17 个专题子库）

以中国国民经济行业分类为依据，覆盖金融业、旅游业、交通运输业、能源矿产业、制造业等 100 多个行业，跟踪分析国民经济相关行业市场运行状况和政策导向，汇集行业发展前沿资讯，为投资、从业及各种经济决策提供理论支撑和实践指导。

中国区域发展数据库（下设 4 个专题子库）

对中国特定区域内的经济、社会、文化等领域现状与发展情况进行深度分析和预测，涉及省级行政区、城市群、城市、农村等不同维度，研究层级至县及县以下行政区，为学者研究地方经济社会宏观态势、经验模式、发展案例提供支撑，为地方政府决策提供参考。

中国文化传媒数据库（下设 18 个专题子库）

内容覆盖文化产业、新闻传播、电影娱乐、文学艺术、群众文化、图书情报等 18 个重点研究领域，聚焦文化传媒领域发展前沿、热点话题、行业实践，服务用户的教学科研、文化投资、企业规划等需要。

世界经济与国际关系数据库（下设 6 个专题子库）

整合世界经济、国际政治、世界文化与科技、全球性问题、国际组织与国际法、区域研究 6 大领域研究成果，对世界经济形势、国际形势进行连续性深度分析，对年度热点问题进行专题解读，为研判全球发展趋势提供事实和数据支持。

法律声明

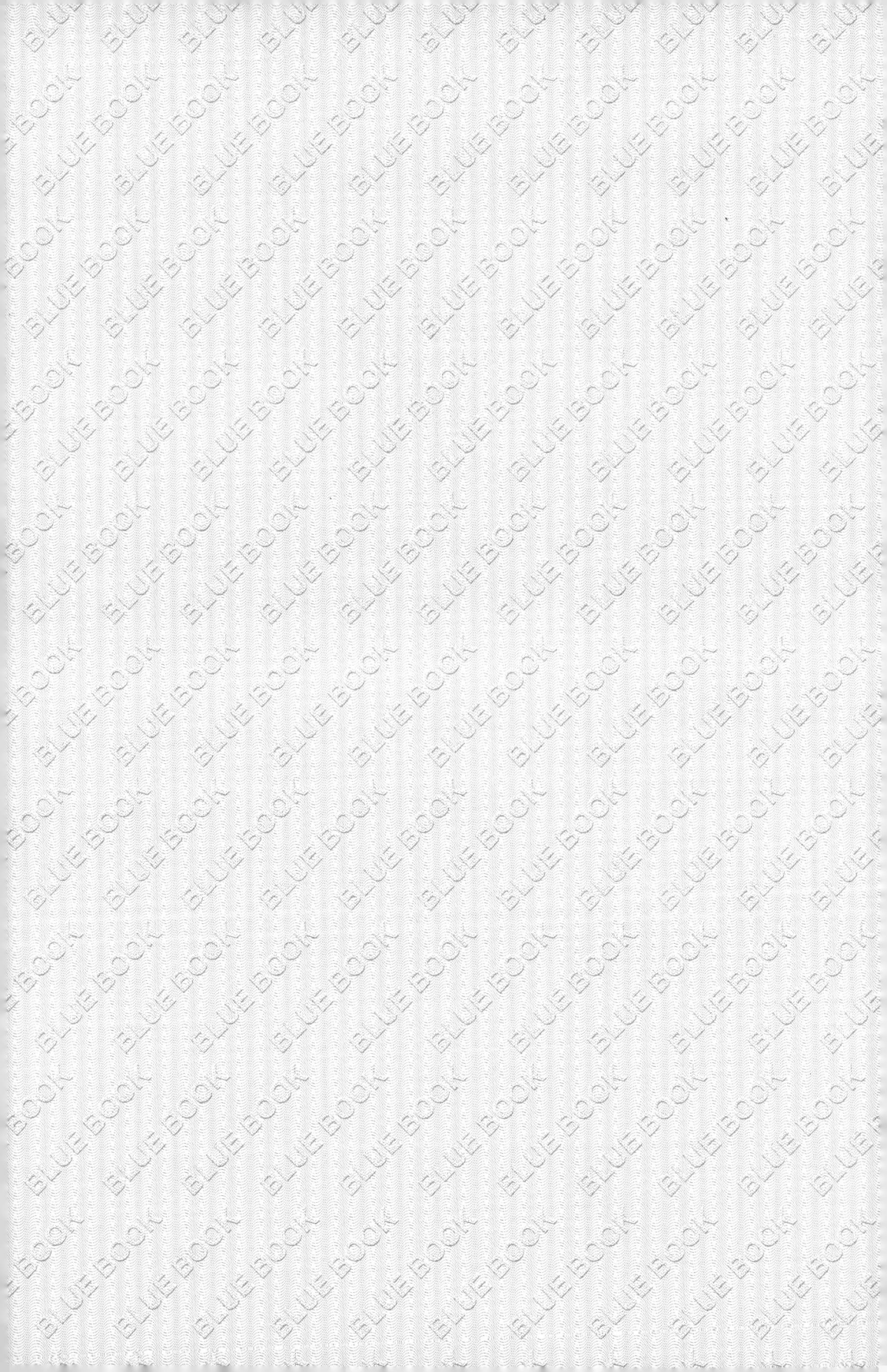